超越哈佛

中国现代科学种子教育体系构建

徐波 著

中山大學出版社
SUN YAT-SEN UNIVERSITY PRESS
·广州·

版权所有　翻印必究

图书在版编目（CIP）数据

超越哈佛：中国现代科学种子教育体系构建/徐波著. —广州：中山大学出版社，2017.3

ISBN 978－7－306－06007－5

Ⅰ.①超… Ⅱ.①徐… Ⅲ.①教育研究—中国 Ⅳ.①G52

中国版本图书馆 CIP 数据核字（2017）第 027202 号

出版人：徐　劲
策划编辑：吕肖剑
责任编辑：林彩云
封面设计：冯　婷
责任校对：李艳清
责任技编：何雅涛
出版发行：中山大学出版社
电　　话：编辑部 020－84110771，84113349，84111997，84110779
　　　　　　发行部 020－84111998，84111981，84111901
地　　址：广州市新港西路 135 号
邮　　编：510275　　传　真：020－84036565
网　　址：http：//www.zsup.com.cn　E-mail：zdcbs@mail.sysu.edu.cn
印 刷 者：虎彩印艺股份有限公司
规　　格：787mm×1092mm　1/16　18 印张　333 千字
版次印次：2017 年 3 月第 1 版　2017 年 10 月第 2 次印刷
定　　价：48.00 元

如发现本书因印装质量影响阅读，请与出版社发行部联系调换
本书观点仅代表作者本人。欢迎读者沟通交流。

序

  在人类历史长河中，中华民族五千多年的发展历程，与世界其他民族一样，曾经历过兴起、壮大、昌盛、没落、低谷、再兴起的循环往复经历，曾经在唐朝曾达到鼎盛。但近代以来，却遭遇西方列强长期的侵略与欺压，尤其深受日本侵略之灾难，3500万人民被无情杀戮，血流成河，国家和民族陷于存亡危机中。时至今日，中国虽然经过30多年的改革开放，在经济、政治、国防、科技等方面都取得了显著进步，但是，中国因还不具备世界强国的国际地位，仍然受到个别国家的军事威胁与欺凌。

  历史与现实之痛，牵引着一切深爱这片热土的有识之士，他们都在为国家的兴亡而沉思。

  笔者在这里提出自己的思考：文艺复兴后期，英、法相继崛起成为世界强国，当时的德国和俄国都相对落后，在面临生存竞争时，德国出现了腓特烈大帝，俄国出现了彼得大帝等伟大的改革君主；在东方，受到西方列强威胁而产生民族危机感的日本也出现了多位重量级改革思想家。无论是德、俄还是日本，为什么他们能很快反省自己的不足，迅速放弃自己原来落后的思想，通过各自的改革，迅速崛起而成为世界强国呢？为什么中国在同样的遭遇下，虽然也曾出现过诸如魏源、李鸿章、康有为、梁启超等改革者，却无法成功？为什么在改革开放已经取得巨大成就的今天，我们中国仍然距离实现民族复兴与成为世界强国很远呢？

  带着这些历史性的思考，笔者从社会学研究视角，将中西方整个历史及多个社会领域的发展过程，进行纵横大对比，并经过科学分析与思考，最终发现中国几千年传统中许多不足因素是导致中国发展落后的根本原因。由此，笔者运用跨学科背景知识，依据科学前辈的多种研究成果，创立自己系统的科学教育思想、理论和方法，同时也借鉴德国、俄国和日本在短时间内从落后国家迅速崛起为世界强国的成功经验，挖掘出一条可使中国迅速崛起，实现民族复兴与跻身世界强国的科学发展途径。

  哈佛大学自1636年创办以来，尤其在美国独立战争以来，几乎所有的革命先驱都出自她的门下。她被誉为美国政府的思想库，先后诞生了8位美国总统，40位诺贝尔奖得主和30位普利策奖得主。哈佛培养了一大批知名的学术创始人、世界级的学术带头人、文学家、思想家，如诺伯特·德纳、拉尔夫·

爱默生、亨利·梭罗、亨利·詹姆斯、查尔斯·皮尔士、罗伯特·弗罗斯特、威廉·詹姆斯、杰罗姆·布鲁纳、乔治·梅奥等；著名外交家、美国前国务卿亨利·基辛格也出自哈佛。哈佛商学院还培养了微软、IBM、社交网站Facebook等一个个商业奇迹的缔造者。

近代中国，也有许多科学家、作家、学者曾就读于哈佛大学，如胡刚复、竺可桢、杨杏佛、赵元任、陈寅恪、林语堂、梁实秋、梁思成、江泽涵等，他们后来在各自的领域也都做出了十分杰出的贡献。

历史经验已经充分证明，一个国家要成为世界强国，其根本就是这个国家必须拥有培养世界顶尖级创造创新思想家和科技人才群的再循环教育实力。整个西欧、美国、俄罗斯和日本，其实现世界强国道路的轨迹，无一不在遵循这种"教育强国"的再循环实力规律。年轻的美国在世界的崛起与强大，更具特色，其关键在于美国吸引了全世界的精英，使美国拥有全世界最强的科学教育体系。其中，全球一流的大学群格外抢眼，而哈佛大学又是全球公认的能培养世界顶尖级创造创新人才群的第一学府。

哈佛之所以能够获得如此巨大的成就，是因为她具备了涉及社会多个领域和多层次的多种有机组合因素，这是笔者经过长期科学探索而发现的，在本书中将进行探讨。笔者所挖掘的"超越哈佛——中国现代科学种子教育体系构建"的科学强国途径，符合历史发展的规律，继承并发扬了世界最优秀"教育强国"系列理论和经验，形成独特的创新教育理论体系和实际教学方法。有了这一强大的科学支撑，再加上其实用性科学逻辑，就可能助推中华民族在新一轮激烈的世界强国竞争中，迅速实现强国路上的超越，在短时间内一跃成为世界强国。

今天的中华民族，只要具备雄心壮志，树立起勇于创新、勇于制造奇迹、勇于向世界顶尖教育挑战、敢于超越哈佛的勇气等伟大的理想和信心，并坚信，有了伟大的"民族自信"，加上先进的科学理论体系和科学实用方法，中华民族的复兴必指日可待。

目 录

引言 ·· 1

第一章 中西科学文明史的对比 ······································ 1
第一节 中西人格倾向的对比 ······································ 2
第二节 中西理性思维与逻辑思维的对比 ···················· 6
第三节 中西教育的对比 ··· 10
第四节 中西民族性科学人格系统的对比 ···················· 19
第五节 中西民族精神对比 ··· 23
第六节 中西哲学思想对比 ··· 26
第七节 中西科学及技术方面的对比 ··························· 29
第八节 中西科学家成长规律的对比 ··························· 33

第二章 西方科学种子教育体系 ····································· 45
第一节 西方科学种子教育体系概念的提出 ················ 45
第二节 世界科学种子教育体系 ·································· 47
第三节 中国现代科学种子教育体系的建构 ················ 62

第三章 中国现代科学种子胎教理论的提出 ··················· 73

第四章 科学受孕——有效播种科学种子 ······················· 78
第一节 受孕前的准备 ··· 78
第二节 准妈妈最佳受孕年龄、季节和时间 ················ 84
第三节 科学受孕——有效播种科学种子 ···················· 85
第四节 编撰一部中国现代科学种子胎教教材 ············ 88

第五章 胚胎期中国现代科学种子胎教 ··························· 90
第一节 胚胎发育第1～2个月的中国现代科学种子胎教 ··· 90
第二节 胚胎发育第3个月的中国现代科学种子胎教 ··· 94
第三节 胚胎发育第4个月的中国现代科学种子胎教 ··· 95

1

第四节　胚胎发育第 5 个月的中国现代科学种子胎教 …………… 96
第五节　胚胎发育第 6 个月的中国现代科学种子胎教 …………… 97
第六节　胚胎发育第 7 个月的中国现代科学种子胎教 …………… 98
第七节　胚胎发育第 8 个月的中国现代科学种子胎教 …………… 99
第八节　胚胎发育第 9 个月的中国现代科学种子胎教 …………… 100
第九节　胚胎发育第 10 个月的中国现代科学种子胎教 ………… 101
第十节　孕期性生活 …………………………………………… 101

第六章　婴儿期（0～2 岁）中国现代科学种子提前教育理论 …… 103
第一节　父母教育风格对婴幼儿的身心影响 …………………… 103
第二节　婴儿监护人科学养育风格和方式的培养 ……………… 106
第三节　婴儿监护人必备的科学教育观点和技能 ……………… 107
第四节　重新组成的家庭的科学教养 …………………………… 108
第五节　婴儿期大脑发育与提前教育理论的建立 ……………… 109
第六节　婴儿期多种狮性基本生存技能的科学训练方法 ……… 113
第七节　婴儿期依恋心理形成机理与培养训练方法 …………… 118
第八节　婴儿期科学人格教育 …………………………………… 127
第九节　婴儿期中华雄狮精神的培养 …………………………… 138
第十节　婴儿期智力发展与科学教育理论的创立 ……………… 139
第十一节　婴儿期提前进行科学实验理论的建立 ……………… 149
第十二节　婴儿期智力发展和创造创新思维与能力的科学教育 … 151

第七章　幼儿期（2～6 岁）中国现代科学种子教育理论 ……… 155
第一节　幼儿期提前科学教育 …………………………………… 155
第二节　幼儿期科学人格教育 …………………………………… 158
第三节　幼儿期延迟满足能力的训练 …………………………… 169
第四节　幼儿期中华雄狮精神的培养 …………………………… 169
第五节　幼儿期提前性教育的科学方法训练 …………………… 170
第六节　幼儿期人际关系和领导能力的培养 …………………… 175
第七节　幼儿期科学实验室的设置 ……………………………… 177
第八节　游戏期认知的科学教育理论 …………………………… 178
第九节　幼儿期智力发展和创造创新思维与能力的科学教育 … 183
第十节　幼儿期形体美的提前训练 ……………………………… 202
第十一节　幼儿期超常个体的科学种子教育 …………………… 205

第八章　童年期（6～12岁）中国现代科学种子教育 …… 206
- 第一节　童年期提前科学教育 …… 206
- 第二节　童年期科学人格教育 …… 211
- 第三节　童年期家庭科学文化氛围营造的科学建议和观点 …… 216
- 第四节　童年期延迟满足能力的培养 …… 217
- 第五节　童年期人际关系和领导能力的培养 …… 217
- 第六节　童年期中华雄狮精神的培养 …… 217
- 第七节　童年期提前进行性教育的科学方法训练 …… 218
- 第八节　童年期科学实验室的设置 …… 224
- 第九节　童年期智力发展和创造创新思维与能力的科学教育 …… 224

第九章　青春期（12～18岁）中国现代科学种子教育 …… 235
- 第一节　青春期成长发育的生理与心理特征 …… 235
- 第二节　青春期多种狮性基本生存技能的科学训练 …… 238
- 第三节　青春期科学人格教育 …… 240
- 第四节　青春期延迟满足能力的培养 …… 241
- 第五节　青春期人际关系和领导能力的培养 …… 242
- 第六节　青春期中华雄狮精神的培养 …… 243
- 第七节　青春期性教育的科学训练方法 …… 243
- 第八节　青春期多种负性行为的科学预防与矫治 …… 244
- 第九节　青春期科学实验室设置 …… 256
- 第十节　青春期智力发展与科学创造创新思维与能力的科学教育 …… 256

结束语 …… 271

后记 …… 272

参考文献 …… 273

引　言

  1963 年，美国气象学家爱德华·洛伦茨提出混沌理论，该理论认为在混沌系统中，初始条件十分微小的变化，经过不断放大，会对其未来状态造成极其巨大的影响。他用了更加有诗意的蝴蝶来阐述："一只南美洲亚马孙河流域热带雨林中的蝴蝶，偶尔扇了几下翅膀，可以在两周以后引起美国德克萨斯州的一场龙卷风。"其原因就是蝴蝶扇了翅膀的运动，导致其身边的空气系统发生变化，并产生微弱的气流，而微弱气流的产生又引起四周空气或其他系统产生相应的变化，由此引起连锁反应，最终导致其他系统的极大变化。爱德华称之为混沌学。

  科学家给混沌下的定义是：混沌是指发生在确定性系统中的貌似随机的不规则运动，一个确定性理论描述的系统，其行为却表现为不确定性——不可重复、不可预测，这就是混沌现象。进一步研究表明，混沌是非线性动力系统的固有特性，是非线性系统普遍存在的现象。牛顿确定性理论能够充分处理的多为线性系统，而线性系统大多是由非线性系统简化来的。"蝴蝶效应"的初始就是混沌的，在不准确或者说是不精确中产生的，其实就是发现无序中的有序。蝴蝶效应在经济生活中比比皆是，它在社会学、经济学、气象、航空及航天等领域有重大的作用。

  比如在气象学方面的应用：1998 年太平洋上出现的"厄尔尼诺"现象就是大气运动引起的"蝴蝶效应"。

  1986—1987 年发生在南美洲秘鲁的厄尔尼诺现象，使赤道中、东太平洋海水表面水温比常年平均温度偏高 2℃左右；同时，热带地区的大气环流也相应地出现异常，热带及其他地区的天气出现异常变化；秘鲁北部、中部地区暴雨成灾；哥伦比亚境内的亚马孙河河水猛涨，造成河堤多次决口；巴西东北部少雨干旱，西部地区炎热；澳大利亚东部及沿海地区雨水明显减少；中国华南地区、南亚至非洲北部大范围地区均少雨干旱。

  经研究表明：厄尔尼诺现象的发生不是孤立的，它又与南方涛动现象有关联。南方涛动是指东太平洋赤道区域海面温度（厄尔尼诺现象时变暖，拉尼娜现象时变冷）和西太平洋赤道区域的海面上气压的变动。实际上，导致厄尔尼诺—南方涛动现象发生的原因却是因为赤道太平洋信风逆转。一般来说，赤道太平洋信风应该是从东吹向西，使太平洋表面暖水向西部集聚，而东部深层的冷水上升到表面。但厄尔尼诺发生时，频现强烈的西风取代了东风，太平洋表面暖水发生反向的变化，使太平洋东部表面海水变暖。拉尼娜现象发生时情况正好相反。

蝴蝶效应理论的创立，使人们可以从不确定的非线性思维中找到可确定的线性思维轨迹。让我们惊奇的是，科学家们为什么可以从这么微小的现象中发现那么宏观的科学理论，并且这个理论还可以应用于多个科学领域？为什么外国的科学家们会创造出这样的奇迹，而我们中国却不能出现这样具有创造创新性的科学家呢？这不得不让我们联想到中国本土的教育。

人类社会经历了几十万年的发展，但进步最大的却是西方文艺复兴后所发生的巨大社会变革，这导致了资本主义近代科学革命的肇始。才400多年的时间，就经历三次重大的科学技术革命，人类可以借助科学的力量，发明海陆空立体交通和瞬间将信息传播到太空的电子通信，这使得我们生存的地球，被高科技缩小到一个村落的范围。人们还可以通过科学的创造发明来延伸人类肢体的精确能力，让人们可以解决几乎涉及所有领域的衣、食、住、行和生存发展的问题，并享受科技给人类带来的种种便利，从而推动整个世界进入灿烂的现代文明时代。

人类之所以有这样伟大的功绩出现，显然是科学作为第一生产力的直接效果。如果我们继续追问其本源，这当然是因为科学技术人才是科学技术发展的原动力。那么科学技术人才又是怎样产生的？这自然是教育能够培养创新人才的直接作用。让人惊奇的是，当今世界，以美国为首的西方发达国家，其本土教育能够循环培养出一批又一批和一代又一代的世界顶尖级创新人才。为什么他们能，而我国却不能呢？

实际上，世界顶尖级创新科学技术人才的培养，已经成为一个国家是否成为世界强国的重要标志之一，同时也是一个国家综合国力的一种象征。历史经验告诉我们，一个国家要成为现代世界强国，应具备：

（1）世界先进的廉洁公平的政治、法律和社会环境体系；

（2）强大的狼性民族精神、优秀的民族性科学人格系统及整体国民素质；

（3）科学理性的思维方式、思想和文化产业；

（4）能培养世界顶尖级创造创新型人才群的科学教育体系；

（5）大批量国家科技人才群及强大的国家科技综合实力代表的国家创新能力；

（6）强大的科学精神和民族精神；

（7）世界领先的综合国防力量，以及全球战略思维意识；

（8）全球领先的经济市场及地位；

（9）深度的文学、艺术、心理学修养和体育强国水准；

（10）足够的国土面积与人口基数；

（11）优秀的社会管理人才精英群。

今天的中国，在经济发展上已经具备了成为世界强国的重要基础。但是，由于我们的本土教育一直以应试教育为主，这使得我们所培养出来的人才出现"考试英雄，创造侏儒"的普遍现象。更为严重的是，近年来因我国现行应试教育继续高分功利化，使得我们部分成绩比较高的学生，在美国名校被劝退。

2016年7月，《重庆时报》报道：美国常青藤盟校公布的数据显示，进入哈佛大学、耶鲁大学、康奈尔大学、哥伦比亚大学等14所名牌大学的中国留学生退学率为25%，这显示出美国名校对中国高分学生的失望。实际上，这些中国学生的共同特点为都是曾经的高分考生。另据报道，2016年，美国爱荷华大学的近百名中国留学生因涉嫌找代课、代考等学术欺诈行为面临被学校开除处分……

事实上，由于我们培养不出世界顶尖级创造创新人才，以至于我们在一些重大领域的核心技术上，仍处于落后地位。也正是由于我们科学技术的差距，中国当前面对着来自个别国家在领土领海方面的严峻挑战。中国要在这个人类生态求生存、崛起和强大，就必须尽快达到世界强国的多项指标，迅速成为世界强国。因此，笔者认为中国需要来一场空前的教育革命，促使中国能够自身循环性地培养出世界顶尖级的创造创新人才群，带动中国社会各领域发生多维的改革，以此来推动中国从诸多方面达到世界强国的各项指标，最终实现中华民族的伟大复兴。

鉴于中国目前应试教育的困惑与疑问，笔者希望创造性地来解惑。同时希望与大家一道群策群力，以科学的手段共同解决这一困扰中国迈进世界强国的世纪性难题……

第一章　中西科学文明史的对比

"为什么我们培养不出世界顶尖级创造创新人才群"的"钱学森之问"，已经激起越来越多人们的思考。

各种爱国忧思和呼吁铺天盖地而来：有抱怨应试教育的；有痛感学术氛围缺乏自由的；有批评官本位体制的；有痛恨教育功利化的；为什么我们泱泱大国在自然科学诺贝尔奖颁奖 115 年（1900—2015）来才有唯一一位获得该奖项的屠呦呦？为什么我们大师级的学术泰斗寥若晨星……

中国现行教育体制落后这一现实，不仅仅是单一的教育问题，根据多因素论的观点，它是由政治、经济、文化、传统习惯等诸多方面的因素共同造成的，它与整个社会的文化发展有着非常密切的关系，这就注定了教育问题是一个涉及多个领域的社会问题。既然是社会问题，它就属于社会学研究的范畴。

社会学被定义为从社会的整体出发，通过社会关系和社会行为来研究社会的结构、功能、发生、发展规律的综合性科学，它包括社会科学和人文学科。它是涵盖心理学、社会心理学、经济学、人类学、民族学、哲学、历史学、法学、文化学、伦理学、文学、艺术、教育学、政治学等跨学科知识体系。[①]

如果我们只用单一的学科来认知和解决中国的教育问题，这显然不是科学解决问题的方法。因此，要解决好中国目前存在的教育问题，就必须借助跨学科的理论与方法论，借鉴先驱们的研究成果，结合中西社会历史发展、民族性思想文化价值观体系、民族性思维方式和行为方式的差异，发现问题，提出问题，分析问题，找出原因，进行大胆创新，最终提出解决问题的办法。

从科学研究的角度来看，我们现实中许多问题的出现，都有一定的历史根源，科学前辈们在发现问题时往往以史为镜，从历史源头去追究原因。对于中国教育落后的问题，我们应运用历史比较法，采取理性思维和中立价值观，将中国与西方的历史发展进行比较，尽量做出公正和客观的对比，找出我国落后的真正原因，就可以发现西方的教育为什么能培养出世界顶尖级的创造创新人才，而拥有几千年文明史的中国却不能。然后，我们再综合运用跨学科背景知识，力图最终解决中国教育落后的问题。

---

① 易益典、李峰：《社会学教程》，上海人民出版社 2007 年版，第 2 页。

第一节 中西人格倾向的对比

一、西方

西方文明产生于古希腊的爱琴文明，让我们先从古希腊开始说起吧。

希腊地处地中海北部沿海，地小山多，海岸线长而曲折，河流短小，岛屿密布。那绿岛相连映衬在海天一色的广阔空间上，展现给世人视觉审美的感受，这便是爱琴海和爱奥尼亚天然的绮丽风光。

这里没有欧洲大陆冬季的严寒，也没有非洲夏日的酷暑。冬日多雨，夏日干爽的地中海典型气候，使得橄榄、葡萄、麦类、柑橘、棉花等作物繁茂生长。充足的阳光和长年的温暖气候，激励着人们喜爱户外活动。

希腊人尤其钟爱航海，他们喜爱四季风景和气候变化所潜藏的奥秘，他们把征服具有挑战性的艰难险阻看成英雄行为的象征，他们崇拜英雄。无论在希腊神话里，还是荷马史诗中，英雄崇拜都成为希腊人仿效英雄和进行竞争与竞技的人格动力，古希腊骑士精神由此发轫。英雄崇拜和模仿，又反过来激发古希腊人的幻想冲动，使他们在希腊神话中，塑造出各种"神人同形同性"的巨人之神。

希腊神话与世界其他地区的神话最大的区别在于希腊诸神具有谱系，使得希腊神话凸显出最初的逻辑与推理性质，也表现出现实主义和浪漫主义的雏形。希腊宗教的神性与人性没有不可逾越的界限，神是人的完美典型。希腊神话中的神因有血肉、有情感而丰富多彩，其形象和故事也因而变得美丽动人。

希腊人把神认知为非超自然的，把神看成可以模仿和学习的英雄榜样，这在心理上就形成了想要达到英雄典范标准的追求动机，并以此来鞭策自己。

希腊人的积极进取精神来自对英雄的崇拜，这种文化逐渐繁荣后，就逐渐演变为个人英雄主义。

英雄之所以为英雄，就是因为他能别人之所不能，是群体中的优秀者和杰出者。因此，个人主义或个人英雄主义的积极社会作用在于，英雄在群体中能起到的榜样效应，能广泛地激发普通者对英雄的伟大崇高典范行为的模仿和趋近，从而推动整个社会的进步。我们必须承认，历史的创造并非只是少数英雄的个人行为，也并非广大民众，而是首先出现英雄作为先锋和榜样，引领广大民众共同创造，是社会发展不同社会角色总体综合能力作用的结果，但英雄在社会发展过程中的功绩往往要大于普通人。从社会心理学的角度来看，是英雄引发和激励了大众的从众行为，英雄行为在社会中被泛化，并进一步形成广泛扩散的马太效应。

在这里，我们还需要强调，英雄不是专指战场上冲锋陷阵、顶天立地、力挽狂澜的杰出者。它泛指一个民族或社会中各行各业的先驱精英和优秀者。一个民族和社会的发展和进步，正是靠这些各行各业的英雄作为时代先锋，引发其他普通人追随、效仿的从众结果。

希腊人英雄崇拜的动力追求模式，促成了他们于公元前776年举行了第一届奥林匹克运动会。希腊人很早就有热爱体育竞技的民风民俗，在荷马史诗中就描述了掷铁饼和标枪的运动项目。这是为什么呢？在希腊人看来，"对抗"具有重要作用，它既是一种挑战，同时又是一种激励，无论在体育场上还是战场上都是如此。公民对于公民会议观点表述的对话、辩论，以及哲学家和科学家为寻求真理而进行的辩论，也是一样，甚至剧作家也每年参加一次竞赛，最优秀的剧作家获得大奖。由于希腊人个人英雄主义的社会性泛化，这种竞争文化几乎在希腊社会的每一个领域都得到了较为充分的发展。

现代心理学的研究认为：幼儿在成长初期，喜欢以假装游戏来模仿成人的成熟行为，这是儿童在其社会化成长初期积累知识和经验的必要学习过程。人类的成长过程与幼儿成长过程颇为相似，其在幼年期获取知识时，会采取这种假装游戏作为获取知识的实验。

希腊人以体育竞技作为"假装游戏"，从人的体能和技能上展开竞争，以此张扬个性，展示能力，挑战权威，并能从正式的获奖中，体验到成为英雄的幸福与狂喜感。这些积极体验会使获奖者行为得到系列的"社会强化列联"（美国行为主义心理学术语），使希腊的民族个性得到升华，进一步塑造希腊人执着追求成功、敢于挑战权威的民族气质和禀性，并将这些气质和禀性融入希腊人的民族性人格系统中，表现出对知识和真理的渴望与强烈的追求倾向。

无论是古希腊还是整个欧洲，其地理、气候因素和特征，都使得当地的农业产品、矿业产品等自然资源都比较单一，相对而言，毗邻欧洲的埃及、阿拉伯等地，却因地理和气候因素拥有比较富庶的各种资源，同时又比较缺乏欧洲所产出的单一产品，这就注定了西方与东方均有对外进行商业贸易的需求，但由于东方的各种资源的种类与数量都远远超过西方，这使得西方进行商业贸易的实际需求大于东方。

公元前3000年左右，克里特人去塞浦路斯采购铜，用以与来自西班牙和大不列颠的锡制成合金；同时也从埃及进口小麦、金、象牙和纸莎草纸。

物物交换需要海运来实现，航海技术的发展促使造船技术的发展，商业贸易的发展又促进了手工业的迅猛发展，在相互的需求、交换、交流、竞争和发展的交织中，民族文化、文学艺术、科学文化又获得地缘式的大碰撞、大融合，这又反过来推动了商业贸易的迅速发展。其中，巴比伦和埃及的天文学、数学知识对希腊文化的发展均有很大的影响。

实际上，商业贸易的发展与繁荣，最能引发双方在技术和文化方面的强烈竞争，这种有力的强化刺激，能迅速促进一个民族和社会的人文素质、科学技术、科学文化、手工业、农业、军事等的迅猛壮大。希腊早期克里特文明的繁荣就是在这种商业竞争中成长起来的，随着这种繁荣加剧和希腊海军的日益强大，米诺斯王朝建立了海上霸权，并开始了人类最早的海外殖民。

另一方面，为了确保双方商业交换利益的公平性，需要双方遵守一种自发而趋近平等的交易规范和法则，这样将刺激双方在多种生产、制造、运输、管理、维护市场公平的法律和交易结算等技术的发展与进步，这是古希腊社会最早形成严格法律的缘由。商业文化中一旦注入了神圣法律的元素，会使人们在日常生活中逐渐形成遵守各种法律的习惯，并内化成一种民族性人格要素，这对其社会所有领域发展具有十分积极的意义。

社会竞争和民族文化的繁荣，必然造就个人英雄式的领域性杰出人物如雨后春笋般地涌现，这些英雄人物辈出，丰富了希腊的民族创造力，进而使希腊的民族创造力领先于世界。

进入"荷马时代"后，希腊受到多利安人的入侵而进入了300多年的"黑暗时代"。多利安人社会中，最早形成了原始的"军事民主制度"，多利安人对希腊的入侵，给希腊人带来了军事民主制。这一时期的希腊人并不臣服于一个超人式英雄的意志决策之下，相反，很容易就认同和接纳了多利安人的军事民主制；经过一段时间的融合，在希腊城邦时期，就过渡成奴隶制民主政治。后来绝大多数城邦废弃君王而实行共和，进一步在希腊建立了古代公民权利最发达的民主政治。"城邦公民政治"这个本质特征，有助于希腊奴隶制经济形成以小规模的私有制为主和经济较发达的特点，对希腊文化取得巨大成就影响很大。

由于人类个体总是在人格上表现出对个人利益追求的突出倾向，个人利益与社会公共利益往往会发生较多的实质性冲突。因而，它需要这个社会走向道德文明与法律文明的高度融合，以此来有效制约人们过强的私欲，来保证公平竞争和整体公共利益的获取。古希腊创造性地建立了第一个较健全的法律体系，这是对人类文明做出的一个伟大贡献，并深深地影响了后来罗马法律的进一步完善。

公平的社会能为社会个体实现人生价值提供公平的机会，减少了人们对社会不公平和邪恶的普遍性焦虑与愤怒，使人们更多的正面情感得到较大程度的释放，人们能普遍体验到幸福感的同时，又能激发其人性深处的潜能和创造力。

二、中国

黄河与长江是中国古代文明的摇篮。地处两河中下游的冲积平原地带，水源丰富，气候宜人，土壤肥沃，适宜多种农作物生长。在这里，作为主食的冬春小麦、大麦、燕麦、高粱等，在方圆数千里的大地上均能繁茂生长，并出产丰足富饶的土特产品。这里最大的特点是：上述得天独厚的气候和土壤环境资源，使这片广袤土地上的多种农作物，即使在刀耕火种的落后生产力条件下，也能获得较好收成。

在这种较为优越的环境下，黄河与长江流域因其物产丰富，各地几乎没有物物交换的必要与欲望，因此，自古以来在这片土地上，由于自给自足的生活状态及经济状态，没能形成规模化和跨地域的物物交换与商业贸易来往。

从中国历史发展来看，由于长期自给自足的自然经济，各地理区域之间缺乏商业来往，导致各地间文化、技术等方面处于相对的隔绝状态。没有文化碰撞式的交流，使得人们的竞争意识显得不那么强烈，这种情况又导致我国自古以来，历代政府均实行"重农抑商"的政策，更进一步巩固了中国社会发展的封闭性。

由于各地不需要多先进的科学技术即可以种植出可观的粮食作物，并能满足人们的生活所需，使得中国先民所面临的生存压力并不大。因此，从环境的角度来讲，先民们并不急需提高工具制造能力，或者提高生产技术来应对物质匮乏的危机感。可以说，这种历史地理环境的优越感，大大减少了中国先民对耕作技术的改进与革新动力。这也是我国五千年来只出现区区四本农书的原因，这显然制约了先民的创造创新意识的发展。

从另一方面讲，由于各种地理气候因子的关系，使得中华民族生存的这一区域经常会发生严重的洪涝水患，它迫使先民们必须创造性地解决这一问题，故中国古代在治水上突显出巨大的成就，并且在这种长期的社会抗争中，先民由此逐渐形成了共同对付自然灾害的群体力量，这种群体力量逐渐成为个体、小我的群体归依向心力，由此发展出集体主义的群体意识。

在生产力十分低下的原始社会，中国先民们对自然现象还不能用科学来解释，对许多自然物（河流、山岳、日月）和自然力（风雨、雷电）等，既有所依，又有所畏惧。他们以如同幼儿般拟人化的自我主义思维萌芽臆想认为，自然物和自然力应是一种具有生命意志的超自然、超人间的神秘力量。如果尊重它，即可获得福祉；如果轻视它，它将发怒并降罪于人间给予严重的惩罚。

这种拟人化的臆想和自我中心的思维模式，逐渐成了中国先民的价值观，被运用于对客观事物的判断，从而得出自己的生存福祉全靠天神保佑的结论，这就是西周时期形成"天命思想"的根源。对于天命价值观，中国人是十分敬畏的，正如孔子的畏天、畏大人、畏圣人言的"三畏"。或许是这种毕恭毕敬的彻底崇拜，被泛化到天地君亲师的范围，中国先民才把这一文化发展和演变到"君权神授"的登峰造极的地步。

每当遇到天灾人祸和疾病，其思维定式就条件反射式地认为，这都是由于人们平常的道德、言行触怒了天神而招来的惩罚。于是，敬天文化就发展成用大量的供品和牲畜，举行十分隆重的仪式，五体投地跪拜在天神偶像前面，恳求天神息怒，收回神令，不要再施降处罚。

其实，任何事物包括自然灾难都有发生、发展和消亡的过程，当更多的人在敬拜天神，恳请其大发慈悲之时，灾难恰好进入消亡期，这就从客观上巩固了先民们的观念，即认为这是其诚意感动天神的结果。当这种"现实利益"不断地强化先民们的敬天观念后，敬天畏鬼思想就成了一个牢不可破的民风传统。

中国社会繁杂的仁义、忠礼信道德体系规范和官本位制度，就是在这样的文化习惯氛围中形成的。它全方位地从言行和思想意识形态对个体进行苛刻的约束，任何一点超越传统的言行都会被视为大逆不道，其结果将受到严厉的惩戒。在这种文化的长期浸染下，先民们的人格系统则表现出事事瞻前顾后、犹豫不决、徘徊不前、前怕狼后怕虎，做事只能墨守成规、循序渐进、按部就班、唯唯诺诺……显然，这样的非科学人格系统就使得我们中国人必然缺乏勇敢的开拓和创新精神。

第二节 中西理性思维与逻辑思维的对比

一、古希腊

科学创造尤其需要想象力和幻想，希腊的民主制度和法律制度，支撑了希腊人思想的无拘无束和想象力的丰富。希腊特色的哲学，之所以区别于世界其他民族的哲学，就是因为希腊人的思想非常自由，他们不拘泥于神的崇高和必须服从的压力，他们没有社会不公平带来的方方面面的生活压力和精神压力，他们在学术上可以批评任何权威，受宗教禁忌羁绊也较轻。这一切心理自由和轻松，给希腊人带来了心理的愉悦，进而升华为幸福感，最终变成一种民族性的科学创造力，这也正是古希腊为什么能从整个人类古文明中脱颖而出的深层次原因。

还在很早的时期，希腊人就喜欢在陶制瓶上雕绘出几何图形，这种数学的抽象逻辑思维，区别于世界其他象形图画的模仿模式，因为希腊人很痴迷于这些图形中深藏的力学规律和数学逻辑的奥秘，这些图形激发了他们思辨式的科学认知方式。

希腊雕刻绘画倾向于写真的人体结构和运动姿态，它是科学考察与现实主义结合的最早出现，并应用于建筑上的创造和发展。在建筑学上，希腊人把几何力学与美学结合起来，发展出具有阳刚之气和厚重朴实的多利亚柱式建筑，以及具有阴柔之美和秀丽优雅的爱奥尼亚柱式建筑。

由于希腊人对万物的结构组成十分好奇，善于观察事物，并从其外部现象深入到内部本质去发现其特征及奥秘，因此，希腊的哲学一开始就对万物本源进行了探究，从而开启了希腊人独自的思辨哲学时代，这使得希腊人取得了获取科学知识、智慧与真理的第一把钥匙。

希腊人在认知世界本原的过程中，最早发展出了理性思维和逻辑思维。这两种思维方式，推动了希腊人最早进入了真正的科学认知与科学思维的时代。

理性是指人们通过客观感知事物，经过经验积累，形成符合于客观事物本质的概念，再通过逻辑规律、逻辑推导和判断，正确反映客观规律的高级思维活动和高级认知能力。

在古希腊时代，人们认为感觉是一切动物都具有的属性，唯独理性是人才具有的，因此，理性是比感性更基本、更重要的认知工具，并发现它的综合性思考对客观规律的正确认知具有惊人的作用，于是他们就发展出理性这个概念，希腊语把它叫作"逻各斯"，它的原意为词、谈话，即讲的东西。在赫拉克利特的著作中，指的是一种尺度、大小、分寸、比例关系，引申为规律性。

著名哲学家和数学家毕达哥拉斯特别注重理性在认知过程中的作用，毕达哥拉斯学派认为，动物也能凭感觉认识它们的物质世界，只有人才能把这种具体的物质世界抽象成为数的世界，物质世界是按数的规律来排列和运动的，因此，数比物更本质，用理性去认知抽象的数比用感知去观察具体的物更加重要。后人把毕达哥拉斯和亚里士多德的学说追认成理性的源头，或叫古典理性主义。

亚里士多德第一次研究了人的理性本身，认为理性的发展是教育的最终目的，他发现概念是理性的基本元素，所谓理性认识就是一串串概念的演绎和推导，这种演绎是按"三段论"的逻辑规则进行的，即由大前提出发，经过小前提而达到某种新的结论。"三段论"是演绎逻辑的基础，也是人类进行理性思维的常用工具，亚里士多德把他的这种认知方法写在他的《工具论》中。

埃利亚学派认为，思维与存在是同一的，而"存在"必然是"一"，并且是静止的，凭感官得来的知识不可靠，只有理性才能认识"存在"。巴门尼德也主张，只有理性才能认识存在。

人类在认知客观事物的本质、规律和真理的观察、感知过程中，如果加入了科学成分的概念、范畴、判断、归纳、演绎、推理、分析和综合等思维因素，人的思维就会从量的积累到质的突变，最终上升到理性思维阶段。

希腊理性的伟大诞生，促使人类认知从感性阶段上升为理性认知的高级阶段，这个伟大而无与伦比的认知飞跃，奠定了人类科学文明的真正肇始和动力源泉。

需要指出的是，当人类还处于蒙昧时代时，由于没有科学的认知能力，无法解释大自然对人类的利弊，尤其是大自然给人类造成的灾难祸端，人们只能臆想出一种超自然的力量，即神的主宰来信奉，因而人类普遍把神看得至高无上。而希腊的哲人们却在整个人类还处于懵懂未开化的时代，居然可以用科学的观点来解释许多自然现象。他们已经能正确解释物体运动的本质是外力作用的结果，并能发现物体运动的轨迹，以温度、重量、体积等概念来表示物体的属性，而且还能从物体的物理变化和化学性质来正确解释一些事物的常规现象，最后还将球形和天体力学运动模式相匹配……希腊人之所以能获得这一科学认知的高度，完全是因为他们首先发展出了理性思维。

希腊人的伟大还在于他们先于其他民族，在发展出理性认知的基础上，又发展出了逻辑学。逻辑学的出现和运用，对于客观规律的认知方法来说，是一种推动认知达到理性境界的关键工具。

古希腊的先哲们对于世界本原这个头等深奥的问题做出了一个又一个解答，然而，他们所依据的仅仅是日常生活中看到或接触到的简单的表面现象，靠的是希腊人无拘无束的想象，诗一般的灵感，即直觉思维。一般来说，直觉不太可靠，但有时直觉思维也具备一定的科学预见性。

在直觉认知的基础上，亚里士多德提出"从特殊现象出发，通过归纳达到普遍原理，再以普遍原理为前提，通过演绎证明得出关于特殊事物的结论"。这样一个科学程序，称为"直觉—归纳—演绎法"。

亚里士多德继而提出了"三段论"的演绎法，亚里士多德不仅建立起以真言命题为对象，以三段论为核心的词项逻辑理论，还建立起一种"大逻辑"框架，他区分了判断的类别，制定了关于推理的理论，发展了演绎法，应用于几何学，并形成了后来十几个世纪占统治地位的逻辑数学体系，即"概念—判断—论证—思维基本规律"的基本雏形。他还运用观察实验的办法和辩证思维的方法，在自然科学和社会科学许多领域的研究上，获得了许多重要成果。

无论是欧几里得伟大的《几何原本》，还是阿基米德著名的《论浮体》，几乎所有的科学结论都是通过演绎推理方式获得的，亚里士多德也通过八种物理现象，推导出大地是球形的科学结论。

人类的科学思维是感性认知、经验归纳和理性认知的结合，通过它们相互联系和相互作用而发现事物的本质与规律，并归纳出公理，再由公理出发，经过逻辑演绎、推导出真实的命题，这样就可以发现科学的定理、定律和公式。而科学的含义是运用范畴、定理、定律等思维形式逼真地反映事物的各种现象的本质和规律，当逻辑方法的运用逐渐扩大和趋于系统化时，它就变成了一种研究概念、判断和推理及相联系的规律、规则这种思维形式和规律科学。特别是推理与证明的规律、规则的不断进步发展，成了人们正确思维和认识客观真理的逻辑工具。

可以说，正因为希腊人最先发现了理性与逻辑推理及相互支撑式的应用工具，才使得希腊在人类历史上最早形成真正的科学认知和科学思维，从而开启了区别于世界其他地区的经验思维和臆想的科学理论创造进程。

二、中国

由于中国先民所受的宗教思想压力远大于古希腊人，再加上上述所分析的诸多原因，中国先民们没有形成像希腊人那样的民族性科学人格系统，没有科学创造与创新的动力人格作为民族普遍行为的动机支配，因而，中国先民很难发展出科学认知、科学思维、科学方法和科学理论等方面，却只表现为经验性的自发无序和朴素的人类发展认知模式。

中国古代的朴素唯物哲学思想，如阴阳五行观点，虽早于古希腊，但最终被强大的主观唯心主义学说所淹没。当这种哲学思想成为社会价值观的主流意识之后，其指导下的民族性思维取向，也不可能发展出倾向于科学认知的逻辑思维，而只是一种背离事物真实规律的诡辩术，比如公孙龙的白马非马命题。

故事发生在赵国，当时马匹正遭遇流行性传染病，秦国严防瘟疫传入国内，就在函谷关口贴出告示，禁止赵国马匹入关。

这天，正巧公孙龙骑着白马来到函谷关。关吏说："你人可入关，但马不能。"公孙龙辩道："白马非马，怎么不可以过关？"关吏说："白马是马。"公孙龙说："我公孙龙是龙吗？"关吏一愣，但仍坚持不让其入关。公孙龙微微一笑，道："'马'是指名称而言，'白'是指颜色而说，名称和颜色不是一个概念。'白马'这个概念，分开来就是'白'和'马'或'马'和'白'，这是两个不同的概念。比如说你要马，给黄马、黑马可以，但是如果要白马，给黑马、黄马就不可以，由此证明'白马'和'马'不是一回事！所以说白马非马。"

关吏越听越迷糊，被公孙龙这套高谈阔论搞得晕头转向，无奈只好让公孙龙骑白马过关。于是公孙龙的《白马论》名噪一时。

"白马非马"的命题从根本上说是割裂了一般和个别、共性和个性的关系，是主观任意地混淆和玩弄概念的结果。中国古代逻辑思想一开始就走上了诡辩的非科学轨道，无论公孙龙还是惠施，都属于诡辩。显然，没有科学认知、科学思维与科学方法，中国古代的科学发展就呈现出没有科学原理、科学理论，而只是经验式的发展模式。在中国历史上能做出经验式科学贡献的，也只是少数自学成才式的天才，难怪中国古代，只出现诸如鲁班、马钧、张衡、扁鹊等少数科学科技杰出人才，不像希腊那样，能够出现民族性普遍和规模化人才群。

第三节　中西教育的对比

一、古希腊、罗马、近代文艺复兴及现代欧洲的教育

在教育方面，古希腊一开始就把教育的目的定为培养勇敢、强健体魄、理智、聪慧和公正的身心和谐发展的合格公民，使其能够担负保卫城邦的重任，更能够履行公民参政议政职责，处理各种事务。

无论是荷马时代、古风时代或古典时代的教育，也无论是智者派、苏格拉底、柏拉图、亚里士多德时期或是在希腊化时期的教育，更无论是亚里山大图书馆还是伊壁鸠鲁花园的大学教育，希腊的教育内容都涵盖了军事（也包括体育竞技）、读、写、算、哲学、物理、几何、天文、文法、逻辑、雄辩术、音乐和道德等教育。即是说，希腊的教育包括了文科、理科、体育、道德、音乐、基本技能等德智体技的全面教育内容，这是后来整个西方出现"完人"教育理念的雏形，并由此形成了西方全面教育的古典传统源泉。

比如亚里士多德（前384—前322）的教育思想，亚里士多德是古希腊一位百科全书式的学者。他在哲学、政治学、物理学、伦理学、逻辑学、心理学

等学科都有精深的研究与建树。在教育上，他是古希腊教育经验和教育思想之集大成者。他认为，由于人是躯体和灵魂的统一体，而灵魂又是由较低层次的非理性灵魂和较高层次的理性灵魂组成，因此人遵循着先躯体，后非理性灵魂和理性灵魂的发展顺序。依据这一理论，他提出的教育首先是体格教育，其次是道德教育，再次是智育和美育，目的在于锻炼和提高人的思维、认识、理解和判断能力，使人的理性灵魂得到充分发展，达到身心和谐的最终目的。

第一阶段。0～7岁是儿童身体生长和发育的关键期，在家庭中应及时引导儿童进行适宜身体发育的活动。5岁之后，儿童开始学习知识，劳逸结合，保证充足的体格锻炼。教育内容还包括游戏、讲故事等。

第二阶段。7～14岁的初等阶段，为发展人的非理性灵魂期，即感情道德的培养。教育内容包括阅读、书写、体育、音乐和绘画。

第三阶段。14～21岁，属中、高级教育阶段，即发展理性灵魂。亚里士多德于公元前335年创办吕克昂高等学府，学习内容包括"四艺"及哲学、物理、文法、文学、诗歌和伦理学等，实行教学和科研相结合、研究与实验相结合、讲授与自由讨论相结合的教育模式。[①]

作为社会个体的人，要解决好在社会中生存、生活的矛盾困难和处理好多种社会关系，则必须具备更多的包含更宽更广的社会科学领域的知识与技能。事实上，全面教育的传统从古希腊时期就已经形成。

在罗马时代，罗马人虽然没有很好地继承古希腊的理性哲学与科学，但在建筑、法律和教育方面，在古希腊的基础上有了显著的发展。

在教育方面，这一时期的著名教育家是昆体良（约35—约95），他也是古罗马著名的雄辩家。他认为教育的目的是培养"善良的、精于雄辩的人"，亦即道德高尚的、在雄辩术上达到完美境地的雄辩家。

昆体良在继承古希腊全面教育传统基础上进行了发展，罗马教育加入了法律和多语言学习的内容，他还特别强调家庭中父母、保姆和教仆的受教育程度和道德品质对儿童的影响。

罗马时代的骑士学校对西方骑士人格和精神的培养，起到了关键和重要的作用；其行会教育对西方人掌握基本的社会技能有显著的帮助，它在中世纪时期培养了大量的科学探险英雄和商业工匠，为后来文艺复兴时期的实验科学、工业革命时期的大量机械制造、科学实验仪器的发明，以及制造近代热兵器枪炮的各种车床的发明等，打下雄厚的技术基础。

---

① 张斌贤：《外国教育史》，教育科学出版社2015年版，第79页。

骑士教育是西欧中世纪封建社会一种特殊的世俗教育形式，是封建等级制度的产物。其分为三个阶段：①0～7岁——家庭教育阶段。教育内容：宗教知识、道德教育和身体的养护和锻炼、语言学习和"七艺"学习等简单内容。②7～14岁——侍童阶段。封建主按其等级将孩子送到高一级的贵族家里充当侍童，侍奉主人，接受礼文教育，学习上流社会礼节和行为规范，以及识字、拉丁文法、唱歌、吟诗、下棋、口才训练、演奏乐器、赛跑、角力、骑马、游泳和击剑等。③14～21岁——侍从阶段。由侍童转为侍从的准骑士继续在主人家里学习骑士的各种军事技能和生活方式，为主人料理日常生活事务、招待客人、照管马匹和保管武器等；战时随主人出征，并以自己的生命保护主人的人身安全。学习内容是"骑士七技"，即骑马、游泳、投枪、击剑、打猎、对弈和吟诗，还包括年轻的骑士对于年长的贵妇人表现出忠贞、爱慕、奉献、守信等情感的爱情教育。④21岁——授予"骑士"称号仪式阶段。骑士誓词：效忠教会和君主，攻击异端，保护妇女及贫弱之人，捍卫邦国，愿为同胞福利洒尽最后一滴血。①

再如这一时期的行会教育。目的是为了保护本行业的利益而互相帮助，限制内外竞争、规定业务范围、保证经营稳定、解决业主困难而成立的一种组织。行业教育主要表现为以下几种教育和培训方式：①艺徒制。它又分三个阶段，第一阶段为学徒，期限2～10年不等；第二阶段是帮工；第三阶段是工匠。②学校学习和学徒训练相结合。③职业学校或艺徒学校。

中世纪时期，西方还对古希腊典籍发生兴趣而建立了萨莱诺大学（意）、巴黎大学（法）、牛津大学（英）、剑桥大学（英）、海德堡大学（德）、科隆大学（德）等上百所大学，这些大学都在古希腊与罗马前期的教育基础上有较大的进步，使得西方的完人教育进一步成熟。

文艺复兴时期，是以人文主义教育开启的。人文主义教育首先在意大利兴起，15世纪末以后逐渐扩展到北欧。意大利人文主义教育强调以个人发展为中心，主张世俗教育，重视智力培养，发展健全的体魄，向往人的全面发展。北欧人文主义教育则注重道德和宗教教育。

欧洲在此时期出现了一批重要的人文主义教育家：如彼特拉克、弗吉里奥、维多里诺、格里诺、伊拉斯谟、莫尔、拉伯雷、蒙田、培根等，他们的特点是从不同的角度论述了完全教育的发展，在教育内容与教学方法方面都具有自己的创造性和独立性。

---

① 张斌贤：《外国教育史》，教育科学出版社2015年版，第125页。

比如，培根强调运用科学方法，即逻辑归纳法，又强调构建新的科学知识体系。在培根看来，人的认识只能来自感官对外部世界的感觉，知识的主要形式不是别的，只是"真理的表象"。科学知识正是把握了"真理的表象"的突出表现，因此，人们一旦掌握了科学知识，就能够发现从未被发现过的，从未想到过的东西。根据人的心智的各种能力，培根把人类知识概括为三个部分：①表现记忆力的知识，包括自然史和文明史；②表现想象力的诗学，包括叙事诗、诗剧、寓言诗；③表现理解力的哲学，包括神学（自然神学和天启神学）、自然哲学（数学、物理学、力学）、人的哲学（心理学、人体学说、伦理学、政治学）。这样做的目的，并不是要提供一个包罗万象的体系，而是"要打下坚实基础，更广地扩大人类力量和卓越的界限"。因此，他强调学校应传授百科全书式的知识。他在《新大西岛》中根据自己百科全书式的知识体系，大胆地提出一种从事科学研究和教育的乌托邦方案。在书中，他设想的"所罗门之宫"是一种规模庞大的包括各种科学实验馆的宇宙实验室、动植物园等机构和设施的科学教育城。在这个科学主宰一切的社会里，所有的政府官员都是科学家，社会生活完全由专业科技人员控制和管理，人们通过合理的分工与合作，自由地进行各种类型的化学、光学、机械发明、动植物和天文学的研究，"探讨事物的本原和它们运行的秘密，并扩大人类的知识领域"。青年们不断地受到教育和训练，成为科学领域的新生力量。①

又如蒙田。其教育思想包括：①尖锐批判中世纪经院主义的"学究气"。经院主义教育虽然使儿童学了不少东西，只致力于记忆，无智慧和能力的长进，因而培养不出学者和名家。蒙田认为教育的真正意义是使儿童获得智慧、实际判断能力和认识事物本质的能力。②教育目的是培养完人。其教育思想重在培养身心和谐发展的"完整的人"。③重视实行。蒙田认为，知识的用处在于指导人的行动，但仅有书本知识是不能达到这一目的的。④教学方法。蒙田主张学习的彻底性，强调学生要把所学习的知识变为自己的东西。他反对死记硬背，提倡学习的独立性。⑤教师的作用。他主张教师要根据学生的能力施教，采用谈话、练习、旅行等多种方法进行教学。②

18—19 世纪时期，近代西方在启蒙思想的影响下，形成了理性主义、自然主义和国家主义三大教育思潮。

理性主义的教育观念要求发展受教育者的理解力、判断力，培养信念，反对机械背诵、盲目服从、教条主义等。自然主义的代表人物是 18 世纪法国著

---

① 张斌贤：《外国教育史》，教育科学出版社 2015 年版，第 203 页。
② 张斌贤：《外国教育史》，教育科学出版社 2015 年版，第 153 页。

名的启蒙思想家和教育家卢梭,他认为自然教育的主要原则是要正确地看待儿童,给予儿童最大限度的自由。他强调在教学中启发儿童的兴趣和自觉性,注重直观教学,通过实际观察学习知识,反对机械训练。国家主义教育观念由18世纪英国著名古典政治经济学家亚当·斯密、法国的爱尔维修、拉夏洛泰、狄德罗等提出。比如,狄德罗认为教育可以发展人的优良的自然素质,抑制不良的自然素质,进而启发人的理性,认识社会中的罪恶现象,唤起人对正义、善行和新秩序的爱。他强调教育在促进个人和社会发展中的重要作用,主张剥夺教会的教育管理权,由国家来管理,并推行强迫义务教育。

在这些教育家们的推动下,从18世纪到19世纪中后期,德国、法国、英国、美国等相继推行义务教育,建立国民教育制度,并在教育理念与教学方法及学校改革等方面,都朝着完人教育这一目标进行创新与发展,使西方的完人教育得到显著的进步,从而为西方社会各领域培养出了大批量的、具有创造创新能力的世界顶尖级科学人才。

如英国在这一时期的中等教育,其课程设置有数学、英语语法、算术、会计、几何、历史、地理、初级科学、现代外语以及工商业知识,重视实用知识和技能的培养。在一些实质性的中等院校,更重视自然科学教育,如瓦特在伦敦创办的学校开设数学、天文学、地理学、航海术、军事学等自然科学课程,还建立了科学实验室,采用演示和验证方法进行教学。1719年,英国皇家学会会员克列尔在伦敦创办类似学校,除传统的古典科目外,还教授代数学、三角法、天文学、地理学、航海术、物理学和建筑学等。

在教学方法上重视实证和联系现实生活,鼓励学生思考,教学形式采用广泛阅读和学生间自由辩论等。

在国民教育方面,裴斯泰洛齐深受卢梭的影响,认为社会不平等现象以及劳动人民贫困的根源在于人的教育和文化的缺乏。他因此提出"拯救农村,教育救民"的改良主义思想。费希特的新教育主张,即对全民普遍实施强制义务的新教育和民族主义、国家主义教育。第斯多惠提出自由思考,追求真、善、美为崇高使命的人;充满人道和博爱、为人类而忘我牺牲的人;全面的和谐发展的人的"全人教育"主张。

在大学教育方面:①苏格兰的大学。比如格拉斯大学的课程改革为人文学科、数学、宇宙学、天文学、道德和政治学、自然哲学和历史、拉丁文、希腊文、逻辑、医学等。②英格兰的大学。如剑桥大学课程设置为数学、逻辑学、化学、天文学、实验哲学(物理学)、解剖学、植物学、地质学、几何等。①

---

① 张斌贤:《外国教育史》,教育科学出版社2015年版,第230-235页。

现代时期，西方经历了新教育运动、进步主义教育运动、新传统教育思潮、儿童研究运动、综合中学运动、战后西欧教育重建、冷战背景下的教育和当代西方终身教育思潮、激进主义教育思想、环境教育等教育思潮，这当中出现了许多新的教育理论、教学方法与教育观念，帕克的"昆西方法"、杜威的芝加哥实验学校、约翰逊的有机教育、沃特的葛雷制、帕克赫斯特的道尔顿制、华虚朋的文纳特卡制、克伯屈的设计教学法、拉格的社会课程、新传统教育思潮、永恒主义教育思潮、要素主义教育思潮、新托马斯主义教育思潮、现代人文主义教育思想和人力资本理论等，都是围绕西方完人教育这个教育主轴来创新与发展的。

比如欧洲教育界公认的第一所新学校是英国教育家雷迪于1889年创办的阿博茨霍尔姆乡村寄宿学校。其办学目的是要提供"一种完全现代和有合乎情理特点的适应社会'领导阶级'需要的全面教育"；开设有农艺、体育、手工劳动、艺术、文学、语言、科学、社会教育、道德与宗教教育等课程；教学上强调课程之间的联系和全面发展，重视实际工作，重视儿童的个性特征和创造性活动，并使儿童在活动中学会如何合作和领导，从而使儿童成为完人。

再如现代人文主义教育思想。该教育思想是20世纪60～70年代盛行于美国，并对整个世界的教育理论与实践产生巨大影响的一种教育思想。它以人本主义心理学为基础，具有存在主义的基本主张和现象学的认识方法论，宣称要将教育彻底地服务于人性的充分发展，涵盖培养"完整的人"的价值取向，主张教育应培养整体的、自我实现的创造性的人，探讨人文主义的课程和方法，提倡学校创造自由的心理氛围。[①]

上述教育思潮与教育理论，使西方完人教育理论与教学方法等体系日趋成熟和完善，完人教育在西方社会不断发展和创新，有效地塑造了西方民族的科学人格系统、知识结构体系、操作技能和强健体魄，从而推动其社会的不断改革与进步。显然，作为个体的人，应当掌握的知识与技能越多越宽广越佳，如果只掌握单科或较少的知识技能，其实际解决问题的能力就会受限。从人类历史发展和社会实践来看，个体对知识技能掌握的多寡，对于总体社会的发展，也会产生社会性的马太效应。

二、古代、近代和现代中国的教育

我们中国，由于受到君权神授思想的影响，严重缺乏自然科学实用技术方

---

① 张斌贤：《外国教育史》，教育科学出版社2015年版，第303页。

面的教育。一开始只单一性地注重道德和基础文科方面的培养，就算军事技能被历代政府所重视，但也没有被提高到与文科相同的教育地位，普遍的专业学校教育没有形成，大都在军队里才开始培养，并且也没有形成文字化的标准，而只是各个教官按其个性进行的经验传授。更由于"万般皆下品，唯有读书高"的观念对自然科学技术的歧视，使社会主流价值观把科学技术视为与社会底层体力劳动一般的地位，形成国家意志上对科学技术的轻视，再加上后来科举考试更是突出道德文科，从而严重抑制了人们对科学技术的进取动力，这使得中国社会自古就缺乏自然科学的实用具体技术技能的基础性教育。

总体来看，中国几千年的封建社会教育，因历代政府均歧视自然科学和技术技能而形成的单一偏重文科的教育体系，这种单一教育体系延续几千年，使得中国古代所培养出来的高等学生，几乎全是文科学生，导致了我们民族的人才群在知识结构方面形成严重的单一性。

这样的教育结果是：由于缺少自然科学和解决实际问题的技术技能，我们民族人才群的普遍形象被刻画成"四体不勤，五谷不分"的无缚鸡之力的柔弱儒生，他们善于吟诗诵词和引经据典，专习书法、对联与八股文，终生刻苦追求科举考试的目的为做官，重视书面而鄙视体力性的技术实践，思想守旧、死板、顽固而缺乏创新性，愚忠思想严重且易于产生偏见，注重事物表象而不深究其本质等。比如在文学创作上，只注重对景物外部现象的描述，忽视对内在本质的探索。然而，这样的人才却是支撑中国封建社会发展的主要力量，这样的现实导致了中国封建社会十分缺乏改革的动力精英。事实上，这些人才只是在中国社会建立了庞大的官本位文化，而具体解决实际问题的技术技能，则是由社会中未接受正式专业技术教育的工匠来承担。或者说，中国古代社会之所以在科学技术上远逊于西方文艺复兴之后的发展，其根本原因就在于我们不具备普及社会的科学技术教育体系，因此就没有庞大的科学技术人才群来推动中国的科学技术发展。

比如，现代中国人一直疑惑的是，我们中国能发明火药，却造不出枪炮，这是为什么呢？

对于这一问题，笔者认为，西方一接触到中国的火药，很快就造出枪炮，其原因是，西方教育从古就把技术教育列入国家正式教育中，这方面可谓人才济济，由此导致西方手工业和加工业一直比较发达。

中国制造的火药大约在13世纪传到西方，西方人最早于1250—1275年间在北非及西班牙的摩尔人王国中发明了臼形火炮，而中国最早的大炮是于1288年铸造的铜炮。在制造大炮的过程中，西方存在着区域性的竞争，而中国相对缺乏竞争，这是相互模仿和攀比的一个触动因素。重要的是，西方的手工业十分发达，15世纪，西方因制造钟表和武器的需要，出现了钟表匠用的螺纹车床和齿轮加工机床，以及水力驱动的炮筒镗床。车床的出现就给发明者提供了创新的思维想象空间，并为制造精准的炮管奠定了工业化的基础，再加上西方拥有批量的专业技术人才，就必然能在大炮的发明制造上进行高速的研究和创新，并能进行精密的制造，这样，将大炮缩小成枪了，这正是造枪技术发展的必然，其关键是以批量专业人才及车床系列加工工具的发明和拥有为前提。中国因上述种种原因，手工和加工工业均不发达，以至于铸铜、铸铁、炼钢以及加工工具等技术的落后，尤其没有发明车床等系列技术，没有这样的制造基础，其创造想象思维被限制，因而无法制造出具有精密技术含量的现代枪炮。

事实上，中国官方自古不重视实用技术的教育，使得精英人才的知识结构偏向单一化，从而剥离了其解决实际问题的综合能力。整个社会的实用技术只是依靠少数的和自发性的，只具备单一经验化而非专业技术技能化的各种工匠，来作为中国社会技术的实际支撑，并且还严重缺乏创新和变革精神，只能依从传统的套路来复制，这就使得中国社会实用技术的发展普遍性受到严重阻碍，导致科学技术没能在中国古代社会发展成为第一生产力。

另一方面，由于古代中国科学技术不发达，人们要解决生活中的许多困难与问题，往往不去创新机械，只能凭借人们的苦力来完成。古代寓言"愚公移山"只片面强调人们的勤劳与勇敢精神，用苦力行为替代了运用科学工具和技术对太行、王屋二山的开凿，这是对科学创造创新的抑制，中国几千年的发展史证明了这一问题，那就是我们中国人比较缺乏创造性。

到了近代，虽然我们因洋务运动开始模仿西方办学，但由于我们的传统根深蒂固，我们的社会没能从社会多个领域进行颠覆性的大改革，所以新办的教育仍然无法突破传统和习惯的掣肘。

在民国时期，虽然一度出现如蔡元培、陶行知等教育家，但因我们的传统积累太深厚，也仍然办不出一个培养完人教育的学校来。而在这时期一批海外留学归来的学子，却因接受了西方高等学府的西式教育，回国后为中国社会做出了各种杰出贡献。

到了当代，我们仍然不能突破中国几千年的封建传统和科举模式，因此难以走出应试教育的怪圈。

应试教育指背离了对学生的素质教育，采用机械化教育方式培养学生，以应付升学考试为目的的教育理念和教育方式。学生仅能以统一的课本、唯一标准答案来进行学习，学生被一个"标尺"统一要求和衡量，学生不能施展自己的才华和兴趣。应试教育以考试升学为目的，或采用题海战术应对考试，或片面重视解题技巧，或猜题等。

应试教育只重视学生智育的培养，忽视德育、智育、体育、美育的全面发展，其教育模式与考试方法限制了学生能力的充分发挥，培养出的学生缺乏创新能力，难以适应工作要求和社会发展。其弊端如下：

（1）片面重视智育，轻视人格、道德、身体素质、美育和生存技术技能等的教育，容易导致学生的人格出现缺陷，人文精神缺失，理想和信念萎缩，身体素质下降，甚至造就畸形品德之人。

（2）片面重视应考学科，肢解课程体系的科学性和完整性，造成学生认知结构、知识结构和能力结构的残缺，阻碍学生理论知识与实验实践的有机结合，无法利用原理思维和创新方法解决实际问题。

（3）只注重少数考试优秀的学生，却忽视大多数学生的发展。

（4）加重学生的课业负担，增加心理压力，导致抑郁和厌学情绪严重，甚至出现自杀的极端案例。

（5）教学模式和方法单一，促使学生为应付考试猜题而投机取巧，碰运气，扼杀学生的兴趣与个性，特别是严重地抑制、扼杀学生创新创造能力的培育和发展。

对于20世纪90年代以来所进行的中国大学教育改革，新加坡国立大学东亚研究所所长，中国问题专家郑永年先生总结为三大败笔：

（1）大学教育成了以赚钱为目的的产业化企业。

（2）毫无理性的大学升级。

（3）假、大、空的并校风。

中国千年沿袭下来的应试制度并没有多大的改变。显然，中国的古代教育和现代教育均不能适应社会发展的全面需要，这种单一非科学化的教育现实，使我国历代人才的知识结构，一直被限制在非科学化的长期发展过程中，因此，西方专业化而强大的批量技术人才群与中国经验式非专业化少数工匠人才的差异，注定了我国整个历史社会的综合发展逊于西方文艺复兴后显著发展的现实。

第四节　中西民族性科学人格系统的对比

一、古希腊、罗马、文艺复兴和现代西方的民族性科学人格系统

经过以上多方面的论述，我们发现，古希腊因受其地理、气候环境、人神同形的宗教思想、人文及教育因素的影响，形成了古希腊人开放的文化思想、平等的民主政治制度、公平的法律体系、先进的教育体系、发达的商业贸易与竞争模式的独特民族文化环境。这一独特的民族文化环境已经成了造就个体具有创造性表现的科学性土壤，在这种科学的土壤里，越来越多的普通人被培养成具有创造性人格动力系统的诸多个体，成为一批又一批的科学精英群。

心理学人格系统的研究表明：人类个体的行为是受个体的动机驱使的，个体的动机又是由其生理和心理的需要引发，最终，个体的生理与心理需要又受到个体人格价值动力系统的优劣所决定。显然，个体的人格价值动力系统的建设性或破坏性动力指向，决定了这一个体人生发展轨迹和社会行为的取向。我们注意到，希腊人这些积极的人格因素，与科学的发明创造有着紧密的逻辑联系，并且符合现代人格心理学中被定义为创造性人格的重要人格要素，由此，笔者把它定义为古希腊民族性科学人格系统。由于古希腊民族具有了这一科学人格系统作为其民族的动力引擎，才导致其涌现出大批的哲学和科学精英，支配希腊民族最早产生自然哲学的科学思维方式。

对于古希腊民族性科学人格动力系统，笔者把它概括为：希腊人天生乐观，个性张扬，对求知有一种异乎寻常的热情，爱大自然、爱雄辩，对外部世界保持持久的新鲜感，易受科学规律和科学价值观的暗示，富有强烈的好奇心和幻想冲动，善于精细观察和逻辑思考，善于用对事物的正确观察结果来论证科学命题，崇尚理性和智慧，热爱真理和博学，执着追求成功，爱好广泛并积极进取，敢于怀疑和挑战权威，也敢于认错并接纳社会批评和自我批评，喜欢否定传统而标新立异，具有勇敢探索、冒险和百折不挠的个人英雄主义骑士精神，具有强烈的公平竞争意识、动机和自我实现倾向。

古希腊由于具备了科学土壤和民族性科学人格系统，发展出了理性思维与逻辑思维，因此，他们拥有众多的学术流派，敢于怀疑和否定权威，学生能够超越老师等。这些因素，使得古希腊真正进入科学观察、科学认知、科学思考

和科学理论形成的时代，造就了古希腊的科学、艺术、建筑和文化的繁荣，其中最重要的是希腊人具备了笔者界定的民族性科学人格系统，这是因为科学人格系统的动力指向决定了其个体的行为取向，并由此决定了个体最终的行为过程与结果。

显然，我们已经发现了古希腊产生人类最早的科学教育的秘密，即科学土壤—民族性科学人格系统—科学思维—科学创造—科学后继者超越科学前辈。这是一个科学产生、发展和结果的再循环过程。其中，最重要的是科学土壤造就了民族性科学人格系统，由民族性科学人格系统作为强大的建设性驱动力，推动实现科学思维、科学发明创造和科学后继者超越科学前辈的现实与社会行为。当然，古希腊的科学教育还只是雏形，还没形成完善的体系，但它却是人类发展史上一个崭新而独特的伟大起点：它的出现为后来西方文艺复兴、近代科学革命以及现代科学革命打下坚实的基础，并为欧洲及西方科学教育体系的真正出现，提供了扎实的科学教育的能量传递源泉。

罗马时期，欧洲人在古希腊民族性科学人格的基础上，注入了忠于和遵守法律的深层次内涵，以及勇猛忠诚的骑士精神。文艺复兴时期，欧洲人因发现了古希腊的民主制度、骑士精神、人格魅力、理性主义、哲学思想、科学思维、科学方法、科学理论、科学成果、教育思想和建筑艺术，以及罗马人的雄伟建筑艺术和法律精神，由此受到启发而掀起一场解放人性的文艺复兴运动。

需指出的是，欧洲人在这场模仿古希腊和罗马的人文主义运动中，并非只是模仿与复制，而是更深层次地在其基础上进行大胆的改革与创新，他们在古希腊和罗马民族性科学人格系统的基础上，又发展出自觉遵守法律约束的契约精神、未知探险和执着追求的精神。但他们也由此发展出了野蛮征服与侵略的殖民性人格，给世界带来了压迫性的灾难。

18世纪，欧洲人发展了古希腊的民主自由的人格精神，在欧洲大地上结束了封建君主统治，建立了资产阶级的民主自由政治形态。

值得一提的是，西方学者对科学和真理的执着追求，促使他们进行科学探险。他们在这一追求过程中，往往会表现出勇敢探索、冒险和百折不挠的个人英雄主义骑士精神。

科学探险是把科学观察、科学实验，从实验室向充满凶险挑战的大自然的进一步扩大和延伸，具有广泛性和特殊性。没有科学探险就没有进一步的科学发展，没有冒险精神就没有人类文明的发展。自从西方近代科学诞生以来，总有很多探险家，由于具备民族性科学人格系统里充满的挑战性、征服性和支配性，因此，他们对大自然所潜藏的奥秘和规律持有强烈的好奇心和探究欲望。他们痴迷于探索，喜欢求证，执着于发现，并将自己的兴趣、爱好和热情倾注于此，为了追求心中的理想目标，他们勇敢无畏，哪怕一个人，也会为科学的真谛，向荒原、沙漠、远洋、高山、险地、极地等生命禁区毅然进发，向绝境和死亡挑战；他们不畏气候、地势之险恶，不怕受伤、残废和死亡的威胁……

为了研究野外生物的真实生活习性，他们不惜与豺狼虎豹等猛兽为伍。英国动物学家珍妮·古道尔，20多岁就来到非洲的原始森林，为了观察研究黑猩猩的生活习性，她度过了38年的野外生涯，之后又奔走世界各地，呼吁人们保护动物。

2010年8月，荷兰14岁少女劳拉·德克尔从荷兰北部一处港口出发，在父亲的陪伴下进行一小段适应性航行后，独自驾驶"GUPPY"号帆船环球航行，成功挑战了全球最年轻独自环球航行的纪录。

还有前赴后继去南北极地探险的科学英雄们，面对极地的复杂凶境，他们必须具备超坚韧和不惧困难的勇气与毅力，必须克服零下40℃甚至零下近80℃的严寒，必须面对凶猛暴风雪和各种陡峭悬崖的冰川，必须随时确定自己所在方位并沿途储存好食物，必须具有强健的体魄和战胜突发疾病的能力，必须具备战胜各种未知困难的技能，必须具备管理好爱斯基摩狗队的技能（这是他们战胜凶境的好帮手）……

最值得人类尊敬的是南极探险英雄——爱尔兰籍探险家汤姆·克林。他三次远征南极，两次独闯冰雪荒原，一次穿越南乔治亚岛腹地。他见证过被称为探险史上最悲壮的斯科特极点冲刺之行，也与沙克尔顿并肩，试图穿越南极大陆，完成史无前例的探险壮举，他创造了一个人的英雄时代、一个人的极地史诗。他的一生，就是一部英雄时代的南极探险史。汤姆·克林被誉为爱尔兰民族英雄，以其名字命名的"克林山""克林冰川"屹立南极。

正是这些对大自然勇敢挑战的英雄们的出现，才使得人类许多生命禁区被一一征服；也正是因为他们的贡献，才使人类迅速发现更多的新生物种、自然资源和更多的自然规律，在科学史上获得无数伟大的科学成就。

事实上，这一切正是这些探险英雄们具备的科学人格的表现。在科学上，就是要具备这种伟大的科学人格，显示出勇敢和大无畏的精神，才能战胜千难万险而获得最后的成功。

二、中国古代、近代和现代的民族性人格系统发展

我们的先民把神看得至高无上、不可触怒，认为神可主宰百姓的生死命运，因此必须彻底服从于神。这种巨大的思想认知压力，使得中国先民十分乐意发展浓厚的道德哲学和礼仪来约束自己的思想与行为，尤其人为塑造一个天

神的人间化身来统管黎民百姓，并赋予其没有任何约束的强大权力，甘愿由其任性来对天下施予一朝又一朝的暴政统治，这造成了严重的人性和个性被压抑。

由于人们必须以牺牲个人权利、人格、尊严和自由来对天神给予绝对的尊重，广大百姓只能在十分压抑的社会环境中求生。中国封建社会，皇帝就是法律，法律制定与执行是受其个性喜好而使然，这就注定了人们的生存利益和社会竞争环境存在诸多的不公平现象。人们为了生存，不得不表现出双面人格，即表面一套、背后又一套的行事方法，来获取这种表面的合法以保生存。

鲁迅先生的"阿Q精神"正是中国几千年封建社会较为普遍的人格表现形式，这种负性的人格系统成了制约中国几千年社会进步的力量，只有极少数拥有高尚人格和科学人格的社会精英，艰难地推动着这缺乏朝气的庞大社会缓慢地前进着……可以说，我们的民族性人格系统从一开始就因为对神的虔诚和崇拜，从而失去了发展普遍性科学人格的机会，以至于我们一直都没能发展出这些重要的科学人格来。

一个民族具有什么样的人格系统，决定这一民族的整体行为偏重于什么样的行为方向。具有科学人格系统的民族，如以古希腊为代表的西方民族，其科学人格系统就会成为动力引擎，支配其个体的行为偏重于科学方面。在这种行为动力的支配下，个体会从思维方式的取向来支配其行为，使之发展出支持科学思维的理性思维与逻辑思维。有了这一重要的科学基础，则会涌现出一批又一批、一代又一代的科学与社会精英，并不断修正、补充、创新其民族在科学发展上的各种细节，促使其臻于完善。反之，如果一个民族不具备普遍性的科学人格系统，那么这一民族所出现的科学精英只不过是自发性的社会发展产物，其数量相对少得多。比如在我国历史上，只出现过郦道元、沈括、李时珍和徐霞客等几位著名的、以科学考察为动机的野外探险性的人物，的确很难与西方那些代代继承的不可胜数的科学探险家群相比较。

我国历史上，从事自然科学研究的精英较少，以至于难以担负起推动整个社会第一生产力的重任，进而促使社会出现类似于近代科学革命式的社会变革。因此，中国社会的发展，经历了几千年漫长的封建社会发展期，一直没有获得像近代科学革命式的突变。其深层原因正是由于我们缺乏民族性普遍的科学人格系统，无法产生批量的科学精英和社会改革精英，无法汇聚成强大的科技力量而成为社会发展的第一生产力，来推动整个社会发生批量性改革和快速进步。显然，一个民族是否具备普遍性的科学人格系统，则显得尤其重要。

时至今日，我们中华民族虽然进入了现代文明社会，可我们的民族性人格基因里却依然流淌着几千年遗留下来的民族性非科学人格系统因素，甚至还存在着许多负面的因素。

在现实中,政府层面有官员腐败;企业层面有包括各行各业的假冒伪劣产品、恶意欠薪、恶意透支、垄断性高价;食品安全层面的三鹿奶粉、南京冠生园陈年馅月饼事件、金华敌敌畏火腿、假烟假酒假名牌到毒米毒面毒瓜子、地沟油、注水猪牛肉以及天价大虾、欺骗宰客等;文化市场中的盗版侵权、伪科学、伪技术、吹牛专家、学术剽窃、集体造假等;个体层面的各种道德、信用、情感、良知的社会欺骗,包括拐卖妇女儿童、诈骗、传销、骗婚、扶不起的老人、毒保姆、各种考试作弊等诚信缺失问题;社会犯罪方面的各种抢劫、绑架、残忍灭门、杀人碎尸案、暴力强奸幼女和未成年犯罪等恶性事件……

这些不诚信以及残忍暴力犯罪行为,不但阻碍了我国塑造民族性的科学人格的进程,更显示了混沌理论的蝴蝶效应,影响我国各个社会领域的全面发展,尤其掣肘我国第一生产力——科学技术的发展,进而阻碍我国成为世界大国与强国。显然,这样的事实是我们每一位中国人都不愿接受的。

第五节 中西民族精神对比

一、古希腊罗马、近代文艺复兴和现代西方的民族精神变迁

因地理、气候、人文、生活方式与宗教的多维影响,希腊人很早便形成了区别于人类其他民族的独特的、具有科学人格的民族性人格特征,它包括理性精神、自由精神、公平精神、法律精神、个人英雄主义精神、骑士精神和初期的科学精神,笔者将它统称为希腊精神。到了罗马时期,由于罗马人的人格禀赋与其他原因,他们没有完全继承希腊精神,而只是在希腊精神的基础上,进一步发展了其法律精神和骑士精神,笔者称它为封建守旧的罗马精神。在文艺复兴时期,西欧人对罗马的宗教迫害十分不满,由于天赋禀性与希腊人有些相近,因此在发现希腊文化后,其热爱自由和富于改革的天赋被激起,由此而发展出一场浩大的人文主义思想运动,由此加入了契约精神、自由民主精神、马基雅维利狮子残忍与狐狸狡诈的政治阴谋、勇敢探索与征服精神、社会改革精神和科学精神,笔者称它为具有开拓性而又血腥的殖民精神;在18~20世纪,由于这一时期在科学革命、启蒙运动、自由主义、三次产业革命、民权运动等的推动下,西方在自然科学、社会科学和各社会领域都获得了巨大成就,

并在继承古希腊、罗马和文艺复兴时期的基础上，又增加了自由民主人权精神、平等精神、功利主义精神、殖民主义精神、超人精神和霸权主义精神等。这当中，德国受哲学家尼采的超人哲学的影响，发展出极端的纳粹精神和法西斯主义精神，但它存活并不长久，很快消失殆尽。从西方人总体的表现来看，笔者把这一时期的西方精神概括为具有现实功利的资本主义精神。

西方世界有一个共同的精神特点，即西方民族具有自由、平等、守法、个人英雄主义、骑士禀性、科学创新、勇敢开拓与征服、富有侵略性等，这些因素的匹配与发展，使西方民族突显出狼性的本质。在现实生存中，他们善于开拓与创新，展示出区别于世界其他民族的强劲科技实力，这成就了他们的种种实力优势——这些优势在社会达尔文主义的价值观看来，使他们具备食肉动物一级捕食者的高级地位，草食动物却成为供养它们的能量储备库。西方民族为了捍卫这一传统优势，在生存利益上，他们在"只有永恒利益"的原则下，随时可结盟而对弱者进行"群起而攻之"的狼群捕食法，显示出侵略的残忍与霸权的血腥。他们极富统治与支配欲望，成了人类生态群的领导与强者。

西方民族的狼性精神，同时还体现出一种趋近完美主义的倾向。由于崇拜理性，他们对任何事物都喜欢使用均衡来加以安排和控制。在现实操作中，为了使所有事都达到极致，他们善于通过改革来得以丰满和完善。比如，对于其社会结构，他们经过无数次的改革，将政治制度与法律、商业、军事、科技、文化、教育等，形成一种相互制约、相互监督、相互促进的均衡发展的结构范式，并不断地发展和进一步地改革。这显示西方民族具有辩证哲学的发展逻辑，他们把科学逻辑推广到一切社会领域中，变成普遍的社会科学逻辑，并永远在修补完善之中。

二、中国古代、近代和现代的民族精神变迁

我们中国因多维的背景与因素而形成儒家精神。儒家精神实质是一种对天神的畏惧与乞求怜悯心态下的道德自律文化集成，我们民族在这一文化发展过程中，发展出较多的负性文化，比如缺乏个性独立和创新、思想意识容易产生偏见、对权威的无选择性愚忠、顽固性守旧、非法治和平等观念、善于以窝里斗来获取生存利益、当面一套背后一套的两面性人格、缺乏开拓勇气、缺乏自我批评与社会批评，等等。总体来看，这些因素特征铸就了中华民族的羊性民族性格。

英国博物学家达尔文于1859年创立进化论后，英国哲学家、社会学家斯宾塞接着提出了社会达尔文主义的学说。他认为在生物界生存竞争所造成的自

然淘汰，在人类社会中也是一种普遍的现象，他根据自然界"食物链"现象提出"弱肉强食、物竞天择、适者生存"的观点，并以此解释社会现象，最终得出社会达尔文主义是一种社会基模的结论。

人类社会的生存发展，其实比较符合社会达尔文主义的描述。人类与其他动物同属于一个大的自然生态，既然都在这一自然生态下，则我们生存的法则与动物一样，属于优胜劣汰的竞争法则。

优胜劣汰是现实存在的东西，我们只能适者生存，却不能背道而驰。儒家文化倡导以和为贵、大同和非区分性的仁义，讲求克制自己的私欲来达到所谓的天理等，看似情操十分高尚，但实际上是去人本性化的理想主义。因为人要生存，首先要有充足的衣食住行来维持基本的生理需要，还必须有足够强大的实力来保护自身和财产的安全，这是生存的基础。而儒家精神还在人们远远没有获得这些基本要素之前，则大谈所谓大同与以和为贵，显然只重视人性善的一面而忽视人性恶的一面，失去对人的本性的理性和客观认知。

长城是中国古代的军事防御工程。长城修筑的历史可追溯到西周时期，发生在首都镐京（今西安）的著名的典故"烽火戏诸侯"就是明证。春秋战国时期，列国争霸，互相防守，长城修筑进入第一个高潮，但此时修筑的长度都比较短。秦灭六国统一天下后，秦始皇连接和修缮战国长城，始有万里长城之称，而明朝是最后一个大修长城的朝代。

长城的修筑在世界史上是绝无仅有的，其思想缘于"后发制人"的防御观念，事实上这就是儒家理想主义幼稚与现实相悖，并表现出非进攻性的软弱象征。对于自己民族生存之大根本，宁愿耗尽国家之人力、财力来修筑一个自以为能一劳永逸的御敌的军事工程，却无法想象敌人可以绕道进攻。可悲的是，我们一代接一代地固执于修筑而不反省，换来的却是国家被侵占，政权丧失，人民被奴役的局面。

虽然儒家文化还倡导诚信，但在现实生存利益与封建制度下的非公平竞争环境影响下，诚信却被当作一块遮羞布。自古不少中国人在公开场合都把自己粉饰成君子或圣人，把讲私利视为小人之举。因为贵义贱利的思想迫使人们必须这样，不然则无法在这个社会安身立足。但实际上，台上说得如此高尚，台下却黑心、贪婪地获取私利。其实，当正常的生理本能或心理欲望都不能正大光明地去获取时，人们的大多数行为也只能是一种不真实的为了"面子"的行为而已。既然人们不能真实地表达自己的目的，那么，我们所表达的外在行为实质就是一种虚假。这些多方面的虚假，营造了整个社会的虚假，所以我们会去进行许多根本不实际的行为，这就是中国古代部分政府受儒家思想消极面之害，不思进取，不去富国强兵，不通过民富来强国，却热衷于内部权力与利益的"窝里斗"的原因。

综合西方与中国的民族精神之比较，西方狼性民族精神符合现实社会生态的发展规律而具有实用性，中国羊性文化偏离现实社会生态发展规律而具有一定程度上非实用性的空谈特征。

第六节　中西哲学思想对比

一、中国哲学思想

从产生自发朴素唯物主义哲学的科学思维来说，中国的阴阳五行思想略早于希腊，并且在科学研究上也早于希腊，如墨子论述物体运动、杠杆、几何光学、声学等概念与原理方面，以及水利工程方面等。但由于中国先民把神视为人类主宰的绝对精神之物，并发展出超厚重的虔诚道德哲学的唯心主义体系，产生对神五体跪服的膜拜心理，随之放大了"君权神授"的主流社会价值观和思想。再由于中国各种地理资源较丰富而阻断了与周边地区的商业来往，没能发展出公平竞争的社会氛围。又因皇权法律体系非公平引发的普遍"窝里斗"现象，这彻底摧毁了中国封建社会的公平。

这样的环境，决定了中国哲学思想的从产生即是为安抚天神降罪的怒气而出现的道德哲学形式，中国的道德哲学是要解决天神因人间不敬而施降灾难惩罚殃及无辜的问题，它带有浓厚的自我中心的主观揣摸心理。这种出发点显然是对自然规律的主观臆想式判断，违背了自然规律的本质，这一思维方式就指导了我们较为偏见与极端的思想意识，所促成的哲学思想在中国历史上展开了一波又一波变迁，从儒家—法家—黄老术—独尊儒术—玄学—经学—理学—心学等，都是从一种极端偏执到另一个极端，显示出非科学的发展轨迹。因此，中国道德哲学一开始就背离了科学本质而朝着非科学的方向固执地发展了。

必须提出，一开始就为了不触犯天神而发展出来的道德哲学成了我国哲学长期的主流，我们把神视为超自然的绝对主宰，我们因害怕而发展出"君权神授"的价值观，从而确定了封建制度意识形态取向，因为我们的认知一开始就偏离了理性的科学认知，所以后继的认知发展就在这种非科学的认知基础上逐渐放大，并越来越偏激甚至极端；而且我们有时将这种极端升华到非黑即白的二歧式思维模式。

这种思维常表现在对事物进行道德正确与否的判断上，因为我们中国人的思维一般首先是从道德来评价人和事的，即好与坏。其实我们在做出这样的判断时，却偏离了理性。比如，我们在判断一个人的好坏时，如果其行为符合我们的利益，我们就认为他是好的。如果其行为不符合我们的利益，哪怕其并未对我们的利益构成危害，我们也会判断其是坏的。这种二歧式判断的弊端在于，我们并非从其本质、内在规律等方面对其进行深入的探究，因此无法做到从多角度去进行评价——这显然是一种非科学的认知和判断方式，它很容易使我们在认知上从一个极端走向另一个极端，很不利于我们发展科学思维、理性判断与评价。事实上，中国古代哲学思想的发展历程，正是这种非科学思维主导下的偏激表现，这使得我们哲学思想从儒家极端迅速走向法家极端，再到黄老极端，然而又回到儒家极端，受到挫折后又转向玄学极端，尔后又折向经学，并达到"存天理，灭人欲"的登峰造极地步。

二歧式思维模式与名家诡辩术的融合，成了中国传统的思维定式，这一思维定式进一步影响了我们逻辑思维的科学性发展，其严重性一直没能使中国发展出符合科学思维的逻辑学和理性判断。显然，二歧式思维一直阻碍中国人进入理性思维的科学轨道。到了现代，我们仍然没有完全脱离它，比如，老师在批评经常迟到的学生时，往往这样说："如果每一个同学都像你这样，那我们学校还怎样正常上课呢"？然而，现实生活中，经常迟到的学生毕竟是少数，从整个社会来看，也不可能发生所有的学生都经常迟到的现象，这是一种生活逻辑，老师的这种思维与现实规律是不相符的，但老师却用这种思维来分析一个学生经常迟到的问题，而不去从其他现实的角度来分析和了解学生为什么迟到，又怎么能帮助学生解决好这一问题呢？显然，我们二歧式思维与名家诡辩术的融合传统，阻碍了我们从科学角度去思考问题，这正是我们一直发展不出科学理性和科学逻辑的原因。

在学术流派方面，除了道德哲学、雄辩术、兵家等在春秋战国时期能形成学派外，其他学科少有形成这样的气候。

二、西方哲学思想

古希腊虽然在自发唯物主义哲学思想上稍晚于中国，但古希腊的确因为把神与人的地位摆放得较近，没有被神主宰和必须服从神的压力，这就使得其民族性科学人格系统得以形成，由此决定了古希腊人的思维方式趋近于科学的本质，其结果，古希腊哲学形成一开始就发展出理性思维与逻辑思维，这使得其哲学一开始就对世界本原进行探究。

世界是由物质所组成的，要认识世界，就必须对自然中万物的现象与本质有正确的认知。由于希腊人善于对事物进行追根问底，在这一追问过程中，需要正确的论证，而论证又必须有证据，由此他们最早发展出对事物认知的理性思维。希腊人把真理的本性理解为理性，为了追求真理，希腊人在认知事物的过程中，就开始对事物给予定义、形成概念、进行判断、分析、综合、比较、进行推理和计算等，按照事物发展的规律和本质来准确描述事物。为了更准确地对事物进行比较、分析、综合和判断，希腊人最先发展逻辑思维，即演绎推理的科学方法。由此，希腊人掌握了认知事物的理性思维和逻辑推理的科学方法，这就为其发展科学、创立科学实践与科学理论打下坚实的基础，从而使希腊的学者们创立许多门现代学科，并做出许多惊人的科学贡献。同时，这系列的理性思维、逻辑思维和论证过程非常吸引希腊人的科学人格倾向，这就促使希腊这片土地产生出一大批自然哲学思想的社会精英群，在数量上远远超过世界其他文明的总和。

文艺复兴的出现，尤其近代科学革命引发的三次科学技术革命，都是由于哲学思想的进步而推动的。文艺复兴时期，弗兰西斯·培根在亚里士多德演绎法的基础上，提出了科学的归纳法，培根的归纳法可以成为演绎法的重要补充；同时，培根又首先提出了科学实验的伟大方法。事实上，培根的科学实验和科学归纳法，对于近代科学革命的诞生，起到了不可否定的开创性和奠基作用。培根是一个里程碑式的伟大人物，为人类近代科学的诞生做出了关键性的重要贡献。

西方每一时期，都会出现大批的创造性哲学家，他们的哲学思想往往成为时代性的科学思想源泉力量，推动科学革命的迅猛发展。我们不能否认，哲学思想是对各种思维科学、自然科学和社会科学的重要启迪，从近代和现代各领域的迅猛发展历史来看，哲学不但启迪了自然科学思想与理论的创立，同时，也是文学、艺术、美学、心理学、建筑、绘画、音乐等各种学科的思想源泉，哲学思想是统领一切科学的灵魂主宰，决定着一切科学的发展与进步方向。

事实上，西方哲学，从一开始就以科学理性主义和逻辑主义为主流的发展趋势存在着，在与非科学的哲学思潮的竞争中，曾出现繁荣—衰落—兴起—壮大—昌盛的过程，在这当中，几乎所有的哲学家，在他们的思想体系中，都包含着一定程度的理性主义与非理性主义的成分，即都存在不足的一面。但西方所有哲学思想从文艺复兴以后，其发展趋势一直是以科学理性主义为主轴，从来没有偏离科学这一轨道，正因为如此，它才主导了西方科学的高速发展与进步。

显然，中国哲学是以非科学的形式出现的，它是与科学本质和规律相背离的，自然无法作为科学思想的启蒙性源泉力量。而西方的哲学一开始就符合科学的认知和思维方式，可以说西方哲学及思维是科学思维的启蒙性源泉力量。

第七节　中西科学及技术方面的对比

由于哲学与民族性科学人格系统的不同，中西双方在科学技术发展上必然产生较大的差别。对于科学技术，我们应从以下几个方面来进行比较：

一、中西科学精英在批量上的比较

从古希腊到后来的发展时期，西方因拥有包括德、智、体和初等至高等的，包括文、理科，德、智、体、美、劳等全面科学化的完人教育体系，由此产生一代又一代的庞大的哲学家群、自然科学家群、建筑艺术家群、文学艺术家群和其他领域的学者群体。

古代中国一直没能发展出科学理性与科学逻辑思维，这限制了我国科学人才土壤的形成；不具备科学土壤，自然也就难以出现批量的科学精英，而我国古代各时期所出现的科学爱好者，几乎都是自发性出现的社会单个现象。

从明朝（相当于西方文艺复兴初期）到新中国改革开放的 600 多年里，中国本土教育只产生了宋应星、李时珍、华罗庚、于敏、钱骥等少数著名的科学人才，与西方上百万的科技人才相比，的确差距较大。显然，中国历史各时期所出现的哲学家群、自然科学家群、建筑艺术家群、文学艺术家群和其他领域的学者群，则必然远逊于西方。

二、中西精英在学术扩展性和延续性的对比

西方学者在形成学术潮流和学派的兴起方面，由于正式的初等、高等教育体系相对普及和完善，学术氛围较为浓厚，容易产生学术交流。西方社会体制与文化的不同，使得西方社会的伯乐较多，他们很愿意去发现"千里马"，十分乐意将自己的全部知识向其传授，而且学生可以对老师的学术有所质疑并能提出批评。在这种学术氛围下，西方学生往往能够超越老师，形成一代比一代强的局面。基于这样自由和浓厚的学术氛围，西方社会很早就出现多种学术潮流和学派。当某一学者以自己独特的视角认识与解释世界，并形成一种学说时，就会有越来越多的追随者和后继者响应与云集，从而对其学说进行完善和扩展，使之发展成一套比较完整而规模化的理论体系，从而形成诸如哲学上的

米利都学派、新黑格尔主义学派，量子物理学的哥本哈根学派，经济学的新凯恩斯主义学派，心理学的人本主义学派，等等，并使其学说具有长时期的延续性，比如西方文学、哲学、物理学、经济学、美学、建筑学等学说，都分为古典时期、发展时期和现代时期，颇具历史的延续性。

而在中国，因偏重文科而轻视技术性的理科，后者的教育和学习都只能在相对封闭的环境下进行，这更加导致这些领域的封闭性。再则，中国社会"伯乐"较少，学生则一代比一代弱，甚至追随者、继承者和学术流派也少有出现，往往使得那些自发的科学爱好者的学术成果失传。因此，在中国，除了医学、建筑学等少数普通实用性理论与技术相对具有传承性外，其他学科都较少有承传现象。

三、中西精英在科学思维、学科发展与科学成果方面的比较

因为西方精英发展出自然哲学、理性主义和逻辑学，并具备科学认知方式、科学思维和科学方法，还敢于大胆怀疑、批判和挑战权威，所以西方学者最先创造出科学理论，把许多科学知识系统化、体系化，由此做出十分惊人的科学成就和贡献。

中国精英因为缺乏上述希腊精英所发展的科学研究必需的种种科学基础，所以中国古代鲜有科学理论诞生，无论中医理论，还是数学理论，都缺乏真正意义上的科学严谨性和系统化，这也是中国许多常识性的科学概念认知没有得到历史性发展的原因。如我们在地理学上没有大地是球形的概念，也没有经纬度的概念；在数学上没有推导出公理、定律、定则和鲜有公式的出现，甚至在概念的定义方面也很不规范、不成熟；在医学上一直都没有重视解剖学，只是在清代出了个王任清做了一些解剖的工作，但其科学认知仍然处于浅显的阶段；在建筑工具的发明上，几千年来一直都沿用鲁班发明的工具，几乎没有重大的改革和创新；也由于我们在冶炼加工业上的落后，我们的木工工具和所有家具都没有多大改进，这导致我国农业技术和石砌建筑艺术等方面都落后于西方；我们所发现的科学原理只停留在经验认知阶段，较少发展到理论阶段，比如我国著名的"四大发明"，都不能用科学或者数学的语言把它们描述出来，从而形成理论。

西方到了罗马时代，因为罗马人与希腊人在民族性人格方面的迥异，再加上基督教与科学的本质相悖，罗马人没有继承古希腊伟大的科学文化，从而导致希腊文化的发展被中断。

罗马帝国是一个科学衰退的时代，这时期共出现了自然哲学家、自然科学家、地理学家、医学家、数学家等近10位。显然，罗马人为世界留下的最大贡献就是建筑、水利工程和罗马法，而在哲学和自然科学方面却没能留给后人较多的成就。希腊伟大的自然哲学和科学没能在罗马得到继承，实际上是历史上的大倒退。

同一时期的中国产生了数十位科学人才，其中科学技术发明家占比最大，其次是水利和建筑学家，接着是医学和医药学家，还有数学家、农学家、天文学家、炼丹家、地理学家和地图学家。值得骄傲的是，造纸术、圆周率和活字印刷术三项的出现为世界做出了重大贡献。

从科学发明的时间来看，张衡解释月食不发光的时间比古希腊的泰勒斯晚了660多年，而且张衡并没有解释出日月食发生的科学原理；在化学物的提炼与制造时间上，葛洪等比西方早1000多年；祖冲之的圆周率早于西方1000多年，但其岁差论述晚古希腊的亚里斯托库斯700多年；在机械齿轮发明方面，张衡晚古希腊的海隆120多年……

从科学技术含量来看，中国在这一时期虽然比处于黑暗中世纪的西方占有一定的优势，但中国学者在发明与创造方面，仍然处于经验式的原理发现过程，仍然少有上升到严谨的科学概念、定义、定律、定理、公式、逻辑推理、演绎归纳的理性思维和科学理论产生的层次，这是中国古代的科学发展只停留在经验积累上，较少出现科学理论的重大性突破的原因。除刘徽的数学理论在一定程度上自成体系外，其他很少形成严谨体系。

从科学技术的继承方面来看，除了在医学、建筑、水利这三方面有一定程度的继承外，其他学科均表现出学术断层现象。这是因为，由于官方轻视实用技术，专业技术技能的教育方面一直没有获得官方的认可，没有建立起正式的教育机构，多是以私塾性实际操作的过程对学生进行教育，也没有初等至高等的等级量化区分标准，这种非官方的教育一般没有文字教材和行业量化标准，几乎是依师傅的个性权威为准的口授式教育培训，并且工匠出书者少之又少。同时，由于我国学术氛围受王权文化的种种抑制，学术风气刻板而守旧，更由于社会竞争和生存利益的原因，相互交流与辩论较少，除春秋时期王权相对较弱时代学风曾一度较开放外，两千年来一直都处在受压抑的封闭状态，这使得老师在传授知识与技术上趋于保守。

如果其技术资源价值较高，则显示出嫡系血亲男性传授模式，这种传授模式只对家庭嫡系男性血亲传授，严禁对外，而且在传授技术时，作为老师的父辈为了确保自己的权威，一般不会将自己的绝技很快传授，往往到了自己病重或在临死前才将其精华全部传授。如果老师过早出意外、子代男性不聪明或夭折,其技术资源往往失传:比如墨子的物理学、杜诗的卧轮式水排、张衡的水力传动系统带动的浑天仪制造技术、华佗的麻沸散和五禽戏、诸葛亮的木牛流马和许多绝密武功失传等。只有那些技术资源价值不算大,并属于普遍应用需要的知识或技术技能,才在相对保守的条件下向学生传授。

严格地说,由于墨子的物理学没有继承者,在1500年后才出现一个沈括,而沈括在对物理学的研究深度远不及墨子,之后也无追随者和后继者来发展这一学科,造成中国在这一自然学科上的再次断层。

在学科发展方面,由于官府不重视,把所有的社会资源都集中到文科性的科举考试上,因此,中国古代就一直都没有发展出以逻辑学作为指导和方法论的自然科学和哲学,自然也就很难发展出科学观察、科学思维、科学方法和科学理论,也就注定了我国古代社会一直都难以产生物理学、生物学、生理学、动物学、植物学、解剖学、逻辑学等系统性的自然学科。

文艺复兴时期,具有勇于追求自由和善于思索人格的西欧人发现了古希腊文化的珍贵,并以十分执着的热情进行模仿,最终在欧洲掀起一场声势浩大的人文主义运动,进而推动了地理大发现、宗教改革和近代科学革命。

值得我们注意的是,西欧人对古希腊文化并非简单模仿,而是一种超越,加上西方对科学方法、科学实验仪器与科学实验进一步的追求与发展,不断培养出一代比一代强和数以百万的庞大的科学与技术人才群来,同时又涌现出数量惊人的各种科学流派和科学团体,而且还在古希腊科学学科的基础上,发展出生物学、化学、机械制造、地质学、地球物理学、地球化学、矿床学、遗传学、海洋学、海洋生物学、气候学、工程学、建筑学等几十门新学科及分支,建立了难以统计的科学理论、学说思想与实验操作法,获得了无数的科学经验与成果,这就有力地推动了西方近代科学的诞生和迅猛发展,以至于出现三次科学技术革命。

必须指出,清朝末年,由于西方科学对中国的影响,中国为学习西方而开始派出留学生,民国时期和新中国成立初期,这些海归为中国社会的建设做出了杰出的贡献。严格来讲,这一大批学者的学术功底和创造性才能均受到西方的影响,而不完全是本土教育的作用,因此我们不把这些优秀人才列入中国本土教育培养而产生的科学人才之列。

综上所述,我国在五千多年的文明发展过程中,无论从科学思维和方法、学科广度、科学精英数量和科学贡献的价值等方面,都无法与西方等量齐观。

第八节 中西科学家成长规律的对比

一、西方科学家的成长现象

从西方社会整个历史来看，西方科学家成长过程表现出以下几种共同现象：

（一）跨学科背景知识博学现象

西方学者由于其科学人格系统的内在动力的驱使，大都博览群书，知识渊博，往往是百科全书式的学者。在这里笔者把"博学"定义为：掌握两门或两门以上专门学识、经验及专门活动的，并有一定贡献的学者。笔者对西方从古希腊到现代的最著名的488位杰出科学技术精英的研究发现，其中186位是百科全书式学者，占比为38.1%。需指出的是，这一占比看起来不算高，但这些杰出人物必须是至少在两门学科上都做出重要贡献的百科全书式人物，而许多却只在一门学科而没能在两门学科上做出重要贡献的学者，虽然占比比较大，但实际上他们具备跨学科背景知识体系。可以说，西方学者普遍都具有扎实的跨学科知识学术功底。

还值得注意的是，上述488位杰出学者中，其中包含哲学家头衔的有129位，占比为26.4%。比如在西方各个科学发展的历史时期，出现了许多里程碑式的人物，他们都是具有哲学家头衔的百科全书式的人物。如古希腊第一个哲学家、思想家、数学家、科学家泰勒斯；古希腊著名原子论学者，其研究涉及自然哲学、逻辑学、认识论、伦理学、心理学、政治学、法律学、天文学、数学、地理学、生物学和医学等52种百科全书式的学者德谟克利特；作为古希腊百科全书式的科学家，几乎对每个学科都做出了贡献，并涉及伦理学、形而上学、心理学、经济学、神学、政治学、修辞学、自然科学、教育学、诗歌学、风俗学，以及雅典法律学的亚里士多德；意大利多才多艺的画家、寓言家、雕塑家、发明家、哲学家、音乐家、医学家、生物学家、地理学家、建筑工程师和军事工程师达·芬奇；意大利物理学家、数学家、天文学家伽利略；法国哲学家、物理学家、数学家笛卡尔；英国著名百科全书式物理学家、数学家、天文学家牛顿；德国哲学家、数学家莱布尼茨和爱因斯坦等。实际上，西方学者普遍具有这种情况已经成为一种社会现象，笔者称它为"跨学科背景知识博学现象"。

那么，这种博学现象对其科学贡献有什么重要作用吗？众所周知，自然界的万事万物，其现象与本质规律，往往是由物理、化学、生理、心理、社会和自然等方面的现象与本质所组成，需要多门科学知识才能认知和解释。比如滴水穿石的现象，就包含雨水对石头的物理重力侵蚀作用；各种地理性的氧化、风化的化学反应与侵蚀作用；气候温度变化对石头内部的分子、原子等的作用等。显然，个体只具备一种或两种学科知识是无法全面、理性、科学地认知和解释其作用机理的，也很难在观察、分析中产生灵感和创造创新思维，却容易产生各种局限与偏见。

事实上，科学在20世纪以来的一个重要发展趋势是科学、技术与社会的相互渗透，学科之间呈现出横向关联性、综合性、交叉性紧密结合的特征。没有以电子计算机为核心的控制手段，核能、航天、海洋工程以及某些材料生产的自动化均是不能想象的，没有半导体材料，真空技术、光刻技术等的进步，微电子技术也是很难发展起来的。现代科技的纵深发展已经促成了许多新的科学技术群的建立。面对现代科技革命综合性的挑战，绝不是单独一门科学、一项技术所能解决的，必须由多学科、多技术所形成的科学技术群体才能突破。显然，现代科技的重大课题不通过跨学科研究的方式，就不会有真正的科学突破。因此，具有跨学科背景知识体系通才的培养越来越迫在眉睫。

个体跨学科背景知识体系的建构，使得个体所掌握的各门知识之间产生一定的逻辑联系、原理互通、理论重叠和规律相似性的关系。当个体具备了跨学科背景知识体系后，其思维结构就形成一种富有逻辑联系的启发式状态，它会使个体的多种知识结构产生逻辑联结和碰撞，然后产生各种灵感的火花，这就出现创新思维。如果知识结构的学科知识较少，其逻辑联结相对就少，其创新的灵感也就会受到限制，反之则思维开阔，创新灵感将呈现发散性的联想模式。比如爱因斯坦，由于其哲学思维的强大，与扎实的天文学和物理学知识结构形成美妙的逻辑联结，最终他创立了伟大的相对论。

然而，由于上述分析的多种原因，使得我国绝大多数学者知识结构比较单一，往往对其他学科知识知之甚少，这就容易造成人们在观察事物时，只能看到局部，无法从内在本质与外部统一的整体来看问题，因而产生认知缺陷，自然就很难揭示事物的现象和本质规律。所以，我国本土学者只能获得经验式的知识，较少从理论建立上获得成果。由此，几千年来，我国较少具备跨学科背景知识体系的人物，只产生了少数几位比较符合百科全书式学者的人物，如墨子、张衡、苏颂、沈括和郭守敬等，与西方比比皆是的具备跨科学背景知识体系，以及百科全书式博学者相比，中国在这一方面的教育严重不足。

（二）少年期科学实验现象

西方学者所持有的科学性人格系统中，具有对外部世界持久的高感觉寻求和新鲜感，喜欢否定传统而标新立异，善于精细观察和逻辑思考，爱好广泛并积极进取，易受科学规律和科学价值观的暗示，富有强烈的好奇心和幻想，勇敢探索、冒险和百折不挠的个人英雄主义骑士精神等，使得他们在少年时期，在探究事物上表现出上述多种禀性与气质行为。

比如达尔文，从小就对博物学有浓厚的兴趣，喜欢自然历史，儿童和少年时代就经常到野外采集动植物标本和捕捉小动物，并细心观察它们的生活规律。父亲认为他"游手好闲"和"不务正业"，一怒之下，于1828年送他到剑桥大学，改学神学，希望他将来成为一个"尊贵的牧师"。但是达尔文对自然历史的兴趣变得越加浓厚，完全放弃了对神学的学习，在剑桥大学期间，达尔文结识了当时著名的植物学家J.亨斯洛和著名的地质学家席基威克，并接受了植物学和地质学研究的科学训练。1831年他毕业于剑桥大学后，他的老师亨斯洛推荐他以"博物学家"的身份参加同年12月27日英国海军"小猎犬"号舰环绕世界的科学考察航行。这次航行先在南美洲东海岸的巴西、阿根廷等地和南美洲西海岸及相邻的岛屿上考察，然后跨太平洋至大洋洲，继而越过印度洋到达南非，再绕好望角经大西洋回到巴西，最后于1836年10月2日返抵英国。就是在这五年的实地考察中，达尔文通过他的哲学思维，发现生物是在漫长的环境变化中进化而来的，随后创立了生物进化论。[①]

爱迪生刚上小学时，上课就经常问老师一些另类的问题，仅仅三个月的时间，就被老师以"低能儿"的名义撵出学校。爱迪生的母亲南希也是一位老师，她不认为自己的孩子是"低能儿"，因此自己教授爱迪生。根据平日的留心观察，南希发现爱迪生不但不是"低能儿"，而且时常显出才华。南希经常让爱迪生自己动手做实验，有一次讲到伽利略的"比萨斜塔实验"时，南希让爱迪生到家旁边的高塔上尝试，爱迪生拿了两个大小和重量不同的球同时从高塔上抛下，结果两球同时落地，爱迪生觉得很神奇并兴奋地告诉母亲实验结果，这次实验也铭刻在爱迪生的脑海里。

母亲良好的教育方法，使得爱迪生认识到书的重要性。他不仅博览群书，而且一目十行并过目不忘。爱迪生在母亲的指导下阅读了英国著名剧作家莎士比亚和作家狄更斯的著作等，以及许多重要的历史书籍如爱德华·吉本的《罗

[①] 王士舫、董自励：《科学技术发展简史》，北京大学出版社2010年版，第113—115页。

马帝国衰亡史》、大卫·休谟的《英国史》。他还读过托马斯·潘恩的一些著作。爱迪生被书中洋溢的真知灼见所吸引，这些真知灼见影响了他的一生。

1857年，爱迪生开始对化学产生了兴趣，他在自己家的地窖中按照教科书做实验，并且经常发生事故。

1859年，爱迪生为了有足够的钱购买化学药品和实验设备，开始找工作赚钱，经过一番努力找到了在火车上售报的工作，每天辗转于休伦港和底特律之间，一边卖报还一边捎带着做水果、蔬菜生意，但只要一有空就会去图书馆看书。

1861年，爱迪生用卖报挣来的钱买了一架旧印刷机，开始出版自己主编的周刊《先驱报》，报刊是在列车上印刷的，他既是社长、记者、发行人，同时也是印刷工人和报童。在爱迪生工作的火车上有一间休息室，由于空气不流通，没人去那里休息，所以它成了空房。因为爱迪生天天都在火车上奔波，每天很晚才回家，常常感到时间不够用，爱迪生认为如果把那间休息室改为实验室的话，在返回休伦港的途中，就可以做实验了。在征得列车长的同意后，那间休息室便成了爱迪生的实验室。虽然做实验方便了很多，但意外也时常发生：有一次他实验室中的化学物品突然着火，造成了损失，列车长一气之下把他的实验器材全扔出车外。

后来，爱迪生在发明电灯泡时，曾进行过几千次的实验，即是说他曾失败过几千次呢，最后终于获得成功。[①]

事实上，西方许多科学家都是从小就开始做科学实验了，一些著名化学家从少年时代就开始在药房配制药物。其中以法拉第最为著名，他小时候是给大化学家戴维收拾实验室的杂童。

这一现象说明，要成为创造创新型人才，就必须较早地开始把对科学知识结构的建构与科学实验结合起来，尽量达到同步进行，这样才能更有利于自己科学知识结构的建构。

（三）敢于怀疑、挑战和批判权威而引发社会系列改革的现象

西方学者的科学人格中，崇尚理性和智慧，热爱真理和博学，个性张扬，执着追求成功，对求知有一种异乎寻常的热情，善于用正确的观察结果来论证自己提出的科学命题，爱雄辩，敢于怀疑、挑战和批判权威，敢于认错并接纳社会批评和自我批评。

---

① 张凤珠：《科学的历程》，北京大学出版社2010年版，第414-416页。

由于上述个性，西方学者首先善于发现老师和权威的不足，为追求真理敢于批判老师和权威，继而超越他们。这就使得在西方往往会出现学生超越老师，一代强过一代的普遍现象。从历史的发展来看，这种敢于对权威进行社会批判的科学精神，是西方社会不断发生各种社会改革的源泉性社会动力，因为社会进步就是靠不断进行社会改革才迅速实现的。比如西方发生在古希腊时期的梭伦等一系列的改革；人文主义运动、地理大发现、宗教改革、近代科学革命、君主立宪制、启蒙运动、美国独立战争、法国大革命、自由主义思潮等等。我们发现，改革较少的中世纪，恰恰就是社会发展缓慢的时期，而改革越迅速和猛烈，社会发展就越快。文艺复兴后西方经过无数次的社会改革，其结果就是资本主义近代和现代文明的诞生。反观中国，五千多年来，只有十余次重大的社会改革，其中李悝变法、商鞅变法、吴起变法、秦始皇改革、辛亥革命、共产党领导中国革命和改革开放共七次获得了成功，其他均以失败告终。但我们发现，春秋战国时期改革成功的有四次，这个时期社会发展迅速，可从秦朝后一直到孙中山领导的辛亥革命这两千多年的时间中，中国只进行过王莽改制、王安石变法和戊戌变法三次较大的社会改革，但均失败。可以想象，一个长达两千多年的社会发展中，只有三次重大的改革，并且还以失败告终，其发展速度可想而知了。进入20世纪后，又发生两次革命和一次改革，这两次革命的成功终于将延续了几千年的封建体制彻底瓦解。尤为突出的是改革开放，让中国发生了翻天覆地的变化，并取得显著的经济发展成就。

在科学史上也是同样道理，托勒密的地心说和亚里士多德力学上的错误曾统治西方1500年以上，后来由于文艺复兴时期哥白尼和伽利略的大胆怀疑和勇敢批判，才最终找到真理。而在牛顿绝对时空统治300年后，爱因斯坦的相对论使其发生动摇。这些事实说明，科学上的怀疑和批判精神是社会发展的加速器。

二、中国本土教育环境存在的几点弊端

（一）中国本土教育缺乏双向社会批评和自我批评文化氛围

中国几千年的封建社会，君权神授的观念导致了王权的膨胀超过王法，天子即王法的象征，这使得中国历史社会一直是实际意义的人治社会。在人治社会里，由于天子以权代法，天子君威于万人之上，万人皆唯其马首是瞻，天子是不允许任何人对其批评的，哪怕善意的批评。这是因为在中国社会里，正如前面笔者说过，中国人对人和物的评价，都是以好与坏的道德价值观来评价

的，好与坏是相对于自己的安全利益的判断。由于中国封建社会是胜者为王的竞争社会，所以人们对于评价为坏人的人就会采用敌对方式来对待。这样一来，两者就形成敌我的对抗关系，其生存利益的竞争就是你死我活的。因此，一旦有对皇帝提出批评或反对意见的人，就必定被视为大逆不道甚至谋反，其结果即被下狱或被处死。于是，下面层层效仿，以至于使中国社会几千年来一直形成一种上对下的单向社会批评，按天地君亲师的等级制度由上对下的批评，即在官场上，上级可批评下级；在家族家庭中，年岁长、辈分大、德高望重的可以批评其下，祖代可批评父代和子代，哥哥可以批评弟弟；在社会上，高贵的可以批评低贱的，富的可以批评穷的，年长的可以批评年少的，男人可以批评女人；在职业中，老师、师傅可以批评学生和徒弟。但这一切只能是上对下的单向式的批评，绝不允许逆向批评。其结果是，祖宗的所有错误几乎都被完好无损地保存下来，甚至出现滚雪球式的增长，几千年的错误被形成传统而代代相传。这正是中国几千年来，社会发展只有十余次重大改革的原因，从而导致了整个社会发展缓慢。

这一现象反映在教育上，使得老师可以任意批评学生，而学生却不能批评老师的不足和错误，这不但阻碍了学术的发展，而且严重抑制了学生的创新能力，学术无法获得创新，自由的学术讨论与争论氛围也随之丧失殆尽。

（二）中国本土教育缺乏西方自然哲学体系思想和逻辑学的基础教育

中国自古以来，除了厚重的道德哲学以外，一直没有形成自己的科学哲学思想与学说，也没有理性思维与逻辑学的产生和发展。只有到了近代末期，真正的科学哲学、科学思维、理性主义和逻辑学才相继传入我国，并在"五四"新文化时期，马克思主义哲学作为我国哲学学习的典范得以确立，新中国建立后，马克思主义哲学成了我国特别重视的主流哲学体系。

需要说明的是，马克思主义哲学在世界哲学宝库中，属于一个重要的哲学经典思想的价值体系，具有应有的价值。因受意识形态的影响，目前西方没有理性对待它，几乎放弃对它的学习与研究，这对于学习和研究整体性的世界哲学经典来说是一种缺陷。事实上，对于科学创造思维的发展，哲学作为思维与灵感的动力引擎，应当是多元化的格局，科学发展史上的所有里程碑式的重大发明、发现与创造，都是由各种自然哲学思维启迪的。中国也因受意识形态的影响，只偏重马克思主义哲学而忽视其他哲学经典。可以说中国和西方世界在这一问题上都不具备科学的理性，针对科学研究与发展来说，需要多种哲学思想体系作为科学思维的诱因来启迪。因此，笔者建议，在马克思主义哲学占主导地位的基础上，还需对整个世界哲学的所有经典体系重视并进行研究和学习。我们只有对整个世界的哲学宝库都有足够的认识和了解后，才能提升科学认知、科学思维和科学方法等思想指导，才能在科学研究和发展上获得突破性的成就。

（三）中国缺乏社会改革传统

中华民族由于受敬天畏鬼的原始宗教文化的影响，认为人只能顺应自然，服从和适应环境，不去触怒天神，违反天意，才能得到天神的保佑而立国安邦，黎民百姓才能过上顺顺利利、世代安稳、和谐的日子。居于这种崇拜天神的价值观，君权文化迅速而稳固地获得百姓的普遍认同，君权神授的价值被人们内化，泛化成对社会各种权威的盲目崇拜和神化，它享有崇高的支配地位，自然不会受到百姓对其产生任何的怀疑。这使得在中国社会里，被公认的权威就会理所当然地坐享世代永恒的被崇拜地位。

中国社会是一个宗法社会，祖宗享有很高的权威，根深蒂固的宗法制在几千年的中国社会已经成为社会行为的灵魂主宰，使得人们在思想价值观上形成浓厚的崇古尊圣的情结，并把遵从祖训等同于君王之道，违反祖训等同于违反君王之道一样的大逆不道，进而引申为违反天道，违反天道将遭到天诛地灭，断子绝孙。中国人把遭到上天惩罚看成极为可怕的事情，并把断子绝孙看成是自己宗族香火中断，有违祖先的意志。因此，中国人为了忠于祖宗之法和传统，往往不敢轻易变动先辈们的任何传统与规矩的。比如在清末维新变法时，有士大夫竟喊出"宁可亡国，也不可变法"这一口号，可见他们对传统的敬畏之心，它反映出中国普遍民众对传统和宗法的恪守和忠诚，同时，也反映出中国传统文化具有典型的自我独大而歧视外族的民族优越感。

于是，很多中国人为了忠实于天意、君权和祖训的平稳延续，不敢以自己的意志随意和擅自做一些新奇、违反常伦道德的言行来丰富社会生活，社会传统也不允许任何个体做出这些可能得罪神权、君权和父权的行为来，人们往往会把一切不同于集体主义价值观的个体行为，视为异端而加以无情打击。实际上，中国社会一直保持着对于反传统的高压势态。在中国社会里，人们把守旧看成是正统，而把任何标新立异、创新、改革均视为大逆不道而"枪打出头鸟"。

在这种几千年长久而强大的文化传统下，中国人已经形成了这种十分保守和守旧的人格要素，加上中国社会缺乏社会批评，许多错误的传统已经被视为祖先的根基，对后人形成较大的压力，以至于没人去试图改变并撼动它。再则，由于我们传统文化一直以天国自居，把其他民族都视为蛮夷，总认为自己一切都是最先进的，显示出强烈的排外性，从而导致我们缺乏创新和改革动力。这正是我国几千年来只有区区十余次较大社会变革的深层原因，也正是这样的传统，使得我们今天的教育改革，始终把应试教育看成是一种万能准则，始终不敢迈出突破性的一步。实际上，任何事情都不可能只有一种解决的方法与途径，多途径则需要创新意识来完成。

（四）中国本土教育缺乏"伯乐"

一个民族和国家的发展和强大，需要其社会中不断涌现出批量的、代代承接的科技人才和社会精英作为实力支撑。但自发性的人才毕竟占少数，而更多的人才，则需要"伯乐"来发现和培养。"伯乐"是具有识别人才潜力的人，而人才需要早期发现，而且还需要采用因材施教的方式来培养，这样才能发现和培养更多的有用之才。

笔者在研究西方杰出科学家的传记时发现，许多科学家在成长早期，均得到伯乐的发现、热情鼓励和精心指导。

英国物理学家麦克斯韦在14岁那年，跟随父亲去参加爱丁堡皇家学会的会议，听了关于椭圆形的报告，对怎样画椭圆形发生了兴趣，写了一篇名叫《论椭圆形曲线的机械画法》的数学论文，反映了他在几何和代数方面的丰富知识，经爱丁堡大学教授福布斯的推荐，发表在《爱丁堡皇家学会学报》上。一个权威学术机构的学报刊登一个孩子的论文，这是罕见的。针对这个论题写过论文的只有大数学家笛卡尔、牛顿等伟大的科学家，麦克斯韦的方法同笛卡尔的方法不仅没有雷同，而且更简便。当审订论文的教授确证了这一点时，都感到十分吃惊。①

更让我们吃惊的是，英国物理学家汤姆生16岁时随父亲到德国去游览，旅途中，他阅读了法国数学大师傅里叶所著的《热的分析理论》一书。当时，爱丁堡大学教授凯兰曾著有《热的理论》一书，书中批判了傅立叶的观点，年轻的汤姆生为之抱不平，认为凯兰的理论是错误的，他写了一封反驳的论文，并将论文寄给了凯兰教授，凯兰教授阅读之后，极为佩服。第二年，这篇论文就发表在剑桥大学的数学杂志上。②

此外，还有意大利画家和科学家达·芬奇，英国物理学家、化学家法拉第，法国物理学家、天文学家、数学家帕斯卡，著名英国物理学家、数学家和天文学家牛顿，德国天文学家、数学家开普勒，德国数学家、物理学家、哲学

---

① 王士舫、董自励：《科学技术发展简史》，北京大学出版社2010年版，第98页。
② 张凤珠：《科学的历程》，北京大学出版社2010年版，第328页。

家莱布尼茨，德国大数学家、物理学家和天文学家高斯，英国物理学家焦耳，美国发明家、电话发明者贝尔，英国物理学家、化学家、气象学家、现代原子论的创立者道尔顿，俄国化学家罗蒙诺夫，瑞典化学家席勒，法国生物学家巴斯德，瑞典大植物学家林耐，英国博物学家达尔文，等等，其中瑞典大植物学家还多次遇到"伯乐"；德国化学家李比希和英国物理学家卢瑟福，均得到"伯乐"的襄助，后来自己又成为多人的"伯乐"，桃李满天下。

我们从西方社会拥有如此多"伯乐"的现实中发现，西方社会的确具有热爱知识、爱惜人才的社会价值观与传统，他们中许多人都乐意去发现和帮助"千里马"的成长，并把这种行为视为是一种幸福、荣耀和成就，这使得西方社会形成了浓厚的学术氛围。重要的是，在西方，批评文化已经成为一种民族性的人格传统，往往前辈都会接纳晚辈或后生的批评，并不论其年龄大小，他们没有权威和脸面的压力，却认为尊重人才、尊重知识是自己的社会责任。

在古代中国，由于老师权威处于神圣的地位，为维护这种崇高的尊严，根本不允许学生或后生批评老师或前辈。多数老师都具有要求学生对其绝对服从的心理，尤其表现在学术研究与思考方面。这种武断的教学禁锢了学生的自由想象和超越冲动，而老师或为了保持自己的师道尊严，是不允许学生超越自己的，这是因为中国社会生存利益竞争的需要。

从师徒关系来讲，整个古代中国没有发展出地位平等、相互尊重、平等交流的师徒关系。平等和亲密的师徒关系对于科学文化的传授、继承与发展至关重要。科学知识是由前人传授给后人，一代代人不断积累、发展、再传授的循环过程，它需要不间断的后人来承接，并不断超越前人而发扬光大，科学的发展与进步在这种时空的延续中得以实现。

然而，令人沮丧的是，我国在进行科学传承的过程中，由于没有平等的师徒关系，老师的权威总是被赋予一种不可超越的观念性障碍，老师为了保护自己的尊严，在对学生传授知识与技术时，总是会将自己最好的东西保留，一是为了保存自己的权威形象不受到任何损害；二是害怕发生"徒弟学到手，师傅要讨口"的悲剧发生，造成老师与学生出现生存利益的竞争；三是老师不允许学生走不同于自己的其他解决问题的途径，同时不允许学生对老师产生任何质疑、指责、批评与挑战，这样的结果只能使学生按部就班和墨守成规。

在这种大文化背景下，中国社会的许多学者为了保护自身利益，往往不愿意去做发现"千里马"的"伯乐"，以免自己的生存利益受到威胁，这就使得中国社会环境缺乏"千里马"成长的环境，这就使得我国社会历来"伯乐"较少，正如韩愈感叹："千里马常有，而伯乐不常有"，最终导致中国几千年的封建社会只能出现较少的科学精英人才的现实。

当今拜金主义现象流行，金钱使"伯乐"把发现"千里马"当成一种商业行为，但还不会真正让"千里马"威胁到自己的生存利益，许多"千里马"就是在这种功利性教育下变成了平庸之马。在这种亚文化下，我国社会的"千里马"很难获得"伯乐"们主动热情与真诚的帮助。事实上，"伯乐"们以社会责任来帮助"千里马"的社会氛围和土壤，在我国仍未形成。

（五）中国本土教育缺乏激励和赞扬文化

在我国，老师和家长都具有绝对权威，并且往往把对孩子的教育标准定得与成人一样高，信奉"棍棒之下出孝子"，不太允许孩子犯错，也没有耐心给其改过的机会。在这样的思维习惯影响下，老师和家长一般是对具有十分突出表现的学生才给予表扬和赞赏，孩子们在成长中表现的小优点和小成绩往往并不引起其注意，自然也不会获得表扬与赞赏。从教育心理学的激励理论来讲，个体很容易被社会性的表扬和赞赏所激励，因为社会性的肯定与否被人们普遍看成一种权威，当人们获得社会性的表扬与赞赏时，实际上是权威对自己自尊、尊严和自我价值的肯定，所以人们都偏向于喜爱这个权威对自己的肯定和认可。

个体从1岁左右开始，就开始形成自我、自尊、尊严与羞耻等人格因素。正面的人格因素是个体积极成长的内驱动力，当个体听到他人对自己的评价是积极的，他会产生欣快感和幸福感，这将导致他的这种正面行为得到积极性的巩固而重复率高。如果他的优点和成绩不被重视和表扬，所听到的总是指责与批评，也得不到好的开导，他就会感到羞耻，总感觉不如其他小伙伴从而产生焦虑，这将使他的自尊、尊严与人格的良性形成受到限制，不利于其积极人格的培养。事实上，小孩在成长过程中，本来就是从什么都不懂开始，只要有一丁点成绩与进步，就应该受到表扬与赞赏。如果非要等到他们表现出特别优秀的行为才得到表扬的话，那么，他们的小成绩与小进步所累积起来的大进步，可能就很难成为老师和家长们期望的事实而出现。

（六）中国社会生活缺乏严谨的科学性

科技是第一生产力。一个国家要发展科学，要想成为科学强国，其国民应具备严谨的科学人格、态度与行为，而且这些东西应该在各种科学研究和实践中普遍地反映出来。

我们都知道，德国人做事非常严谨，十分讲究科学，一点也不马虎。事实上，德国人具备"完美主义"，它是"专注精神、标准主义、精确主义"的综合表现。德国人追求完美的工作行为，表现为"一丝不苟、做事彻底"，即

"认真",这已经是德国人深入骨髓的性格特征。德语中有一谚语:"犯错误,都要犯得十全十美。"德国人做什么都要彻底到位,不论是否有人监督,也不论是职业工作还是家务,做不完美、有瑕疵就深感不安,而"完美至臻"则是德国制造的根本特征。就是因为德国民族具备这种严谨的科学人格、态度与行为,才使得德国制造在世界上赢得广泛的赞许。德国人守时、服务周到,所制造出来的汽车及配套产品、重型机械及精密加工设备供配电设备和医学及化学设备等,均以精密、经典而著称,仿佛他们制造出来的不是工业产品,却是艺术珍品。

在个性化做事严谨的科学人格表现上英国也很典型。1892年,英国物理学家、化学家雷利在研究气体密度时通过定量分析发现,从空气中除去氧气、二氧化碳以及水蒸气后获得的氮气,在标准情况下每升1.2572克。而从一氧化二氮、二氧化氮、氨、尿素和硝石中取得的氮气,在标准情况下每升1.2505克,前面的方法比后面的方法多0.0067克。雷利并没有把这个十分微小的差距看成是可忽略不计的,反而觉得其中必有原因。于是,他进一步分析这种现象的几种可能性:也许由空气取得的氮气中可能还含有微量的氧气,也许由氨制得的氮气中可能混杂有氢气,也许……他提出了五种可能,然后,他通过种种实验将以上思维分析转化为实验分析。最终,他证实了由空气中制得的氮气中含有其他成分,从而导致惰性气体"氩"的发现。[①]

不难发现,只有具备这种精细入微、不马虎、不大概、不将就而追根问底的探索精神,才可能获得重大的科学发现与创造。然而,我们中国人在做事严谨的科学人格方面,却存在许多的不足。在今天的现实生活中,作为应具备公信力的医疗机构、政府部门或电视台等权威部门,本来当应具备高度的严谨性,并成为普通人效仿的榜样,但事实并非如此。

我们知道,在医疗上,医生给病人诊断和用药时,必须十分严谨地根据病人的临床体征表现与诊断结果,给出科学的因果对应关系,这样才能准确用药进行治疗。然而,某广告只用孩子咳嗽老不好来描述小儿肺热病症,显然有失科学的严谨性。严重的是它的诊断结果:多半是肺热。即在不确定的临床体征诊断出不确定的病情,却确定性地指名正式治疗上的用药。况且"多半"这种大概、可能和不确定的非科学语言可以用在医学诊断上吗?这不是严重违反医学的科学确诊和用药的因果必然标准了吗?

从医学科学的角度,小儿肺热的临床体征总体包括:①眼屎,早晨起床

---

① 张凤珠:《科学的历程》,北京大学出版社2010年版,第347页。

时，睫毛被眼分泌物黏着，睁开眼不容易；②口气重，即口臭；③咽痛，咽部干痛，扁桃体红肿；④口唇发红；⑤舌尖红，舌尖颜色明显比舌体要红，甚至有许多鲜艳的红点，有的儿童还可有舌尖或舌体的溃疡；⑥地图舌，许多儿童的舌苔出现一块块的剥脱，像地图一样不规则；⑦大便干硬，大便臭。

上述如此不确定的猜测性诊断与治疗结论将误导公众，即可以根据一种大概性的临床体征就可以对小孩做出大概性的诊断和用药。这种随便的态度，不但可能影响孩子疾病的及时治疗，更可能危及孩子的生命安全。

显然，这种缺乏科学严谨的态度在中国社会生活中比较普遍地存在着，它反映了我们在这一严谨的科学人格上需要进行民族性的提高。

第二章 西方科学种子教育体系

第一节 西方科学种子教育体系概念的提出

通过前面章节中西双方科学文化发展的纵向与横向的全方位比较，我们发现，西方的成功在于：

1. 西方人首先发展出民族性科学人格系统。民族性科学人格系统使西方人表现出热爱科学、追求真理、敢于怀疑权威、勇于自我批评和接纳他评、遵守法律与契约、讲信誉和诚信、不怕失败而富于探索进取和冒险精神、以完美主义的观念和超人的胆识热衷于社会各领域的无限改革与修正等的积极人格动力。

2. 西方人打造出狼性民族精神。西方人的民族精神以首先发展出其个性特色的民族性科学人格作为强大基础，从古希腊、古罗马、近代到现代资本主义不断创新发展而来，它包括希腊精神（理性精神、自由精神、公平精神、法律精神、个人英雄主义精神、骑士精神和初期的科学精神）、罗马精神（法律精神和骑士精神）和资本主义精神（契约精神、血腥的殖民精神、自由民主人权精神、平等精神、功利主义精神、超人精神和霸权主义精神）。这些精神综合起来，就反映出西方世界民族精神的共同本质，那就是狼性民族精神。狼性民族精神是一种勇于冒险和开拓的精神，它是一个民族和国家立足于世的安全保障和高速发展的生存竞争法宝，拥有它就能成为世界强国。要具备这样一种民族精神，每一个体必须掌握现实生存必备的多项狼性生存体能与技能，并在残酷的生存竞争中击败对手而奠定其统治地位。

3. 西方人普遍发展出其本土特色科学创造创新思维与实际操作模式。因为有其民族性科学人格系统和狼性民族精神，尤其是他们的科学精神作为强大的心理动力支撑，因而西方人最早发展出自然哲学、理性主义和逻辑推理方法，并运用这一科学的世界观和方法论来看待和研究世界及其本源，由此又发展出科学观察、科学认知、科学分析、科学思维、科学方法、科学实验、科学仪器、科学探险和科学理论创立的经验与方法，其实它就是一种西方特色的系列科学创造创新思维与实际操作模式。通过它来提示客观事物的现象、本质特征、普遍规律、原理和真理，由此发现科学创造创新的伟大秘密。

但是，要准确实施上述科学创造创新步骤，不仅需要个体学习与建构跨学科背景知识结构体系和系列科学创造创新模式，还必须具备多种社会生存技能。它需要一个强健的身体、强大的毅力和不怕失败的勇气来支持其进行科学观察、科学探险和科学实验；还需要强大的实力去冒险和侵略与外族进行生存竞争，因此，西方的教育很早就将民族性科学人格系统、狼性民族精神和系列科学创造创新模式融合于其教育体系中，注重个体的德、智、体、美和多种生存技能与实用技术的培养，这就使西方很早就开启了培养完整人的"完人教育"，经过几千年的不断创新与丰满，最终发展成为一套较为完善的科学教育体系。正由于它的形成，才使得西方在人类历史上不断创造出古希腊和罗马文明、文艺复兴、近代科学革命和三次产业革命等伟大奇迹！

在笔者看来，种子是一种携带某种有机体种类母体基因程式的繁殖体，它在适合自己的土壤结构组成的肥力、充足水分、温湿度、空气与光线的条件下，可以自然发育成具有类似母体基因表达的相似个体。同时，由于在遗传上因某种有利的环境影响而发生有利的基因突变，从而产生对优势基因的自然选择，会导致子代往往优秀于亲代。经过若干代的遗传优势积累，最后达到质变而出现生物进化的本质。

教育是人类将已有的知识，运用便捷和创造性的方法向后代传授，并形成一代超越一代的发展现象。西方完人科学教育，持续地把西方民族性科学人格系统、狼性民族精神和科学创造创新思维与实际操作模式的文化基因遗传给后代，并出现一代比一代优秀的发展现象，这种现象非常符合种子的遗传发育特征。因此，笔者将上这种教育定义为"西方科学种子教育体系"。

其内涵定义：西方科学种子教育体系是指英、法、德、意等代表的欧洲国家的教育体系，因具备一套培养民族性科学人格系统、狼性民族精神、科学创造创新思维与实际操作模式等所综合组成的科学教育体系和方法，能使受教育者呈现出类似于植物种子发育规律的，再循环——繁殖式发展模式，并且一代比一代优秀，最终被培养成世界顶尖级的创造创新人才群的社会完整人，即完人，由此形成先进的科学教育体制和体系。

事实上，西方科学种子教育体系就是一颗生命强劲的科学种子，在世界其他国家得到很好的创新与发展，并创造出各自特色的科学种子教育体系。那就让我们一起来回望西方社会在人类历史上用其科学种子教育所创造出的世界奇迹吧！

第二节 世界科学种子教育体系

一、以英、法、德、意为代表的欧洲科学种子教育体系

这是世界上第一个独立形成的科学种子教育体系，以"完人教育"为基本特征，其历史可追溯到人类早期爱琴文明时期的古希腊。古希腊文明作为人类科学的发源地，首先以希腊民族性的科学人格系统为基础，发展出希腊式的民族精神，再产生具有理性主义与逻辑主义思维方式所支撑的自然哲学体系，由此为古希腊自然科学及科学理论的诞生奠定了扎实的基础。

在哲学思想的形成方面，古希腊开创性地发展出理性主义与逻辑学，奠定了后来世界哲学沿理性主义向科学哲学发展的基调。虽然在罗马时期，非理性主义占据了主流，但文艺复兴时期，理性主义颠覆性地发生了逆转，这一时期英国哲学成为近代科学革命的重要启迪，进入17～18世纪，经验主义哲学成了英国哲学的特色。18世纪后期，法国哲学以启蒙主义的特征开始影响整个世界，它的发展路线仍然是理性主义的主轴线。19世纪，德国古典哲学广泛吸收了以前哲学家的思想成果，并在总结前人哲学学说的基础上，提出并探讨了一些新的重大哲学问题，把哲学思维提高到一个新的水平。但由于德国哲学家没有形成一种统一的哲学，各个哲学大师都有自己的独特见解，由此形成了一个包罗万象的哲学体系。20世纪，哲学表现为流派纷呈、风格各异的多元思想发展格局，但理性主义与逻辑主义的基本主轴仍然没变。

在教育方面，古希腊教育一开始就注重对学生的德、智、体全方位的综合性教育，首先营造出一种适应科学创造发明的社会大环境以及学校氛围，使学生在人格上被注入符合科学人格系统的种种科学人格因素，将学生匹配给一个具备科学倾向的动力系统，可自发地驱动其行为向着科学发明与创造的方向前进，并让学生在社会生活的方方面面都具有积极的情感与建设性行为的倾向。然后，才从科学观察、科学认知、科学思维、科学方法和科学实验等方面去实际操作和掌握培养学生，最终让学生达到科学理论创造的阶段，或者是各种社会职业技能，总之是培养实际能力。不仅如此，古希腊教育还要求学生在身体强健和各种身体技能等方面，尤其是军事技能方面，都能达到理想的标准，从而达到所谓的"完人教育"。

古罗马时期，虽然古罗马没有很好地继承古希腊的哲学与科学，但在教育

上仍然没有放弃自然科学、实用技术和军事等方面的教育。可以说，古罗马和中世纪时期的教育依然还是继承了古希腊"完人教育"的传统。

文艺复兴时期，西方不但继承了古希腊的哲学思想、理性主义与逻辑思维、科学及科学理论、完人教育体系等，更重要的是，西方在此基础上有了突破性和深度的创新发展。经过几百年的发展，以英、法、德、意诸国为代表的数千所现代大学所构成的本土教育，已经能够持续规模化地培养出世界顶尖级的创造创新人才群，由此形成世界上第一个独立的以"完人教育"为基本特征的科学种子教育体系，笔者将其定义为"西方科学种子教育体系"，它是"二战"前世界科技的发源地和中心。

二、美国科学种子教育体系

文艺复兴后期，清教徒分离主义派是英国清教中最激进的一派，由于受英国国教的残酷迫害，1620年9月16日，在牧师布莱斯特的率领下，102名清教徒乘"五月花"号船前往北美，在北美建立了第一块殖民地。

自《五月花公约》签署后，其关于"组织公民团体；拟订公正的法律、法令、规章和条例"等内容，奠定了新英格兰诸州（康涅狄格州、缅因州、马萨诸塞州、新罕布什尔州、罗得岛州和佛蒙特州）自治政府的基础。重要的是，北美的开拓者们具有一种敢于无所不改革的超人精神，他们秉持完美主义精神，对大英帝国的守旧、落后与固执持批评态度。当他们以坚忍的勇气与毅力获得美国独立时，他们所实施的政策、法令与制度，则完全超越英国。这是美国后来之所以会取代英帝国而成为世界霸主的原因。

另一方面，美国人持有开放和宽容的态度，善于借用"他山之石"，凝结成独树一帜的先锋思维；他们更是把西方资本主义精神的所有经典进一步发扬光大，很快融合成美国特色的价值观，将本土从一个年轻的国家迅速发展成社会制度较为完善、科技水平最为先进、经济发展最为强大、军事实力最为雄厚的世界超级大国，从而奠定了一个在全球的榜样性地位。

1636年10月28日，马萨诸塞海湾殖民地议会通过决议，决定仿照英国剑桥大学，筹建一所高等学府，每年拨款400英镑。学校初名为"新学院"或"新市民学院"，成为全美第一所高等教育机构。1639年3月13日，为感谢以及纪念约翰·哈佛牧师在创立初期对学院的慷慨捐助，马萨诸塞海湾殖民地议会通过决议，将学校更名为"哈佛学院"。

19世纪以前，哈佛学院一直以英国的牛津大学、剑桥大学两所大学为模式，以培养牧师、律师和官员为目标，注重人文学科，学生不能自由地选择课程。19世纪初,高等教育课程改革的号角在哈佛学院吹响了,"学术自由"和"讲学自由"的氛围得以形成,"固定的学年"和"固定的课"等老框框受到冲击,自由选修课程的制度逐渐兴起。

1869年,年仅35岁的埃里奥特校长认为,高等学校要给予学生学习上选择的自由,使学生在所擅长的学科上有施展才能的机会,使学生的学习从被动的行为转化为自主的行为,并把学生从对教师的依赖和从属关系中解放出来。于是,哈佛大学全面实行选修制。到1895年,只有英语和现代外语仍为必修课,其他均为选修课。美国许多高校纷纷仿效哈佛大学进行改革。

此后,哈佛大学又在洛厄尔、化学家科南特、德里克·博克等多届校长的领导下,不断进行重大改革,最终把哈佛大学打造成了世界最顶尖的大学。在这三百多年的时间里,从这里走出了8位美利坚合众国总统,上百位诺贝尔获得者,并在文学、医学、法学、商学等多个领域拥有崇高的学术地位及广泛的影响力。

哈佛大学的成功表明了美国科学种子教育体系的形成与普及。整个"二战"中,欧洲的世界科学精英因战乱而汇聚于美国。战后,美国已经发展成为全世界最大的和最具创新能力的科学教育种子体系的代表,并培养出最大批量的世界尖级顶科学精英人才群,引领着世界科技潮流。

在"二战"后的50年代,美国与苏联开启了冷战的竞争时代,1949年和1953年苏联分别成功试验原子弹和氢弹后,核垄断被打破,美国引以为豪的科技优势几乎在一夜间消失殆尽。1957年10月4日,苏联发射了世界上第一颗人造卫星;随后加加林又第一个进入太空,这被美国称为科学技术史上的"珍珠港事件",在西方世界引起了巨大的震动,各国尤其是美国痛感国家安全受到极大的威胁。

需要指出的是,美国总是想要超越别人而达到世界第一。美国人把与苏联的太空竞赛失利看成是一场"国家危机",于是,美国的教育学家、思想家、心理学家、社会学家等社会精英们,不断地从全方位来研究美国教育的失败原因。他们不但认为美国的教育落后于苏联,甚至在文学、芭蕾艺术、电影、音乐、美术等社会科学方面也同样落后于苏联。苏联拥有一大批哲学家、思想家、文学家和各类艺术家。

众所周知,达·芬奇早在15世纪就说过,艺术必须与科学相结合。当时,他关注的是科学对艺术的帮助。那么,艺术反过来是否对科学有所帮助呢?美籍华裔著名物理学家、诺贝尔获奖者李政道,在谈到"科学与艺术"的关系时指出,科学和艺术是不能分割的,它们是智慧和情感的二元性密切关系。伟大艺术的美学鉴赏和伟大科学观念的理解都需要智慧,但是,没有智慧,情感能够达到完美的效果吗？实际上，艺术和科学事实上是一个硬币的两面。它们源于人类活动最高尚的部分，都追求着深刻性、普遍性、永恒和富有意义。显然，艺术的进步是推动科学进步的重要力量之一。如果艺术与科学脱节，这将影响对科学的追求与发展。由此，我们发现，一个国家科学技术的发展仍然离不开艺术的同步发展。

美国人在批判传统教育的许多不足的时候，迅速发展了诸如《国防教育法》、人本主义教育思想、布鲁纳的"发现学习"、科南特的"能人统治"和普通教育等思想与主张。经过11年的艰苦努力，美国在科技、教育、文学、艺术、电影、音乐、美术等方面相继成为世界强国，在太空和许多科技方面反超苏联，最终于1969年成功登上月球，开创了人类太空科技史的新纪元。

美国拥有雄厚的科技人力资源。2007年，美国研究人员全年总数约为141.26万人，占经济合作与发展组织国家总量的33.64%，约80%的研究人员集中在企业。

从诺贝尔奖获得的情况来看，自1901年设立诺贝尔奖到2016年，美国是获得诺贝尔自然科学奖最多的国家，约有330人获奖，占获奖总人数的45%。

美国是世界一流大学的聚集地，大学的整体实力远远超过世界其他国家。根据英国《泰晤士报高等教育副刊》发布的"2011—2012年全球大学排名"，美国在前10名中占了7席，在200强中占了75席。

美国的国家实验室成为创新的重要基地。美国目前有接近1000家国家实验室从事各个领域的尖端科研工作。以劳伦斯伯克利国家实验室为例，它下设18个研究所和研究中心，研究领域覆盖了高能物理、地球科学、环境科学、计算机科学、能源科学、材料科学等多个学科。实验室建立以来共培养了13位诺贝尔奖得主，拥有57名美国科学院院士、18名工程院院士。

美国的研发投入总量基本保持着稳定的增长态势。1995年，美国研发经费投入为1840.8亿美元；到2001年，达到2782.3亿美元；2009年达到4015.8亿美元。2007年，全球研发的经费总共为1.1万亿美元，而美国就达到了3775.9亿美元，占全球研发经费的34%。

从论文方面来看，美国的科技论文总量一直保持在世界第一的位置。2007年，美国科技论文总数达到57.7万篇，约占世界总数的30%，其中SCI论文总数38.7万篇，也占世界总数的30%左右。2010年，美国发表SCI论文39.01万篇，排在世界第一位。美国论文数是中国的2.63倍。从数量上来看，美国科学与工程领域的论文接近世界总数的1/3，被引用次数超过世界总数的1/3。

从专利方面来看，美国专利产出数量多年来一直稳居世界首位。根据世界知识产权组织发布的数据,2008年美国申请的PCT(专利合作条约)专利53500多件,占当年专利申请总量的32.7%,远远高于排名第二的日本和排名第三的德国。

美国高技术产业非常发达,在全球占据着领导地位。在高技术制造业领域,美国在通信和半导体领域所占份额为全球的29%,在医药领域所占份额为32%,在航空领域所占份额为52%。[①]

由此可见,美国以争夺全世界科技、经济、军事、文化霸权为目标而打造的教育体系是以"冠军教育"为基本特征的美国本土科学种子教育体系。

三、俄罗斯科学种子教育体系

俄罗斯是一个地跨欧亚两大洲的国家,这里生活着190多个民族。按照19世纪俄国著名思想家恰达耶夫的观点,它"既不属于欧洲,也不属于亚洲"。说它是欧洲国家,它的版图却占有亚洲1/3的陆地。说它是亚洲国家,无论是它的发源地,还是政治文化中心都在欧洲。这种独特的地理位置使俄罗斯置身于东西方文化的交界处,并受东西文化的影响。这样的现实环境因素,使得俄罗斯民族文化和俄罗斯精神具有两面性。

俄罗斯气候寒冷,这种自然条件培养了俄罗斯民族既奔放又忧郁、既懒散又吃苦耐劳的性格特征。俄罗斯有着广袤而肥沃的土地,广大的空间造就了俄罗斯民族豪放的性格。他们嗜酒无度,缺乏纪律;舞蹈时奔放粗犷,合唱时震天动地。俄罗斯漫长而寒冷的冬季却给人们留下了生活的重负与精神的压抑。因此,俄罗斯人总是表情庄严、肃穆,凝重多于微笑;心情忧郁、伤感,沉重多于轻松。此外,幅员辽阔而肥沃的土地使俄罗斯人有着取之不尽、用之不竭的资源,无须勤劳节俭去创造财富,也养成了俄罗斯人懒散的习性。然而恶劣的气候又使俄罗斯人饱尝了生活的艰辛,从而磨炼了他们的意志,培养了他们吃苦耐劳的品格。

俄罗斯民族是一个极端情绪化的民族,在他们的性格中几乎融合了人类性格因子中所有的对立面,具有向两极摇摆不定的极不稳定性:强悍与脆弱并存,开放与保守并存,热情与忧郁并存,粗糙与精细并存,懒散与勤奋并存,霸道与恭顺并存,蛮横与虔诚并存,暴躁与耐性并存。

透过历史的棱镜,我们所看到的俄罗斯人除上文谈到的一些不能令人称道

[①] 张凤珠:《科学的历程》,北京大学出版社2010年版,第549–555页。

的特征外，还有坚韧、发达的质感和不受约束的狄奥尼索斯精神，以及与此相关的神秘主义灵感和非凡的艺术创造力，以及闪闪发光的理性、发达的科学思维和批判精神，同时也具备突出的战斗民族的特色。

18世纪初，俄国的彼得一世受西方影响，开始改革。彼得一世的改革内容是仿效西方，对俄国进行了以军事为中心，包括经济、文化、教育等各个领域多方面的改革。

在专门教育方面，彼得一世建立了诸多具有实科性质的专门学校，特别是与军事技术有关的学校。如1701年在莫斯科建立数学和航海学校，1715年在彼得堡建立海军学院，此外，还在莫斯科、彼得堡、乌拉尔等地开设炮兵学校、外科医学校、工程学校、各国语言学校和矿业学校等。

在初等教育方面，举办国立初等普通教育学校，同时也设立中等和高等教育机构，并肩负科研和教学的双重职能。

叶卡捷琳娜时期，1782年成立了国民学校委员会，1786年颁布的《国民学校章程》规定：在各省城设立中心国民学校，修学5年；在各县城设立初级国民学校，修学2年，并对课程等做了详细的规定。此外，还建立了儿童教养院、斯莫尔贵族女子学院、彼得堡矿业学校、彼得堡艺术研究院及附属中等艺术学校、商业学校等教育机构，促使俄国初步建立起幼儿教育、女子教育、高等工业教育和高等艺术教育体系。

值得指出的是，叶卡捷琳娜时期尤其重视文学艺术与绘画的教育，为后来苏联时期十分繁荣的文学艺术与绘画奠定了基础，同时又为苏联强大的军事科学技术提供了有力的助推作用。

苏联时期，1918年苏联实施了《统一劳动学校规程》和《统一劳动学校基本原则》，普及9年义务教育，把劳动列入学校课程，完全废除了考试和家庭作业。1919年通过《党纲》，其教学内容：完全取消学科界限，学生需学习全部知识，以劳动为中心，按自然、劳动和社会三个方面的综合形式来排列。在教学方法上，采用劳动的教学方法，即在自然环境中，在劳动和其他活动中进行教学；废除教科书，广泛推行"工作手册""活页课本""杂志课本"等。在教学的组织形式方面，主张道尔顿制和设计教学法，取消班级授课制等。

20世纪20年代，苏联还加强了综合技术教育。在高等教育改革方面，加强了教育与生产、理论与实际的联系。

卫国战争时期，在农村实施普及小学教育，城市和工人镇实施普及七年制义务教育，并将儿童受义务教育的年龄提早到7岁；加强学生的生产劳动教育和军事体育训练等。

战后第一个五年计划时期，苏联快速发展和普及中等教育、中等职业技教育和高等教育，仅1955—1956学年，大学生在校人数就达到186.7万人。以至于1959年，苏联领导人在最高苏维埃会议上自信地宣布："苏联在科学技术发展方面已经进入世界的最前列，其培养专家的速度和质量方面已经超过了最发达的资本主义国家。"

20世纪80年代，其改革措施是：让学生牢固掌握科学文化知识，减少学生学习负担，改进普通教育的劳动教育，加强教学的综合技术方向性和实践方向性，普及职业教育。①

综上所述，俄国的教育在第一和第二时期，是从模仿西方教育开始的。在这两个时期，俄国深受西方社会的影响，俄国人从衣食住行、教育改革等全方面对西方进行了系统性的模仿，这使得俄国在培养民族性科学人格系统方面获得较大的成功，奠定了重要的基础。但在第三个时期，苏联时期的教育改革与发展，与西方政治、经济、文化、教育、科技、军事等，发生了全方位的社会生态隔绝，并在不能与发达国家进行科学交流的孤立国际环境下，进入自主特色的科学文化、科学教育人才培养、科学机构自建、科学体制自创等独立发展道路，而且在文学、艺术、电影、音乐等方面均超过美国，独树自己的个性。这些综合性的国家实力的表现，最终使其本土变成一个能培养世界顶尖级科学精英的科学种子教育体系，尤其在军事科技方面显示出优秀的俄式系统风格。

"二战"中，到1940年，苏联的科研人才增至98300人，并在东部地区建起了重工业和军火生产基地。1943—1945年每年平均生产12万门炮、19390万发炮弹、3万辆坦克、4万架飞机，这些数字仅次于美国。苏军的技术装备在战争中全部更新，苏制重型HC-2坦克超过德国"虎式"坦克的威力，火箭炮"喀秋莎"、强击机等新型武器都有极大发展。

"二战"后，苏美冷战兴起，这正是全球第三次科学技术革命浪潮迅猛发展的时期，到1947年，苏联的科研人才增至14.6万人。这期间，世界级科学家有化学家谢苗诺夫完善了链式反应理论，于1956年获得诺贝尔化学奖；物理学家朗道提出中子星理论，在磁学和量子物理方面贡献卓著，于1962年获得诺贝尔物理学奖。

为了打破美国的核垄断，1949年，苏联继美国发射原子弹5年之后成功地试验了第一颗代号为"南瓜"的原子弹；又继美国爆破氢弹9个月后的1953年8月，氢弹也试爆成功。

20世纪50年代起，苏美又开始在空间技术领域进行了激烈的竞争。1957

---

① 张斌贤：《外国教育史》，教育科学出版社2015年版，第351–357页。

年,苏联向太平洋目标区发射了第一枚 SS-6 洲际导弹,射程约 8000 千米;1959 年,美国的"宇宙神"洲际弹道导弹研制成功,射程超过 1 万千米;1957 年,苏联成功将世界上第一颗重 83.6KG 的人造地球卫星送上太空;1958 年,美国的"探险者 1 号"人造卫星发射成功,但重量只有苏联的 1/10;1960 年,苏美都掌握了卫星回收技术;1961 年,苏联发射了第一颗载人飞船,宇航员加加林在太空遨游 108 分钟,绕地球一周后安全返回地面;1964 年,美国成功发射第一颗地球同步静止轨道通信卫星;1969 年,美国的"阿波罗 11 号"宇宙飞船登月成功;1970 年,苏联发射的"金星 7 号"在金星上软着陆;1971 年,苏联发射了第一个在宇宙从事科研工作的空间站——"礼炮 1 号",并实现了空间站与飞船的对接;1977 年,苏联的"礼炮 6 号"与美国的空间实验站同时发射。

1965 年,苏联的科研人才增至 66.5 万人,到 1982 年,苏联的科研人才增至 143.17 万人,居世界第一位。这期间出现了世界级的物理学家卡皮查,他 1978 年因发现液氦的超流动性、研究球状闪电而获诺贝尔物理学奖;生物学家奥巴林发现团聚体,提出由非生命进化到生命的化学进化理论。

苏联还拥有世界上最庞大的科研机构,各种科研组织约 10 万个,由于优秀科学家群与庞大的科研机构群的支撑,苏联在宇宙开发、地球学、固体物理、核动力学、激光、光谱学、量子电子学等领域都居于世界领先地位。但苏联的科技政策过分偏重发展军事科学,以致整个科学事业发展极不平衡。

20 世纪 60 年代末 70 年代初,美国由于陷入越战泥潭,受崛起的法国、西德和日本的冲击,对外贸易地位严重下降。此时的苏联,经济力量由 1950 年相当于美国的 30% 上升到 1970 年的 60% 左右。在军事方面,1969 年,苏联洲际导弹增至 1060 枚,赶上了美国。苏联还在 60 年代末开始发展和部署反弹道导弹系统,走到了美国的前面。到 60 年代末 70 年代初,苏联已建成了一支能对美国造成威胁的远洋海军,美国迫于苏联强大的压力而寻求与中国建交来均衡自己的战略地位。①

然而,无论从以"和平号"为代表的空间技术、全球第二的核武器库、"白杨-M族"为代表的洲际导弹、基辅级代表的航母、台风级代表的核潜艇、无畏级代表的水面舰艇、米格、苏、图等系列代表的先进战机系列、陆海空联合作战实力等,俄国并没有因诺贝尔获奖者远逊于美国而相形见绌,反而针锋相对,成就斐然。在 2015 年 9 月 30 日开始打击 IS 恐怖组织的军事打击

---

① 吴于廑、齐世荣:《世界史·现代史编》(下卷),北京高等教育出版社 2004 年版,第 285-295 页。

中，俄罗斯所彰显的海空联合实力已经打破美国一直独霸的全球作战能力，可见俄罗斯科学种子教育体系质量的优秀实力。更为神奇的是，据2015年11月26日的一则新闻报道，在俄罗斯的一湖底发现了70多年前的苏制T-34坦克，打捞上来后其柴油发动机依然还能运转，坦克还能开动。

苏联解体至今，俄罗斯虽然遭遇了严重的经济危机，但仍然产出世界级优秀科学家，如物理学家金兹伯格，他在射电天文学和宇宙射线研究的贡献卓著，于2000年获得诺贝尔物理学奖。

俄罗斯以"战斗的民族"自称，并以"强军教育"为目标构筑起具有斑斓迷彩特色的俄罗斯科学种子教育体系。

四、日本科学种子教育体系

武士道或者武士道精神，是日本封建社会中武士阶层的道德规范以及哲学。如同欧洲中世纪出现的骑士精神，日本的武士道必须遵守的美德是：名、忠、勇、义、礼、诚、克、仁；崇尚克己、奉公、勇敢、隐忍；谦让的道德伦理观。统治者却断章取义，过分突出"勇"和"忠"，因为自古武士把武士刀和弓当作勇敢与地位的象征。只有履行这些美德，武士才能够保持其荣誉，对武士来说，最重要的是背负责任和完成责任，死亡不过是尽责任的一种手段而已。如果没有完成责任，简直比死还可怕，丧失了荣誉的武士不得不进行切腹自尽。

武士道重视的是君臣戒律，"君不君"（君暴虐无道）也不可"臣不臣"（臣不尽臣道），尽忠是绝对的价值。武士道论者认为，儒家的"士道论"是在粉饰贪生怕死的私心，慎于人伦而注重主君的道德如何，才选择生死，则面对死却不干脆去死。唯有纯粹彻底的觉悟死，才是武士道强人之处。武士道彻底的觉悟死了，他的容貌、言语、起居动作，也就与众不同。

一位日本近代著名思想家说过："日本人具有亲自然的情感倾向，在思维方式上重感觉、轻抽象，重经验、轻思辨。"日本文化具有重学习、模仿和综合再创造的倾向。说到底是其文化的现实主义和理性主义，进而形成实用主义。日本人很讲究"忠"和"孝"，但日本人的"忠"和"孝"与中国人的理解不一致。日本人的基本假设前提是每个男女生来负有"恩情债"。有债就需要报恩，报恩的主要形式是"忠"。世人皆知，日本的"企业精神""集体主义"很大程度上是建立在"忠"的价值基础上。

美国文化人类学家鲁思·本尼迪克特对日本民族的精神做了经典的描述：人的完满和神性的向往促使日本人无限地拔高自己的精神和意志。因为物质的条件总是有限的，要想达到神的无限和全能，只能依靠精神的无限性来激发出巨大的能量。因此日本人蔑视物质，重视精神。在他们头脑中根深蒂固的观念就是：身体条件、物质条件的限制不算什么，只要有坚强的精神意志，什么都能做到。这就使日本人的行为方式超越了自然的法则，以精神意志的主观性和随意性去行事。

1868年，以下级武士为主力的倒幕派推翻德川幕府的封建统治政权，发表"王政复古"、废除将军制的宣言，成立明治政府。明治政府推行资产阶级改革运动，史称"明治维新"，这是日本历史的重要转折。

明治维新是具有民族运动特点的资产阶级革命，政府以"富国强兵""殖产兴业""文明开化"为总目标，这个目标也是教育改革的指导思想。"文明开化"的含义是指全面学习西方资本主义的文化、技术和知识，以保障日本的独立富强，免受西方资本主义国家的侵略。

在促进"文明开化"中，被誉为"日本伏尔泰"的日本近代思想家福泽谕吉的思想具有启蒙主义意义，他认为：当今世界以欧美为最高文明国家，非西洋文明国家如想使本国文明进步，"就必须以欧洲文明为目标"。在如何向西方学习方面，他认为除了学习其坚船利炮和君主立宪制外，还需学习外在和内在的精神，外在文明指从衣服、饮食、器械、居室，以至于政令、法律等所能闻能见的事，内在文明则包括民心所向或一国精神层面的文化。

当时日本弥漫着"洋风是拟，西人是仿"的照搬风潮，但福泽谕吉则主张学习西洋文明必须求得内在精神，即"心理层面"。

为此，福泽谕吉在《劝学篇》中，提出"独立自尊"，以及男女平等和婚姻自由等，强调"一身独立才能一国独立"。要达到个人的自由独立，就必须具备数学、地理、物理、历史等现代科学知识，崇尚发展资本主义工商文明的实学精神，敢于怀疑并勇于求真的精神，还吸收了西方的契约论，提出要使国民和政府的力量相对均衡。福泽谕吉的《劝学篇》在当时的日本几乎是人手一本。

福泽谕吉终其一生都致力于在日本弘扬西方文明，介绍西方政治制度以及相应的价值观。他的《脱亚论》积极主张日本应该放弃中华思想和儒家精神，基于优胜劣汰的思想，他认定东方文明必定失败，呼吁日本与东亚邻国绝交，避免日本被西方视为与邻国同样的"野蛮"之地。

福译谕吉主张义塾的教育方针应有两方面：一为有形方面，以"数""理"为基础；二为无形方面，以培养"独立心"为旨趣。易而言之，论事以合理为准绳，言道德则以独立自尊为立身行事的基本；欲使日本能够迎头赶上欧美各强国，除鼓吹独立精神及提倡实学之外，别无他途。

我们发现，日本民族是一个精神极为强大的民族，它的来源当然是日本人的民族性人格特征之总和，日本人也具有完美主义，如此，则产生忧患意识，进而产生非常团结的集体主义和团队精神来奋发图强，达到自己心中的完美。在此过程中，日本比较擅长学习和借鉴，这使得日本历史一直都采用拿来主义，但日本人并非肤浅的模仿，而是在学习与借鉴时加以创新，再加上现实主义、理性主义与完美主义的结合，因此，日本人可以创造出比学习榜样更精美的东西出来。无疑，日本人的这些民族性人格不但具有西方人的科学人格要素，更显示出日本自身的特点，并由此形成自己特色的大和式民族性科学人格系统。

明治维新时期在西方文化激励下，日本原有的民族性人格和武士道精神得到西方文化与精神的丰满，并汲取了西方先进的文化因子，包括西方民族性科学人格系统、狼性民族精神、跨学科背景知识结构、西方政治、法律制度、商业模式、教育方法和自然科学与技术，废除儒家之糟粕，从而造就了一个强大的东洋文明，这便是日本后来成为世界强国的坚实基础。

在教育方面，日本在学习中国古代文化教育经验的过程中，逐渐形成自己独特的教育体系。明治维新时期，日本通过兰学发现了西方的先进与文明，于是抛弃中国经验而全盘接受西学，从而在短时期内迅速强大，相继成为亚洲和世界强国。

让我们来看看日本的教育发展情况：

1872年，日本颁布《学制》令，开始教育改革的试验，《学制》计划在全国设立53760所小学。《学制》在普及小学教育、建立师范教育制度和推动教育发展中起了积极作用。

1877年明治政府把东京开成学校和东京医学校合并，改为东京大学，建立了日本第一所近代化的大学。在教育内容上，文部省通过翻译欧美国家公立学校的教材，出版了许多小学课本，侧重于学习西方科学的基础知识。

1879年，日本颁布《教育令》。《教育令》以初等学科作为国民教育的最低要求。

森有礼曾接受德国铁血首相俾斯麦的国家主义思想，于1886年政府制定《学校令》。《小学校令》要求儿童接受普通教育；《中学校令》规定中学分为寻常中学（后改称为中等学校）和高级中学（后来升格为高等学校）。《帝国大学令》规定帝国大学由大学院和分科大学组成，分科大学设法、理、医、工、文5个学院。《师范学校令》规定将师范学校分为普通师范学校和高等师范学校。前者培养小学教师；后者培养中学教师和普通师范学校教师。在品德方面特别强调培养其顺良、信爱和威重的气质。对师范生施以军事体操训练，学校实行兵营化。这种军事训练制度后来扩展到大、中、小学校。

1890年，日本用天皇诏敕的名义颁布了以儒家忠、孝、仁、爱为教育的中心内容，又掺杂了近代资本主义社会的伦理道德的《教育敕语》。其目的在于培养学生成为"忠君爱国""义勇奉公""保卫皇运"的顺良臣民。《教育敕语》规定了日本教育的方向，奠定了国民道德的基础，它是第二次世界大战以前日本教育的基本法。

1897年，日本建立京都帝国大学之后，相继建立东北帝国大学（1907年）、九州帝国大学（1910年）、北海道帝国大学（1918年）。高等专科学校和私立大学也陆续兴办起来。

20世纪初，这一时期日本大力加强军国主义教育，积极发展职业教育，重点改革与发展高等教育。1918年，日本公布《高等学校令》和《大学令》。《高等学校令》强调高等学校作为高等普通教育机构以完成高等普通教育为目的，充实和加强国民道德教育，允许地方和私人办学。《大学令》强调大学的目的在于传授国家所需要的学术、理论及应用知识，同时注意陶冶人格和灌输国家观念。允许地方设公立大学，允许私人团体设私立大学。1918—1929年，高等学校数由8所增加到32所，学生人数由6792人增加到20256人；大学由5所增加到46所，学生人数由9040人增加到67555人。

"二战"期间，日本实行战时教育体制。1937年成立了教育审议会，全面改革了教育制度，确立了法西斯军国主义教育体制。如1941年公布的《国民学校令》，课程有国民、数理、体练、艺术技能等4科。高等学科还增设了职业课程。国民课包括修身、国语、国史和地理；体练课包括体操和武道；艺术技能课包括音乐、习字、图画、手工等。1943年私立大学增加到26所，帝国大学增加到7所，其他国立大学增加到12所。1941年国立专门学校增加到29所，地方公立专门学校增加到9所，私立专门学校增加到109所。

战后的教育改革。《波茨坦公告》关于日本战后的发展宗旨是：解除日本军国主义，实现社会民主化。1946年3月，美国政府向日本派出包括教育学家康德尔在内的27人教育专家使节团，对日本的教育内容、教学方法、教育行政、教师构成等进行了全面考察，并发表了《美国教育使节团报告书》，以美国个人主义理念为指导的自由主义教育改革表现为以下几点：

①在教育目的论方面，把尊重个人和发挥个性摆到正面，强调培养作为"民主社会"一员的"民主市民"。②应当给予教师和学生双方以大幅度的自由。对教师，要给予他们教授的自由和编制课程计划、选择教材的自主性；对学生，要使他们从整齐划一的强迫性教育课程及应试准备教育中解放出来。要废止教科书国定制，采用审定制度。改写地理、历史教科书，在中学新设社会

科。③关于教育行政，为改变中央集权的行政制度，劝告削减文部省的权限，废除视学制度，并劝告承认地方府县关于初等、中等教育行政的责任，按照直接选举制度创设教育委员会制度。④建议为实现教育的机会均等原则，将双轨制的结构改为单轨制，采用无偿的9年义务教育，普及中等教育，实行男女同校。⑤打破教育方法中的整齐划一主义，要重视儿童经验。⑥强调成人教育的重要性。提议建立广泛的成人教育计划，开放学校，普及公开讲座，重视图书馆、博物馆及其他方法。⑦关于高等教育，建议打破帝国大学的特权，向女子广开门户，为确保自治和自律性，自主地设立设置标准，保障教授会的自治等。此外，还打破偏重专门教育，谋求教育课程的自由化。

1947年，日本在美国教育使节团报告书的精神指导下，相继颁布了《教育基本法》和《学校教育法》，展开了战后教育的系统改革与重建。

《教育基本法》明确指出日本教育的目的是"完善人格、尊重个人价值、培养充满独立精神的和平国家与社会的建设者"；教育方针是"尊重学术自由，培养进取精神，通过互敬与合作，致力于文化的创造和发展"；教育原则是"教育机会均等，全体国民均享受与其能力相应的受教育的平等机会"。

教育立国是日本战后的一项基本国策，在恢复和重建的过程中，教育为日本培养了大批高质量的劳动力、管理和科技人才，为日本后来的经济发展提供强劲的动力。①

总结日本整个教育历史，尤其是明治维新以后，我们发现，日本人在西学中，从政治、军事、商业、教育等诸多方面向西方学习，这与俄国彼得一世十分相像。值得我们注意的是，日本尤其注重对西方内在科学人格精神的学习，这从其历次教育改革中可以看出。即是说，日本通过文明开化，在人的品行道德和人格个性上，具备了西方科学人格系统；在政治上实行君主立宪；商业上殖产兴业；在军事上用武士道精神建立起非常勇敢团结的忠君爱国军队；在教育上，经过西学和一系列的改革，日本很快就可以培养出与欧美一样的世界级人才来，为国家的发展源源不断地提供种种人才保障，由此日本在比俄国发展还短的时间内，迅速从一个封建国家提升为世界强国。

显然，日本的该体系通过向欧美学习而来，并发展成相对独立的本土体系。从1868年明治维新开始，到1894年在甲午战争后成为亚洲强国，又于1904年日俄战争中战胜沙俄，成为世界强国，日本仅用36年就从一个闭关自守的封建蕞尔小国，一举跻身世界强国之列。特别是在"二战"时期，日本

---

① 张斌贤：《外国教育史》，教育科学出版社2015年版，第215—226页。

在军工方面，独自开发出许多世界级的优秀武器，其中著名的如航空母舰、战列舰、零式战机、九六式轰炸机、日式小山炮、日式迫击炮、日式重轻机枪、日式十四年式8mm半自动手枪（俗称三八大盖）等，这些都是武器在同时期能与其他世界先进武器媲美的重量级武器，并且在战场上，尤其在与美国较量的太平洋战争中，其武器实力曾让世界第一强国的美国伤亡惨重，其科技含量享有世界先进水平。

战后，日本又在较短的时间内，在多个社会领域取得了显著进步，迅速发展成为一个世界经济强国。2000年，日本的科技人才为75.6万人，仅次于美国，居世界第二位；日本每万名从业人员中科技人员数量居世界第一位；从20世纪40年代至今，日本共有25名诺贝尔奖获得者；据日本文部科学省发布，日本目前拥有国立大学86所，公立大学86所，私立大学603所，计779所大学。其中，国际排名的名牌大学有13所。①

在企业文化方面，日本丰田公司将中国儒家经典、孙子兵法和西方文化经典完美融合，丰富了其独具特色的企业文化，同时又创建全球通用的5S管理模式，使企业在操作中降低了成本。

在国际知名企业方面，日本有三菱财团的核心企业：东京三菱银行、三菱商事、三菱重工、三菱电机、本田技研、麒麟啤酒、旭玻璃等；三井财团的核心企业：樱花银行、三井物产、索尼、新王子制纸、东芝、丰田汽车、三越、东丽、三井不动产；住友财团的核心企业：住友银行、住友金属、住友化学、住友商事、松下电器、日本电器（NEC）、三洋电机、朝日啤酒；富士财团的核心企业：富士银行、日产汽车、日本钢管、札幌啤酒、日立、丸红、佳能、日本生产轴承最大企业"日本精工"、农业机械最大厂家"久保田"；三和财团的核心企业：三和银行、日商岩井、日本电信电话（NTT）、日棉、科思摩石油、神户制钢所、夏普、日本通运、积水化学工业；第一劝银财团的核心企业：第一劝业银行、伊藤忠商事、富士通、兼松、清水建设、川崎制铁、旭化成工业、富士电机、横滨橡胶等。

在国际知名品牌方面，日本有：索尼、佳能、松下、卡西欧、建伍、爱华、精工、尼康、日立、兄弟、先锋、东芝、八重洲、阿尔派、百乐、美能达、奥林巴斯、蜻蜓、夏普、富士通、爱普生、美上美、理光、京瓷、柯尼卡、三洋、资生堂、花王、狮王、诗芬、碧柔、多芬、乐而雅、高丝、柔和七星、明治食品、四洲食品、麒麟啤酒、午后红茶、朝日啤酒、boss咖啡、日清

---

① 张凤珠：《科学的历程》，北京大学出版社2010年版，第325页。

食品、日本酒、雪印食品、suntory 茶、丰田、本田、马自达、日产、三菱、五十铃、铃木、雷克萨斯（凌志）、碧莲、美津浓、爱斯克斯、日高、华高、伊藤洋华堂、成都华堂、立邦油漆、toto 卫浴、富士胶卷、松本电工、爱眼眼镜、精工眼镜、横滨轮胎、武田药品、田胃药森永化工、雅马哈等。

日本是以"忠勇为本，兼收并蓄教育"为基本特征的科学种子教育体系。

上述四大风格的本土科学种子教育体系的形成与发展，各具特色，各有优劣。欧洲科学种子教育体系的特点：它是全人类唯一一个具备原创性的科学种子教育体系，具有源泉性和传统性相结合动力特征的优势，再加上它的哲学思想和科学理论对世界科学思维的强大影响力，其历史传统久远，使其教育思想与教育理论具有深度与厚重性，这些优势均值得我们借鉴。但由于其传统思想太稳固，再加上欧洲强国各自的本土优越性观念，以及本土哲学思想的特色流派与多元化等，导致了其改革的阻力较大，尤其在美国崛起以后，欧洲则显得十分保守和落后。

美国科学种子教育体系。美国国家建立者们从要求美国独立之初，就对英国的诸多方面抱有强烈的不满，他们实际上就是英国的改革派，显然，他们本身就具备无所不敢、锐意改革的超人精神，这就使得美国民族精神一开始就具备了完美主义的改革动因。既然是完美主义，所以美国从政体、政治、经济、军事、外交和教育等方面，虽然以西方为基础，却更具创造性，尤其具备无限改革和超越一切完美主义的民族精神特质，其缺点是超强后所表现出国家狼性与霸性的傲慢。美国科学种子教育体系的特点：它尤其具有开拓性、创造性和超越性，它是目前全世界涉及领域最全面、产出世界级顶尖科研机构与人才群最多、科学思维最先进和引领世界创新潮流的"勇夺冠军"的科学种子教育体系。因此，美国的无限改革与超越一切完美主义的民族精神特质非常值得我们中国借鉴与学习。

俄罗斯科学种子教育体系。它具有很强的民族独立性，虽然以西方科学种子教育为基础，但在发展上并不依赖于其模式的按部就班，并能探索出一条自己独立发展的路来，体现战斗民族的个性。俄罗斯科学种子教育体系的特点：它是一个偏重军事领域，主要围绕培养军事人才而形成的科学种子教育体系，因忽略其他领域的协同发展，导致其他科学发展远远落后于国防军事。但是，由于俄罗斯的军事科技很具特色与独创性，这对于我国来说也具有一定的借鉴性。

日本科学种子教育体系。其主要特点是：日本民族以武士道精神作为民族精神。其武士道精神的忠勇精髓，统合了整个民族的团结意志，在战争时期可使日本人发展成狂热的军国主义，残暴、无人性，不畏牺牲，不计较个人之得失。而在和平时期，它可渗透企业精神的骨髓，显示出对顾客对企业的忠效与诚信。正是在这一强大的民族意志下，它促使这一民族为了民族根本利益而敢于在短时间内实行全方位西化式的改革，从民族性科学人格系统，一直到社会文化环境、政治、经济、军事、文化、科学与教育等社会领域，相互渗透与融合，相互作用与进步，从而使日本在各方面做得十分精致与优秀。其缺点是自认其优秀而产生种族歧视，不知反省。日本科学种子教育体系的特点：它是一个较为全面的、具有自己个性化创造创新能力，甚至具有超越性的科学种子教育体系。由于日本与我们同是亚洲人，地缘文化相近，因此，中国在实现民族复兴和跻身世界强国的过程中，尤其需要借鉴学习日本人的民族性科学人格系统、民族精神、国民素质、西学方法、社会改革方式和军事化教育模式等。

从上述四大科学种子教育体系的形成与发展情况来看，虽然它们各有个性与特色，但我们发现，它们所创新的民族性科学人格系统、狼性民族精神、科学创造创新思维与实际操作模式支撑下的各具特色的教育思想与制度等因素，是形成其本土科学种子教育体系的重要环节，而这个本土科学种子教育体系，则是决定一个民族与国家是否具有世界强国第一生产力动力引擎的关键——它能在较短时间内改变一个民族和国家的落后现状，并获得多个社会领域的高速发展，最终推动这个国家迅速跨入世界强国之列，实现民族和国家的伟大复兴。

第三节　中国现代科学种子教育体系的建构

从上述欧美、俄国和日本科学种子教育体系形成与发展过程的分析中，我们可以清楚地看到，无论哪一个国家，要想打造一个世界级科学种子教育体系，都必须具有推动历史改革的政治家和思想家，具备民族性科学人格系统，具有生存竞争的狼性民族精神，科学创造创新思维与实际操作模式和拥有人才群成长的科学土壤；并在这一基础上，拥有包括文理科学、体育与军事结合、理论与实际操作同步、人格与道德并举的素质。只有这样，才可能发展出一套适合自己国家的科学种子教育体系。

人类社会的每一次进步，几乎都是以先前成就继承为基础，并在此基础上进行改革、创新与超越而获得的。无论俄国还是日本，都是由于向西方学习，才在短时间内从一个封建落后的国家迅速蜕变成世界强国。今天的中国要实现民族复兴，要成为世界强国，也必须走这样一条捷径。今日之世界，已有了西欧"完人教育"、美国"冠军教育"、俄罗斯"强军教育"、日本"忠勇为本、兼收并蓄教育"等各种科学种子教育体系等。其中以美国"冠军教育"为最优，而哈佛大学又是美国"冠军教育"科学种子教育体系的代表。今日之中国，需以此为参照系，在此基础上汲取上述各国之精华，由此构建一个能超越哈佛的具有中国本土特色的现代科学种子教育体系。笔者的构建设想如下：

一、塑造中华民族科学人格系统

在塑造中华民族科学人格系统这一重大问题上，笔者希望去除我们民族传统人格中一切阻碍民族性科学人格因素形成的糟粕，融入欧、美、俄、日民族性科学人格中具有国际性价值的经典，继续发扬我们民族中优秀的东西，由此规范地打造一个符合我国国情的全新民族性科学人格系统。其内容如下：

①开放性、宽容与乐观，爱好广泛和积极进取，爱大自然并具有强烈的好奇心和探索热情，具有勇敢探索、冒险、百折不挠和敢于为科学献身的个人英雄主义精神；②诚信与信任、自由平等、公平公正、尊重他人、爱国和民主，守约并恪守自己的许诺，具有自律性，乐于社交，具有亲社会性、利他性情感和移情的个人英雄主义与集体主义并存的高情商；③敢于怀疑和挑战权威，敢于否定传统，也敢于认错、自我批评并接纳社会批评；④追求博学，精细观察事物，用逻辑思维、理性思维、原理思维和全球思维来思考与解决问题，执着追求成功；⑤具有独特审美力、丰富想象力和爆发式创造创新激情，追求新异与独特，富有智慧；⑥具备娴熟的操作与实践技术技能，以及理论与实践同步并进的驾驭能力；⑦具有自我实现的进取精神。

二、塑造新时代的民族精神——"中华雄狮精神"

在动物界，因食物链的取向而形成自养与异养的等级关系，植物作为初级生产者，为一级消费者的食草动物提供维持生存的有机能量，作为一级消费者的食草动物，如昆虫、鼠类、牛、羊、猪、马等，它们为二级肉食动物（黄鼠狼、狐狸、蛇、狗、狼）、三级肉食动物（狮、虎、豹、鹰、鹫等猛兽猛禽等）的消费者提供食物，三级肉食消费者主要是捕猎二级肉食动物和一级食草动物以求生存。这 因食物链而组成的自然界生态关系，则显示出强者控制弱者的生态地位的吃与被吃的关系，即生态的优胜劣汰、弱肉强食的竞争关系，被学术界称为生物达尔文主义。

然而，人类社会的发展规律表明，无论我们承认与否，人类社会生态与动物生态一样，同样具有因生存竞争所造成的自然淘汰的社会达尔文主义式的本质和规律。强国因拥有强大的综合实力，在世界上制定所谓的秩序和法律来支配与控制弱国，弱国因实力悬殊而被迫听从使唤。古往今来，这一规律只是以不同的形式在更替，从民族与国家被强者殖民、奴役、侵略到今天的从属地位，都显示出强者生存、弱者淘汰的物竞天择的本质与规律。

值得庆幸的是，弱国可以通过自身的改革和奋发图强，在短时间内一跃成为世界强国，成就人类社会的霸主地位。历史上的德国、俄国和日本都如此。这些国家实现世界强国梦的过程，无一不是因为在其民族大改革的浪潮中，突然性地将自己的民族精神打造成类似于狼性团队的竞争精神的结果。

为了理解民族性狼性团队的竞争精神，我们先来了解动物的攻击行为。在动物界，其攻击性分为以下几种：①猎食性攻击——这是动物直接指向它的天然猎物的攻击行为；②雄性间攻击——雄性动物面对一个陌生的雄性动物时所表现出的威胁、攻击或屈服的行为；③恐惧引起的攻击——动物受禁闭时所表现出的攻击行为。在生物学上表现为倾向抵抗任何类型的限制。如身体受到限制（手腕被抓住）的婴儿表现出的愤怒；④领地攻击——发现不速之客进入自己私有领地时所表现出的威胁或攻击行为，或者动物面临侵扰时所表现出的屈服和退却行为；⑤母性攻击——当其孩子（幼仔）在场时，女性（雌性动物）对入侵者的直接攻击或威胁；⑥受激惹的攻击——由挫折、痛苦、剥夺或任何其他应激源而引起的，直接指向任何对象的攻击和破坏行为；⑦与性有关的攻击——由诱发性行为的同一刺激引起的攻击行为，如引起我们性冲动的人也可以使我们感到嫉妒和富有攻击性，比如我们看到他/她与其他人调情时；⑧工具性攻击——先前曾导致某种赞赏的攻击行为。人类使用强制行为来帮助自己达到目标。上述8种攻击行为组成了食肉动物为确保自己及团队生存权而主动出击，以及具有侵略性的食肉动物本性，其中，领地攻击更是食肉动物捍卫其生存权的重要环节。①

对于人类生态而言，要正常地生存与发展，就需要模仿猛兽凶禽的攻击本性，以此获取自己的生态强者地位来捍卫自己的生存权。无论德国腓特烈大帝、俄国彼得一世还是日本明治天皇，他们改革的成功都有赖于军事实力的强大，并通过战争来提升自己的生态地位进而实现了强国。日本改革家福泽谕吉还在其《脱亚论》中特别强调民族生存中的优胜劣汰规律。

今天的中国，要想实现民族复兴和世界强国，必须借鉴德、俄、日仿效食肉动物获取高级生态地位的成功模式。当然，我们的崛起不会以侵略或欺凌他

---

① 张金颖：《生物心理学》，中国轻工业出版社2007年版，第99页。

国作为成功的基础，但我们必须具备世界顶尖级的军事实力以确保制衡列强对我们领地权的觊觎，这是民族生存权的关键基础。有了这一稳定的基础，我们可在经济、科技、文化和艺术等重要领域进行超越，实现综合国力的增强。

中国的周边并不安宁，尤其南海争端不断。在这种情形下，应该怎样来定位我们的新民族精神呢？让我们从二百多年前的一则轶事谈起：

1793年（清乾隆五十八年），英国国王派遣马戛尔尼带着使团访问中国，急欲打开中国的贸易门户，但是他们的通商要求遭到中国乾隆皇帝的拒绝。

1806年（清嘉庆十一年）2月8日，英国国王再次派阿美士德率使团来华商谈贸易问题，嘉庆皇帝直接表达：如要求开通商口岸，严词驳斥，筵宴遣回，不使其入京。

1817年，阿美士德踏上归路，他准备回国后向议会和英王上书，用武力敲开中国对外通商的大门。

同一时期，不可一世的法国皇帝拿破仑于1815年在滑铁卢遭到惨败，不久被英国军队押送到遥远的大西洋圣赫勒拿岛监禁起来。在他被监禁的第三个年头，阿美士德在回国途中正好经过圣赫勒拿岛。当阿美士德听说这里正关押着名震世界的拿破仑一世时，很想见一见他，听听这位传奇人物对中国问题的看法。

阿美士德讲了自己在中国的经历，认为只有通过战争敲开中国的大门，才能使中国专制统治者明白打开国门对双方都有好处的道理。当时，拿破仑对于英国用战争解决问题的提法发表评论说："要同这个幅员广大、物产丰富的帝国作战是世上最大的蠢事。"他接着说："开始你们可能会成功，你们会夺取他们的船只，破坏他们的军事和商业设施，但你们也会让他们明白他们自己的力量。他们会思考；他们会建造船只，用火炮把自己装备起来。他们会把炮手从法国、美国甚至伦敦请来，建造一支舰队，把你们打败。"阿美士德反驳说："中国在表面强大的背后是泥足巨人，很软弱。"但拿破仑认为，中国并不软弱，它只不过是一只睡眠中的狮子。"以今天看来，狮子睡着了连苍蝇都敢落到它的脸上叫几声。"拿破仑接着说："中国一旦被惊醒，世界会为之震动。"这句话出自拿破仑之口后，并产生了极强的轰动效应，"一只睡着的狮子——中国"迅速传遍了欧洲和世界。

既然一代巨人拿破仑把中国看成一只睡去的"百兽之王"，那我们就应该骄傲地接纳这个经典的预言。

我们知道，狮子属大型猫科动物，头部巨大，体型彪悍，目光犀利，犬齿及裂齿极硕壮锋利，四肢强壮有力，尤其雄狮，从头部到颈部装饰着一簇深色鬃毛，这使得狮子具有与生俱来的帝王威严，有横扫千军的威猛力量。仅仅是一声猛吼便足以惊天动地，令百兽体验到不寒而栗的强大威慑力。

狮子通常是群居生活，其分工为：雌狮负责猎食，雄狮负责保护家园。雌狮发现猎物时，先是小心翼翼贴近目标，尽可能地利用一切可以用作遮掩的屏障隐藏自己，逼近猎物到 30 多米的范围内，突然地、迅疾地向目标猛扑而去。狮子奔跑的时速达每小时 60 多千米，咬合力为 450 千克，它们最致命的捕杀招数便是一口封喉。雌狮往往实行团队围猎，狮群成员分散开围成一个扇形包围一群猎物，把捕猎对象围在中间，然后从各个方向接近，伺机在被围的兽群惊慌奔突时找准一个倒霉的家伙下手。

在领地捍卫方面，雄狮通过咆哮和尿液气味标记领地。遇上入侵者，或者仅仅是不巧经过的陌生狮子，雄狮都会咆哮着警告来者，"请勿接近，否则格杀勿论！"当入侵者不听劝告，一声怒吼之下，雄狮并以矫健的英姿勇猛出击，入侵者往往不敢恋战而狼狈逃窜。

睡眠，是生物有机体的一种生理需要，雄狮也有酣睡的时候。睡眠是为了消除疲劳，恢复体力，补充能量，养精蓄锐。东方睡狮一旦苏醒，其威必然震世。

中国自古以来有讲究狮仪威严的传统，中国大地随处可见象征权威的石狮。历史经验告诉我们，世界巨人的直觉与预言往往成真。偷袭睡狮的日本"豺狼"被击退后，在"百万雄师过大江"的冲锋号角声中，中国共产党领导中国人民取得了最后的胜利和解放，城乡群众舞狮鸣炮欢庆沉睡已久的"雄狮"醒来。

改革开放 30 多年来的巨变，中国已经在经济上奠定了十分雄厚和强大的基础，强大的经济基础促其他领域的高速发展。事实上，我们已经具备醒狮在动物生态链中高端地位的基础性实力。今天的中国，可以实现一位西方伟人二百多年前的经典预言：中国应该借用西方列强经验，将其精华融入其民族的创造创新改革之中，由此来增加中国之综合实力。因此，我们首先要继承狮仪传统，唤起并树立一种强大的狮性民族精神，打造出高端的国民综合素质，发出一声世纪沉睡而猛醒如初的强悍怒吼，消除一切非正义的欺凌，确立我国民族在人类生态中的强者地位；从多领域的社会改革入手，尤其教育、军事和科技等方面的改革、发展和壮大，最终实现民族复兴和世界强国的目标。

笔者将这种民族精神称为"中华雄狮精神"，我们需要这种强大的民族精神成为民族之魂，引领整个中华民族维护世界和平、伸张正义的行为，迅速实现强国梦的伟大目标。笔者将"中华雄狮精神"的创新构建核心内容归纳如下：

①大胆抛弃守旧落后传统观念，接纳先锋思想，勇于改革和创新。②诚实

守信、自由平等、人性化、民主友善、公平公正、信仰法律。③国家利益和个人利益均等，个人英雄主义与狮性团队共存原则。④爱国、爱企、爱家、爱人。⑤高情商、高智商、高职商，并具全球性的战略思维。⑥每一个体必须拥有狮性生存的多种基本技能。⑦个人创新与团队创新为民族发展之根本；勇于为中国成为世界强国去克服一切困难，并具有英勇的牺牲精神。中华雄狮精文中的核心内容是体魄强健、团队共存、勇当魁首、敢于牺牲。

对于中华雄狮精神内容的解释：

①由于我国传统文化中，存在着较多的落后与陈旧的价值观念，我们只有具备大胆抛弃与改革的开放性意识，才能将我们落后的东西从民族性的人格基因中消除，融入先进的因素才能使我们与别国进行竞争。

②中国现今的诚信危机加重了民族与国家发展中多种社会管理成本，阻碍了人与人之间的相互信任，误导了人们利益的合法获取和正当保护，引发了社会乱象，破坏了社会的凝聚力，尤其破坏了民族素质。民族素质是决定一个国家走向世界先进与强大的重要基础。因此，诚信重塑是民族强大的基础，只有奠定好这一基础，才能进一步去塑造人们守信、自由平等、人性化、民主友善、公平公正、信仰法律，才能使人们从建设性的方向去深入发展。

③过去的集体主义只强调国家利益而忽视个人利益，这有失于社会结构的科学性。个人利益是构成国家利益的基础，两者是正比例关系。因此，二者必须并重。这更是社会进步的原理和规律，必须得到尊重与法定的保护。

由于我国集体主义对个性发展一直采取抑制手段，严重阻碍了个体的充分发挥，这是对民族性创造力的最大阻碍。对此，我们有必要弘扬个人英雄主义来激发个体的个性发展与张扬，在尊重个人与尊重集体之间找到平衡点。与此同时，我国传统思想的许多观点一直违背自然竞争的社会达尔文主义法则，以羊性的大同仁爱图式，幻想敌人会认同相互间之和平与友好，试图用这种理想的一厢情愿，一直采用防御方式保护家园，但这并不符合人类生态规律。正如我们的祖先一直不愿以强国强军根本性地改变战略形势进行主动防卫，却动用举国之人力与物力，耗损数世纪的时间，修筑上万里的长城，希图一劳永逸地抵御敌人的侵略，然而往往事与愿违。

血的教训告诉我们，"我们决不开第一枪"的观念恰恰是基因性的懦弱表达。一切竞争的胜利者，在武力不可避免时，应当机立断地主动出击，先发制人而获取更多生存权优势，"主动进攻才是最好的防御"。无数历史经验告诉我们，只有自己成为人类生存中的强者，具有顶级生态链的霸主地位，才能可靠地保护自己不受欺凌与侵略，实现更好地发展。故我们的民族必须融入狮性基因文化，对我国的羊性基因文化进行改造，因为这种狮性基因，才是一个世界强国的坚强支撑。

④一个社会的公民，需具有对国家、企业、家庭和他人有亲社会性、利他性和移情性的丰富淳朴情感。因为这些社会关系是人际相互依存与依赖的，你中有我，我中有你，是一种不可缺一的共同整体，只有亲密依存才能获得迅速发展，否则都发展不好。

⑤社会个体应具备高水平的生存技能，才能获得其人生的成功。但要具备高水平的生存技能，还必须同时具备高情商和高智商，因为若只具有一种，其发展就会受到另外两种的制约，只有三者同步皆有，才能协同发展。同时，还需要在战略思维意识上占据全球思维意识的最高点，没有这样的宏观战略思维意识，将不具有世界强国的布局与整体的全方位理性评估和决策能力。

⑥中华民族要从羊性突变为狮性，必须体现在每一个个体掌握多种狮性生存技能的实力基础上。笔者把民族性狮性生存技能归纳为：实力搏击技术、险境生存技能（游泳、探险、耐寒、耐热、各种逃生等）、驾驶技术和军事技能等。为什么要具备这些生存技能呢？

让我们把历史的回忆镜头调转到20世纪二三十年代的中国，那时我们被称为"东亚病夫"，我们被歧视——"华人与狗不能进入"。当时一个日本浪人可随意在中国各地进行比武挑衅，可悲的是，我们那些各门派相互暗斗的武术精英们，相继被日本浪人、俄国、美国大力士轻松击倒……那种世纪性的民族耻辱让我们永远无法忘怀。虽然霍元甲、陈真和黄飞鸿等人为民族争了光，但民族英雄毕竟在我国同胞中占极少数，我们的整体实力与列强却相差很远。

我们再将日本军在1894年在旅顺大屠杀的照片与李鸿章的淮军图片做比较：

日军屠杀旅顺居民

中国清朝淮军

通过上图双方的对比，我们发现，日本军人身体健壮，精神状态之底气和杀气十足。而我们的淮军，看上去几乎营养不良，多数有驼背现象，缺乏军人应有的威武与杀气。日本军人因具有武士道的精神支撑，从小经过严格有素的训练，尤其在武术方面，普遍具有基本武术搏击的技能；在拼刺刀的军事战术技能方面，一般日本士兵可战胜三个以上中国士兵，并且在战场上英勇无比，死不投降，其气概具有强大威慑力。再论德国民族和日本民族，他们之所以强大，的确体现在民族每个个体身体强健和具有多种技能上。就因为拥有与高科技武器匹配的技能，他们才具有挑衅的底气，如德国两次挑起世界大战，敢于挑战整个欧洲，包括苏俄。而日本，敢于挑战强大的美国。这里不是提倡学习他们的挑衅行为，而是意在说明，一个民族的精神强大，是因为他们每一个个体都具有强大的民族精神、强健身体和多种基本生存技能。

作为那个时代的中国普通士兵，营养普遍不良，从小到大都没有经过任何武术竞技方面的训练。需强调的是，中国武术自古是家传，传男不传女，外传较少，即使有师傅传艺也十分保守。在这种保守式的传承下，中国武术一代不如一代，而且普及率不高，由此造成我们整体国民体质的弱势现象，再加上受英国鸦片的毒害，我们民族普遍性就成为与日本人相比较的"东亚病夫"的真实写照了。

再看当今，就拿游泳来说，每年我国各地都会发生许多各年龄段的人们溺水事件，造成精神与经济的重大损失。实际上，个体在生活成长中，不可避免地要遭遇各种不同的溺水险境。我们应当具备战胜这些险境的能力来主动保护自己，而不是刻意去避免危险。实际上，我们获得多种狮性基本生存技能和强健身体素质的目的，不仅只是为了确保我们自己不受伤害，更重要的是，我们要用它来支撑我们到大自然中去进行科学探险，去征服各种险境，去抵抗人类的各种非正义的侵略与欺凌。

今天，我们分析历史与现实，就是要从中找出我们的缺点与不足。显然，我们的民族若要成为强大的民族，提高民族的整个素质，重塑中华民族精神，不仅要具备强大的狮性个体的独立与团队合作的精神，而且还要使每一个个体必须具备笔者归纳的上述民族性狮性的基本生存技能。要实现这一雄狮精神必须依靠对全民从小进行普遍军事化和武术化的国民教育，我们只有具备了这些基础，再与科学创造创新能力方面的科学人格系统相匹配，才能具备中华民族雄狮精神的强大底气。我们不惹事，也不怕事。我们虽不去侵略别人，但我们必须具备强大的实力，来保护自身的民族尊严与国家的绝对安全。

⑦个人与团队创新是民族与国家整体创造与创新能力的基础，人的潜力需要环境与社会激励来激发与挖掘。如果社会环境缺乏让人才创造创新的氛围，

那么人才就很难发挥出潜力来。因此，国家应从多方位进行行政与人性化的扶持与支持，尤其对于个人更是如此。中国的经济发展状况、人口基数、综合国力等硬性条件，已经步入世界大国的标准，这为中国成为世界强国奠定了重要的基础。只要我们把民族性人格系统、民族精神和科学种子教育体系提升到世界优秀民族的标准，我国就有希望能在本土培养出世界顶尖级创造创新人才群，并将中国的科学创造创新能力提升到世界强国的标准，使中国具备世界强国的所有标准，从而实现中国顺利成为世界强国的最终目标。

在这一奋斗过程中，我们仍然会遇到许多困难与险阻，它需要我民族团结一心，积极争取；尤其在面对困难与险阻时，敢于牺牲自己的生命来攻克难关与捍卫国家安全。

以上这七种多层面的精神汇聚，能使中华民族凝聚成一种新的，具有抛弃落后传统而开拓创新的优质潜力，并具有团队狮性实力和敢于为民族目标而英勇牺牲的中华雄狮精神。

这种新的民族精神的打造，需要中华民族首先塑造出民族性科学人格作为基础的支撑，再通过我们的科学种子教育来实现，这三者呈相互联系与共同依存的哲学辩证关系。有了这种精神才能促使我民族团结一致，经过艰苦卓绝和勇于牺牲精神来共同努力与拼搏，最终实现强国梦这一崇高的目标。

三、中国现代科学种子教育体系的建立

根据前面中西社会历史发展的横纵向的对比，我们发现，中国几千年的教育都偏离了科学种子教育的正确方向。近代以来，虽然我国也不断地向西方学习，办起了现代的学校，但我们仍然没有抛弃许多落后的传统观念，以至于我国没有从根本上获得西方科学种子教育的精髓。即使新中国建立后60多年的今天，我国的教育仍然是功利性的应试教育模式。

西方科学种子教育的精髓在于培养问题解决者。因为我们每一个个体生存在这个世界上，在从小到大的成长过程和生活中，都要面对各式各样的困难与问题，这需要人们用创新的途径来进行解决。如果我们一直运用祖先的传统方式，那么我们的社会发展就会像中国五千多年的历史发展一样缓慢，如果我们拥有资本主义文艺复兴后的创新和速度，那我们的社会就会加速发展，比如我国20世纪80年代以来实行改革开放而取得的伟大成果，就说明了改革创新所带来的社会发展速度。

然而，一个人如何尽快做到面对生活的困难而顺利解决问题呢？这首先需要个体具备原理思维，从事物本质与发展规律来看待、分析其现象与原因，这

样就能科学准确地发现事物中存在的矛盾与问题,然后再运用自己掌握的多种社会技能来解决。显然,要尽快发现问题和解决问题,个体就必须经过完人教育与培养才能达到。

对于完人教育(亦称全人教育),美国的隆·米勒提出了全人范式的概念,认为从完人的本质来看,精神性更胜于物质性。从当今时代来看,教育的过程不仅仅是知识的传递与技能的训练,更应关注人的内在情感体验与人格的全面培养,也就是说,教育应更着重于人的内在,比如情感、创造力、想象力、同情心、好奇心等,尤其要注重自我实现。

完人教育鼓励自我实现,但同时也强调真诚的人际交往和跨文化的人类理解。人之所以为人的重要一点在于人是生活在相互联系的有机社会群体之中,这种联系不是机械化的,而是鲜活的,人性的体现不仅有竞争也有合作,完人教育实施过程中就是要学生在受教育过程中鼓励竞争的同时并要加深合作精神的体验,培养人与人相互理解、相互关心的素养,同时将生活中的人际交往进一步深化为人类跨文化的理解与信任,加强学生的全球意识。

综观西方"完人教育家"的主要观点,可以概括为以下几点:

①完人教育关注每个人的智力、情感、社会性、物质性、艺术性、创造性与潜力的全面挖掘;

②完人教育寻求人类之间的理解与生命的真正意义;

③完人教育强调学生人文精神的培养;

④完人教育鼓励跨学科的互动与知识的整合;

⑤完人教育主张学生精神世界与物质世界的平衡,注重生命的和谐与愉悦。强调以开发人的理智、情感、身心、美感、创造力和精神潜能等为教育目的;

⑥完人教育培养的是具有整合思维的地球公民。

反观中国现代的教育,我们过于注重死记硬背,注重解题技巧,猜题运气的功利性应试,学生十年寒窗就只凭一张试卷荒唐定终生,并且老师传授给学生的往往是标准答案,学生通常被一个标准答案限制了创造性和想象力,更为严重的是,标准答案也限制了学生对知识和原理的理解。同时,由于这种教育严重缺乏对多种实际技能的操作培训,它进一步限制了学生将理论与实际运用结合起来,这样使得学生所学的理论知识很难与实际操作匹配,反过来又限制了学生对理论知识的原理性理解,最终,学生严重缺乏创造创新能力。即是说,这种理论与实际分离的教育模式所培养出来的学生,他们无法用原理思维来看待实际问题,只能培养出考试英雄,却无法培养出学生解决实际问题的能力和创新能力,这正是中国现代教育的致命弱点,这也正是中国本土教育为什么还没能培养出世界级顶尖创造创新人才群的根本原因。

中国现代科学种子教育体系的核心是培养世界顶尖级创造创新人才群生长的科学土壤，打造民族性科学人格系统、中华雄狮精神和科学创造创新思维与能力。要改变中国现代教育的落后面貌，就必须对学生进行涵盖人格、品德、跨学科背景知识体系、创造创新能力、身体素质、美育、多种生存技能等全方面培养的中国现代科学种子的"完人教育"——只有这种"完人教育"才能培养出世界级顶尖创造创新的人才群来。

科学种子教育体系，是一个涉及人类文化学、历史学、教育学、心理学、神经心理学、发展心理学、自然科学、社会科学和思维科学等多个领域、多门具体技能技术，具有严谨科学量化标准的庞大体系。笔者认为，要提出创建一个符合中国国情的本土科学种子教育体系的规划，我国仍需借鉴西方早期提出的"完人教育"思想，借助拉格的社会课程、阿兰等的永恒主义教育思潮和科南特的要素主义；借鉴布鲁纳的结构课程理论思想；借鉴弗洛姆等的现代人文主义教育主张、朗格朗的终生教育等，以及借鉴当今世界四个科学种子教育体系中的优秀与经典之处，还要借助上述多门跨学科的概念、观点、理论、实验结果等，最后提出自己的创造创新观点、思想、方法的理论体系。

下面，笔者将正式提出中国现代科学种子教育体系的系列构建观点、方法与理论。出于对中华民族前途和最高利益的忧虑，希望有越来越多的炎黄子孙来共同丰富与完善它，最终解决这一困扰我国已久的历史性难题。

中国现代科学种子教育体系包括：

①培养创造创新型"先天"超常婴儿的科学胎教理论；②科学受孕理论；③胚胎期科学种子胎教；④婴儿期（0～2岁）的科学种子教育理论；⑤幼儿期（2～6岁）的科学种子教育理论；⑥童年期（6～12岁）的科学种子教育理论；⑦青春期（12～18岁）的科学种子教育理论。

现在，就让我们一起来进行该理论体系与实际教学方法的探讨。

第三章　中国现代科学种子胎教理论的提出

不论怎样高端的人才，其成长过程都要在母体中经过受精卵形成、胚胎发育、婴儿出生、幼儿、儿童、少年、青年的成长顺序，然后才成为人才。随着现代科学理论与技术的进步，人类个体在受精卵发育的各个阶段，存在着许多不可逆转的生理与心理关键期。根据科学前辈们的科学实验、科学观点和科学理论，我们在此基础上进行整合、逻辑推导和创新，在个体受精发育的各个生理发育的关键期给予科学、良性的干预，这就可能培养和塑造出我们想要的，具有科学思维倾向、科学人格价值系统和智力聪慧等潜在优质的"先天超常婴儿"。下面，就让我们来开启科学培养和塑造"先天超常婴儿"的旅程吧。

尊敬的读者们，笔者在本书开始论述自己的各种教育理论之前，必须要感谢欧美许多生理学、心理学和神经心理学方面的科学前辈们！因为他们的许多实验、研究和理论成果，是笔者提出创造创新科学理论的科学来源与依据。因此，笔者将在本书中大量引用这些科学前辈的实验、研究和理论成果，作为推导或提出各种科学教育理论及方法的基础。需指出的是，凡是笔者的科学教育理论及方法，都会与科学前辈的实验和研究成果以及理论成果区别注明，敬请诸位不要混淆！

神经心理学的研究表明，神经系统发育始于妊娠的第18天左右，大脑的发育始于一根细管，止于一个重约1400克的复杂结构。

人类大脑皮层神经元总数多达几千亿，一些观点认为在胚胎时期，每天都有10亿新合成的神经元产生。神经元具有接受、整合、储存、传导和输出信息实现信息交换的基本功能，但如果新生的神经元不能及时收到信息刺激并建立突触联系，则会发生凋亡现象。

人类大脑是一个十分复杂的包括脑多种功能（记忆、语言表达、思维、分析、逻辑判断、创造等）、运动、循环、消化和泌尿等系统，这需要越来越多的神经元联结成更多的神经通路和神经回路。比如，与随意运动的协调有关的从大脑→脑桥→小脑皮层→小脑内神经核→丘脑→大脑皮层的环路；与情绪有关的从海马→乳头体→丘脑前核→扣带回→海马的环路等。所以，如果我们在胎儿发生新神经元增殖的峰值期，让更多的神经元细胞存活下来，将有助于个体建立起更多的大脑神经通路与环路，从而决定这一个体的"先天"聪明度。

决定人类大脑增大的因素除一定的脑内基因控制外，依据基因与环境交互理论，外部环境的声波信息刺激将会起到较大的作用。斯图尔和科尔布的研究表明：在更丰富的环境中抚养的动物，其大脑的某些皮层结构有所增大。对胎儿的研究也得出相似的结论，这是因为丰富的环境刺激，可以拯救个体胚胎时期和幼儿时期近50%的，因神经元的轴突无法发现适合的突触后神经元而不能建立突触联系并发生凋亡的神经细胞。显然，一个"天才"的超常婴儿的诞生，在其胚胎和胎儿发育时期，拥有丰富而系统科学的外界声波刺激，已经成为关键因素之一。

对于遗传基因的研究中，科学家已经发现，某些基因的形成与环境之间的相互作用有关。动物研究表明：养育同种的不同血统的动物，使其在某些方面具有预料不到的特征是可能的。比如，在几代老鼠中，能培养出攻击性、情绪性（感情丰富）的特征或者对酒精的偏好，并且能培养老鼠的智力。通过十分相似的途径，在不同品种的狗中，各种各样的"个性"特征已经被培养出来：在美洲喇叭狗中培养出凶猛与战斗能力。在德国牧羊犬中培养出警觉能力；在欧洲画眉鸟生命之初的关键期中，通过尝试与错误，可学会用自己的喙咬住蜗牛的脚，来来回回地摆头，将蜗牛使劲地撞向石头，直到把蜗牛的外壳撞碎来享用美餐等。这些通过环境获得的行为可能形成稳定的基因传给下一代。①

对行为方面的研究，美国《纽约时报》网站于2016年4月6日刊登了一则题为《孕期运动会使后代热爱运动吗》的报道；根据一项新的动物实验，在孕期奔跑的老鼠腹中的幼鼠成年后会热爱奔跑；而拥有不爱运动的母亲的幼鼠也对运动不抱多少热情。此项研究结果暗示了这样的可能性，即在一定程度上，我们的运动意愿可能受到母亲孕期的运动习惯所影响。科学家通过一系列关于老鼠的实验对这一可能性给予了证实。

在人类历史发展的过程中，曾经出现过许多"世家现象"。世家现象是指在一个家族中，某种祖传技能在其家族经三代以上的延续。比如中国古代有：项燕家族世代为楚国将领，司马迁家族世代为史官，还有许多武术世家，欧洲有伯努利家族世代为数学家等。世家现象之所以出现，是因为父代经过长期的世家行为积累而形成稳定基因并具有一定遗传成分的结果。根据现代神经心理学关于大脑在母体中发育与环境影响的理论，后继者在母体中时，其大脑的神经发育受到了这种家族式的环境影响，出生后其在行为实践上又得到巩固，从

---

① 张金颖：《神经心理学》，中国轻工业出版社2007年版，第55－59页。

而成为父辈技能的继承者。

有报道称患者在进行肾脏器官的移植手术后，其以前的一些行为模式、思维习惯都发生了改变，这种改变的结果与提供肾脏源的个体的行为模式和思维习惯是一致的。

对于人类的研究也表明：环境的确影响基因，当然，基因也能够影响环境。实验研究证明基因与环境都是重要的影响因素，而且是两者之间紧密的相互作用才产生影响。这种基因与环境交互作用理论的出现，导致20世纪70年代以来，欧美科学家认为：智力主要由儿童的经验所决定，并掀起一股强调为儿童特别是在生命的早期阶段提供刺激性经验的教育模式浪潮。

那么，环境刺激是怎样对胎儿发生作用的呢？

声音即是声波。它是在弹性媒质中传播的一种机械波。声波具有一定的能量，起源于发声体的振动。在气体或液体媒质中传播的声波是纵波，在固体媒质中传播的声波可以是纵波、横波或两者的复合。声音具有音高、响度、音质和音色之分，音高由声源的振动频率决定。响度是强度的函数，它反映了空气压缩和扩展之间差异的程度。声源的振动越有力，产生出来的声波就越强，声音就越大。音质是传声系统（如房间以及电话、录音、播声、放声等电声系统）的声音品质。音色提供了独特声音属性的信息，例如，双簧管发出的声音和火车的汽笛声不同。大多数听觉刺激的属性都是很复杂的，由几种不同的振动频率组成。特定的混合决定了声音的音色。

我们已经知道，神经细胞具有高度发达的感受外界物理刺激并传导这些刺激而产生神经兴奋和冲动的能力，而大脑皮层的神经细胞群，具有记忆的特点，这一特殊功能决定了脑神经细胞具有记忆能力，类似胶片感应外界光色，图像轮廓刺激而产生图像记忆的能力，即大脑皮质神经细胞群能对外界事物声波刺激感应而产生记忆的能力。这一特殊的能力决定了大脑在发育过程中，会因为外界物理声波刺激而存在个体差异。胎儿的大脑皮层是自内而外，从内的第一个细胞短距离迁移后，形成第一层逐渐发育到第二到最后一层为止。由于大脑皮层细胞是一种信息储存个体和群体的结合体，在它生长发育过程中，外界声音可通过其声波的音高、频率、响度、音质、音色等属性，综合组成特定信息的刺激方式，对其生长角度、发育形状、迁移轨迹、终极目标定位，尤其是建立突触联系和神经环路至关重要。

声波在气体、液体和固体媒质中传播，是以一定的振幅、频率、波长所形成的振动能量，并按一定的振动轨迹向四周扩散，以振动波的形式作用于周围的物体。胎儿的所有中枢神经细胞、脑细胞以及身体的其他细胞，在生长发育过程中，其大脑神经细胞都会受到外界声波振动能量决定其轨迹指向的影响而发生相应的振动,并随着不同声波的不同振动能量而产生不同的方向、发育形状、迁移轨迹和终极目标定位等。

根据上述胎儿发育生理学、神经心理学、脑科学、物理声学的多种原理、理论和科学实验,我们发现,影响人类智力的因素,除遗传基因外,还有许多环境因素,而且这两个因素还存在着十分密切的交互作用关系。于是,我们可运用以上多种科学理论、实验结果和逻辑推理,推导出一种新式的胎教原理。即胎儿的出生质量,是受父母基因和受孕到分娩过程的外部环境的双重影响。实际上,外部环境在准父母准备受精之前就开始影响双方的身体状态,并持续影响精子与卵子的形成质量、受精卵形成与着床、胎儿大脑神经和身体器官的发育与成熟、胎儿分娩降生的整个过程。这当中,外部环境影响可对准父母的原始基因进行优化或修改,同时,丰富而系统科学的外部环境的设置,可挽救传统胎儿在发育过程中,因没有环境刺激而无法找到突触而凋亡的那部分脑神经细胞,并使之建立起更多的大脑神经通路联结,从而可人为造就出生理性"先天超常婴儿"。

因此,在胎儿发育过程中,胎教的声波能量不但能对胎儿大脑神经系统产生重要的积极影响,而且还会对胎儿的内脏器官、肢体等也产生重要影响,并使它们与大脑配合形成生理性的相互适应、匹配和支持的关系联系体。重要的是,这种生理性关系联系体的形成,有助于胎儿大脑在生理结构和功能上,被人为地注入一种先天性的科学知识结构体系,当这种生理性科学知识结构体系作为一种生理因子,以可激活的潜在因子储存于胎儿大脑皮层的神经细胞中,待胎儿出生后,这些潜在因子就会被现实环境的刺激而唤醒,并将以前储存的记忆一一表达出来,一个较聪明的基因型"先天超常婴儿"将人为地被塑造出来。

上述研究已经肯定了环境可以影响胎儿的习惯、偏好、聪明度和基因等,那么,什么样的环境更能培养出具有创造创新能力的"先天超常婴儿"来呢?

人类社会的发展与进步都是以科学进步为前提的。科学作为人类知识的最高形式,它是运用概念、范畴、定理、定律、判断构成严密逻辑性,反映现实世界各种现象本质和规律的思维形式的知识体系,包括自然科学、社会科学和思维科学。科学知识是描绘客观现实某一特定领域的整体图画,科学知识之所以能够描述研究对象领域的整体,是依据一定的逻辑推导建立起来的知识体系。

现今社会各个领域都离不开科学(社会科学、自然科学和思维科学),无论哪一类人才,都必须以科学为基础,具备扎实、严密、广博与精深的科学知识结构、科学思维方式和科学方法,并且还需要是跨学科背景知识体系,这样才可能为其创造创新思维能力提供坚实的支撑。因此，培养"天生超常婴儿"的科学胎教，必须围绕跨学科背景知识体系的建构来进行。

由此，笔者将自己创建的培养"先天超常婴儿"的科学胎教理论表述为：根据胎儿大脑神经发育受环境影响产生记忆和逻辑联系的原理，如果将系统的跨学科背景知识体系，对准父母怀孕前期准备、受精、胚胎形成、胚胎发育直到胎儿分娩的系列过程，进行有序和系统化的科学干预与影响，就能使胎儿的大脑细胞、身体各器官，以及其生理功能结构，被人为影响成对跨学科背景知识体系产生生理和心理的基因偏好。

为了确保"先天超常婴儿"的成功培养与塑造，我们首先要培养和塑造一个"先天的超常胎儿"。

第四章 科学受孕——有效播种科学种子

第一节 受孕前的准备

一、预防基因缺陷遗传和环境副作用对胎儿的影响

遗传科学研究表明：人类每个个体的智力好坏都一定程度受其父母遗传基因和环境因素交互作用的影响。其中，多数个体表现为智力平常，还有一部分表现为智力低下，只有少部分才表现出特殊和杰出的天赋智力。从目前的科学研究来看，造成个体智力低下的原因有两个方面：一是父母的基因缺陷遗传因素；二是伤害性环境因素。

因此，要想优生出一个"先天超常婴儿"，就必须保证其没有先天的基因缺陷；同时，也要保证胎儿在整个孕期发育过程中，都没有受到因不良食物、药物所引发的伤害性影响，以及外部环境污染所产生的影响。

（一）预防遗传缺陷

在优生前，准父母双方应该做一次全面的基因检测，以避免自己的基因缺陷被不可逆转地遗传。预防遗传缺陷包括以下三个方面：

1. 基因遗传

（1）亨廷顿症（也称亨廷顿舞蹈病）：个体通常直到30～40岁的时候才表现出来，会引起中枢神经系统迅速恶化，最终导致死亡。

（2）镰状细胞血症：能够导致缺氧情况下的严重疾病。

（3）PKU（苯丙酮酸尿症）：它可导致神经系统出现不可逆转的退化和智力变得越来越迟钝。

（4）泰萨二氏疾病（家族性黑蒙痴）：它能阻止神经信号的传递，导致大脑细胞的退化。

（5）肌肉萎缩症：它是一种退化性的肌肉异常症，包括无法行走，甚至可能导致死亡。

(6) 神经管缺陷：通常导致严重的发育迟缓或者死亡。

(7) 糖尿病：这种缺陷可能包括四肢畸形、心脏问题、神经管缺陷以及其他问题。

2. 染色体异常

唐氏综合征（先天愚型）：智力普遍比较迟钝，语言发展很迟缓，70%的患者表现出兴趣狭隘，重复性行为，以及有限或缺乏社会交往的技能等孤独症的症状，此类个体在40岁后患上阿尔茨海默氏疾病（老年痴呆）的可能性非常高。

3. 性染色体异常

(1) 脆性X综合征：表现为天生智力迟钝，男性更为多见。

(2) 特纳综合征：①四肢出现松弛的皮肤褶子（形成网状），特别在脖颈、手指与脚趾上；②身材短小。女孩通常呈现出严重的社会适应性问题。

(3) 克莱恩菲尔综合征：患病儿童通常睾丸小且发育不完善，并出现鸡胸、音调更高的声音。

(4) 超雄性综合征：男性通常个子高大，有时智力低于正常水平，其成熟程度较低，比正常男性更加冲动。

（二）环境因素

环境因素有时也称家庭因素，包括母亲的身体情况，如患有风疹、营养不良或糖尿病，吸毒和使用化学药品，营养跟不上或者由虐待或其他情况所造成的外伤，没有提供适当刺激的环境，受到各种有害环境中的物理辐射等。

1. 处方药物对胎儿发育的影响

"畸胎剂"直接影响胚胎和胎儿。如镇静剂能够引起胚胎出现严重的身体缺陷；奎宁化合物与天生的耳聋有关；巴比妥酸盐以及其他止痛药会减少胎儿的氧气供应，导致不同程度的大脑损伤。还有各种各样的麻醉药物能很容易快速地通过胎盘屏障，降低胎儿的敏感度（Coustan & Mochizuki, 1998）。其他的"畸胎剂"处方药包括阿齐特林（治痛风药），可能会导致更高的流产风险。还有四环素，它与牙出现色斑有关，以及复合维生素等。

其他可能具有"畸胎剂"作用的药物包括金属元素锂（治疗狂郁症）、苯二氮（用于制造各种镇静剂，如安定药及利眠宁）、安非他明（苯丙胺，解除忧郁、疲劳的药物）以及一些抗组织胺剂（用来治疗过敏反应）等，这些药物会增加胎儿畸形与反常的风险，如出现腭裂。

2. 非处方药物对胎儿的影响

阿司匹林（乙酸水杨酸）可能会提高母亲与胎儿出血的可能。据库斯坦和莫祖奇（Coustan & Mochizuki 1998）的报告，相对较低剂量的阿司匹林可能与婴儿颅骨内出血存在着一定的关系。特别对于那些早熟的婴儿来说，情况更是如此。

3. 接触化学物质对胎儿的影响

在日本的水俣湾，由工业水银废品导致一种鱼体内的水银含量颇高，其所带来的疾病称"水俣病"。它使这一地区出生了大量畸形和发育迟钝的婴儿。除草剂与除虫剂含有二氧杂芑，能够引起更高的流产率，也与身体畸形有关。金属铅在身体内缓慢积累达到足够高的含量时，能够在儿童与成人身上引起严重的身体与智力问题。

4. 尼古丁对胎儿的影响

母亲吸烟会造成胎儿死亡，也可能导致胎盘早剥；宫外孕也可能与尼古丁有关；胎儿早产、出生重量较低也与此有关。尼古丁导致儿童患上癌症的风险较高，导致儿童在某些认知能力的测量中得更低的分数，导致更高的婴儿猝死综合征发病率，更高的中耳疾病的可能性。实际上，"二手烟"中的致癌物质的含量通常比吸烟者直接吸入的还要多。

5. 酒精对胎儿的影响

怀孕妇女早产以及后代身上出现各种各样的缺陷可能与孕期摄入酒精有关。对新生儿造成的与酒精有关的影响被称为"胎儿酒精综合征"（FAS），如身体发育迟缓，中枢神经系统出现问题、发育迟缓或智力受到伤害，头盖骨与面部畸形，通常来说，这些畸形包括低低的前额，双眼间距过大，短短的鼻子，长长的上嘴唇以及明显缺乏人中处的下陷（典型的下陷处于嘴唇的中心，朝上延伸到鼻子）。

对于父亲来说，不良的饮食行为也会影响产前环境。研究表明，父亲吸烟越多，他的孩子出生时的体重就越低，而且母亲也会从父亲那里受到"二手烟"的影响。父亲使用酒精和非法药物会损伤精子和染色体，这些会影响受精卵的质量。另外，母亲怀孕期间父亲使用酒精和药物也会给母亲制造紧张和不健康的孕期和产前环境。父亲嗜好烟酒与病残儿发生率有非常显著的关系，甚至可导致孩子智力低下。

6. 环境毒素对胎儿的影响

在工作场所接触环境毒素（如汞和铅）的父亲会损害精子并导致胎儿的先天缺陷。研究数据表明：新生儿出生缺陷，遗传因素占25%，其中来自生理、化学、生物因素的为10%。病残儿童的父亲有21.5%在工作环境中接触射线、微波、高温、重金属、化学物质、农药等，而母亲占17.85%。病残儿父亲患上感冒、发热、风疹、弓形虫感染、巨细胞病毒感染、疱疹、过敏症、腮腺炎、肝炎等疾病的占 5.3%，而母亲只占 2.2%。

7. 咖啡因对胎儿的影响

有些研究表明：在饮用过多咖啡因的母亲中，早产的可能性稍高一些（Smigaj，1999）。同样地，大量的综合研究表明，饮用大量的咖啡，婴儿出生的重量要低一些。饮用大量的咖啡因的标准，通常确定为一天摄入 400 毫克，大约相当于 4 杯或更多的咖啡（Samtos. et. al，1998）。

8. 非法药物对胎儿的影响

可卡因很容易通过胎盘屏障，由于它在脂肪中是可以溶解的，所以它保留在胎盘和羊水中，胎儿继续吸收它。一剂可卡因在成人体内持续大约 48 小时，在胎儿体内，持续的时间要长得多（Simioyaj，1997）。正如斯米高甲（Smigaj，1997）指出的那样，曾服用过可卡因与快克的孕妇生育的婴儿比一般婴儿要小很多，头围更小，并且更有可能出现早产、流产（Richardson，1999）。斯米高甲（Smigaj，1997）指出，这样的母亲也冒着导致自己死亡与胎儿死亡的风险。

实际上，大部分公开发表的研究成果表明：可卡因的使用与严重的怀孕并发症和先天的问题有关。如，可卡因和快克服用者生育的婴儿与那些没有使用者相比，表现出更多的吃惊反应，更多的颤动。也更有可能在睡眠模式、喂养困难、痢疾、发烧以及不断增加的过敏性中表现出问题。一般来说，他们显得更小，并且显示出发育迟缓的迹象——如，站立，发展视觉与听觉定位的年龄推迟（Muuim，1992）。他们不仅更有可能自然流产，而且更有可能死于"婴儿猝死综合征"。也有迹象表明，对可卡因上瘾的母亲生出的孩子更有可能遭遇情感与身体上的虐待，以及遭遇混乱的儿童养育环境。因此，夫妇一方因某种疾病正在服药期间，以及妻子正在服避孕药期间，均应在停药 3～6 个月再考虑受孕。

9. 麻醉品对胎儿的影响

对麻醉品上瘾的母亲生出的孩子，也会对麻醉品上瘾，随后会遭受一种消退的折磨，被称为"新生儿戒瘾综合征"（NAS），它的症状包括颤抖、坐卧不安、活动亢进的反射、高声大哭、呕吐、发烧、出汗、急速呼吸、迅速抓取，有时甚至死亡（Khan & Chang，1997），通常这些症状到 3～4 岁达到顶点。有证据表明，严重吸食大麻的母亲所生出的孩子，身体重量较低，存在更高的早熟风险（Shermood et. al，1999）。库斯坦和莫祖奇（Coustan & Mochizuki，1998）总结道，在怀孕期间吸食大麻，所产生的"畸胎剂"比尼古丁更严重；它很容易越过胎盘屏障，降低胎儿的心率，影响胎儿的大脑活动，并导致早产、畸形以及其他的胎儿问题。

10. 情绪对胎儿的影响

由于母亲与胎儿之间有非常亲密的关系，大量的研究已经得出这样的观点，母亲的心理和情绪状态也会对胎儿产生影响，尽管这种影响是间接的，却是比较大的。一种理论认为，由于母亲与胎儿之间的亲近关系，在母亲身上伴随着强烈感情与压力而出现的化学平衡状态上的变化，可能影响胎儿的情绪发育模式。例如，实验性的证据表明，在怀孕期间长期处于焦虑状态的母亲，可能会生出更加容易发怒、更加活跃亢进，有更多喂养问题的孩子（Spezzano，1981）。这是因为情绪的持久出现会使母亲血液中的化学成分、生理应激激素以及细胞的新陈代谢出现长时间的改变，这些改变会通过母亲血液营养传递给胎儿。如果母亲呈现发怒、害怕或忧愁等负面情绪，它会促使其内分泌腺，尤其是肾上腺分泌各种不同种类和不同数量的应激激素，使细胞新陈代谢发生负面变化，导致母亲血液里合成物出现较多的负面因子。这些负面的化学物质被送到胎盘。戴维茨（Davids）等人的研究表明，当孕妇情绪紧张时，在妊娠的关键期肾上腺皮质会分泌出过量的氢化可的松激素，从而阻碍胎儿颌骨（口腔上部和下部的骨头和肌肉组织叫作颌，它是分离口腔和鼻腔的组织）正常合拢，出现腭裂，当裂缝延伸至上唇时出现唇裂。同样地，韦伯斯特·查德勒与巴提斯图塔报道过，在怀孕期间受到虐待的妇女生育的婴儿的质量会更差。因为受到虐待的妇女情绪更糟，更倾向于吸烟，服用更多的药物（包括抗抑郁的药物），并且更容易生病。这些因素中的任何一种，或者其中几种因素的结合，也许是使胎儿身上出现更多问题的消极因素。

11. 营养对胎儿的影响

通过对动物以及对人的研究，我们发现母亲营养不良，特别是缺乏蛋白质，对正在发育的胎儿大脑会产生严重影响（Rizzo et. al.，1997）。研究表明，叶酸的缺乏与中枢神经管发育缺陷有一定关系，并且铁与钙对胎儿的发育来说，是极其重要的成分。在怀孕期间，母亲体重的增加，能增加胎儿体重，并且能减少其疾病与感染的风险。科学家建议孕妇整个孕期的最佳增重是 11.5～16 千克；对怀有双胞胎的孕妇来说，建议总共增加的体重是 16～20.5 千克。①

上述遗传缺陷与有害环境对胎儿的负面影响给我们一个提示：准父母若需要进行优生，不但要避免上述遗传缺陷和有害环境对胎儿的影响，而且要做好准父母生理与心理方面的准备。

---

① [加] 居伊·勒弗朗索瓦：《孩子们——儿童心理发展》，王全志译，北京大学出版社 2004 年版，第 126-132 页。

二、准父母打造科学受孕的生理与心理环境

（一）禁止严重基因缺陷被遗传与延续

1. 中国应立法禁止严重基因缺陷和患有遗传疾病的夫妻进行生育

我国婚姻法只是规定直系血亲和三代内的旁系血亲禁止结婚。《中华人民共和国母婴保健法》中规定，医院若发现受检查者患有影响结婚和生育的疾病，应提出医疗意见，供准备结婚的男女双方认真考虑。显然，这些仅有的立法和不具法律效力的医疗意见，已成为我国先天性病态和畸形胎儿出生比例如此之大的原因。任何一个国家和民族，优生优育应成为其民族整体生理性素质的重要科学基础。如果较多的家庭生出先天性低能儿、畸形儿，不仅给父母、家庭、社会带来灾难性的精神压力和经济负担，还严重影响整体国民素质和智商平均值，这是关系到民族、国家发展和强国建设的大事。因此，为了降低先天性病态畸形儿、低能儿的出生率，笔者建议立法建立准父母基因健康和身体健康的生育标准，准父母在婚前和孕前必须进行体检，由科学鉴定结果来获得法律认可是否可生育。

2. 准父母的科学优生优育计划应提前两个月以上开始制订和实施

准父母双方应在怀孕前两个月到宝宝出生（母亲要求持续到宝宝哺乳期结束）这段时间，尽量不服用和注射任何影响胎儿的药品，严格禁止吸烟、饮酒和吸食非法药品，并注意不去接触可能对胎儿产生伤害性影响的有害化学源和辐射性物理源。

3. 准父母需要规律化进行跨学科背景知识学习

如经济条件允许，尽量去观看高级的声乐表演，科学技术成果展览，绘画、图书展览；多看动物世界或大自然的科教片，逛动物园；在郊游时顺便学习昆虫标本收集，地质考察或考古知识；或在晴朗的夜晚借助天文望远镜观察宇宙，学习天文知识；或借助显微镜观察事物，学习生理解剖、分子、原子等生物内在结构方面的知识；尽可能参加一些哲学、文学等沙龙的演讲与讨论。其意义在于：当准父母去看这方面的书或听演讲的过程中，由于大脑需要对这些知识进行消化，许多内脏器官就会产生生理性的应激，从而释放出相对应的生理激素。而这种生理性激素的释放，会在一定程度上改变男性精子和女性卵子的成分，使其增加对跨学科背景知识感兴趣的情绪成分，这样的精子和卵子一旦形成受精卵，就会带有对跨学科背景知识偏好的情感色彩，有利于胎儿向天才婴儿的方面去发育；另一方面，进行这些活动，在提高准父母文化素质的

同时，更能使准父母在活动中获得更多的刺激、惊叹、惊喜和惊奇，从而增加幸福愉快感，使其生理内分泌系统释放更多的，对自然科学、社会科学以及人文科学喜爱的积极生理激素，以此来营造一个科学的生理环境。

4. 规律化进行适当的体育锻炼

适宜准母亲的运动项目有跑步（慢跑）、散步、做健美操、打拳、登山、郊游等。准父亲应根据其个人爱好，尽量进行多样化的体育运动来强身。

（二）科学受孕的心理环境打造

（1）准父母都要把优生优育视为一个伟大的目标，为了实现这个目标而不惜做出最大的付出。如下决心戒烟、酒、毒等不良习惯嗜好与恶习；树立一个优生优育的目标与理想，然后进行憧憬、畅想，寄予热切的期望；尤其丈夫还需破除重男轻女的思想，消除妻子对生儿女的担心，更要鼓励妻子不要害怕生产的疼痛和痛苦，一旦妻子以积极的心态受孕、怀孕，拥有会生出一个天才宝宝的信心时，就会消除孕期的心理焦虑与担心，并勇敢面对自然生产所带来的分娩痛苦。

（2）幸福感的获取。在生活中，一般来说，夫妻间尽量宽容、包容、理解、体贴、关心、牵挂、性和谐，帮助对方和为对方付出，都能从中找到幸福感；多去做一些自己喜欢和爱好的事，或者是通过自己的努力在工作、人际关系、个人追求等方面获得哪怕小小的成功，也能获取成就感和幸福感。在受孕过程中，夫妻双方尽量做到身心愉悦。

第二节 准妈妈最佳受孕年龄、季节和时间

一、准妈妈最佳受孕年龄

女性从月经初潮到绝经期都可受孕，这叫生育年龄。但女性从初潮期到内分泌系统和生殖系器官发育成熟，还有一个渐进的完善期，在这段发育成长期中，即12～18岁期间，由于生殖内分泌调节尚未建立完善的联系，生殖器官也未完全发育成熟，排卵不规律且质量也不能保证，受孕概率较低，畸形儿的发生率较高。35岁以后的女性，卵巢功能开始逐渐减退，内分泌出现不稳定状况，不排卵的月经周期增多，卵子质量下降，卵子所携带的遗传物质——染色体畸变的概率增加，以致胎儿先天发育异常的比例增高，特别是21染色体

畸形儿（即先天愚钝型）出生率增加。①

科学研究表明：女性在 20～28 岁这个年龄阶段，内分泌系统和生殖系统都发育成熟和完善，尤其身体方面在性吸引力的腰臀比、乳房膨胀与挺拔度、性兴奋度都达到最佳状态，这些健康和能量强大的第二性征，加上心理特征和人格特征，均表明此期间的女性已经达到生殖的峰值期，这是准妈妈最佳的受孕生育年龄。

准父亲的精子健康、强壮也是优生优育不可缺少的条件，精子必须健康成熟，使其在准妈妈的生殖管道内具有激烈竞争取胜的强大能量。研究表明：如果精子不健康，容易导致优生失败，出现不育缺陷，或者流产、死胎、早产以及各种不同性质、不同种类的先天异常或畸形。

二、准妈妈的最佳受孕季节

研究发现，在深秋、初冬季节出生的胎儿智商最高，具体时间为 10～12 月份。即是说，受孕季节在 1～3 月份为最佳。②

三、准妈妈最佳受孕时间

有关科学研究证实，在妻子月经前 14 天，夫妻同房受孕的成功率最高，可获 92% 的正常健康胎儿，但在月经周期的第 17 天以后受孕，则流产率增高。③

第三节　科学受孕——有效播种科学种子

在进行以上种种科学环境因素的铺垫后，最后就是科学受孕这一重要环节。首先，我们须了解受孕的生理过程。

---

① ［加］居伊·勒弗朗索瓦：《孩子们——儿童心理发展》，王全志译，北京大学出版社 2004 年版，第 145 页。
② 李雪明：《实用育儿百科宝典》，天津科学技术出版社 2007 年版，第 5 页。
③ 李雪明：《实用育儿百科宝典》，天津科学技术出版社 2007 年版，第 5 页。

一、受孕的生理过程

每一个生命个体的诞生,都是由于其父亲与母亲在性交过程中,父亲达到性高潮时,将睾丸中的3亿～5亿个精子射出。精子是人体中最小的细胞,它的形状类似于一个小蝌蚪,但它的尾巴是身体的12倍,它用非常长的尾巴做着鞭子一样的游泳式的蛇形摆动,从而推动身体向前运动。精子能存活4～5天,甚至6天。父亲一次性所射出的精子,在母亲的生殖管道中展开了激烈的马拉松式的长途奔跑竞赛,能够达到输卵管壶腹部的只有300～500个精子,再经过优胜劣汰的最后冲刺,最终只有一个最为杰出的优胜者——冠军,它能最先顺利进入子宫,并且到达巨大的输卵管。在这里,这位冠军将遇到人类身体中最大的细胞——卵子(卵细胞),它是精子的9万倍之巨,但它只能存活一天。勇敢的冠军将它足够强的体能和英雄般的力量,支配其头部去撞击巨大的卵子,并拼命地摆动尾部,好像疯狂地刺向那个坚硬的卵子"蛋壳"。当这位冠军成功进入卵子后,卵子立即释放出酶,使卵细胞的外壳变得格外的坚硬,从而使那些仍然想冲进卵细胞的精子无法刺开其外壳,那些留在卵子外的精子将注定死亡。

在较短的时间内,精子融合进卵子中,形成"受精卵",母亲怀孕了。"受精卵"带着父亲和母亲不同的遗传密码,它们含有超过20亿化学编码的信息。"受精卵"中的基因材料开始进行自我复制,形成两个相同的复制品。复制之后,这两个相同的、处于受精卵内部的基因材料的复制品自由地移动到细胞的背面,细胞被拉开并重新进行组合,产生出两个相同的细胞——被称为有丝分裂的细胞分裂的一种类型。这种过程得到了重复,以至于又出现了四个相同的细胞,并且有丝分裂开始加速进行。怀孕后的两天,也许仅形成四个细胞,但到了第一周结束,可能达到几百个,每一个细胞将会含有人类与生俱来的整个基因蓝图。

如果使卵子怀孕的精子细胞含有"X染色体",其后代将是女孩;如果精子细胞含有"Y染色体",其后代将是男孩。一般"受精卵"于受精后的7～10天在子宫壁着床,并开始了妊娠过程。

二、准父母的科学性交过程

我们知道,父亲的3亿～5亿精子在母亲的生殖管道里,通过竞争方式和优胜劣汰的生存法则,最终只有一个最杰出的精子才能获得与卵子结合的机会而成功受孕。因此，科学的优生优育基础应该是准父母在受精时，准父亲一次性射出自己最多量、最健康的精子；与此同时，准母亲也能同时达到性高潮，使准父亲的优秀精子与准母亲的优秀卵子达到完美的结合。为了这一完美的科学受孕过程，必须科学地做好受孕前的性爱前准备。

性爱前，要求准爸爸和准妈妈具有高度的性唤醒和性兴奋，伴随浓烈的性激情和性交欲望，并且要求准父母双方均同时处于性爱疯狂一段时间后，再同时或几乎同时达到性高潮，从而完成这一伟大完美的优生优育的科学性爱受孕过程。

研究表明，性唤醒依赖于人们对性伴侣的敏感信息的觉察，包括视觉、嗅觉和触觉的觉察，并由它们产生性唤醒。人们通过泛化，也可以将其他人体为感觉唤醒的来源，成功的性唤醒源自他人而非自己，产生于对性伴侣的感觉特征的逐渐增加的察觉。加尼翁认为，性脚本是关于人际间的性情节如何展现的心理图式，性脚本支配人类所有的性行为。人类的性行为在很大程度上是性脚本的产物，这些心理表象或图式有助于指导个体的性活动。与男性相比，女性易因浪漫的话题产生性唤醒。女性的性脚本多集中于恋爱，男性的性脚本多集中在性活动上。女性倾向于将性与爱情和亲密的情感相联系，而男性则倾向于将它看作是成就、冒险、控制与权力的体现或纯粹生理的释放。女性重视性交，因为它给她们带来情感的分享、情感的温暖以及其他需要的感受。而男性与此相反，他们更易将性关系与其他方面孤立开来，例如他们更倾向关注唤醒。

根据这些研究，科学家们得出进一步的结论。对于女性乳房、脖子、耳垂、舌头、生殖器区域，特别是阴蒂的接触性联合刺激，并使用亲密肉麻的称谓，以及夫妻双方对性爱感受、荷尔蒙驱力、性爱时间、频率和需要强度等的自我表露及深度沟通，最能引发其性唤醒和性兴奋。由于女性的性唤醒和性兴奋形成的时间较男性长，故在性爱前需因妻子的个体差异而延长相应的刺激时间。要使其达到充分的性唤醒、性兴奋，然后才进入性爱过程。

笔者认为，在性爱过程中，夫妻间需找出相互喜欢的性刺激方式、性爱姿势与体位，或多样化的姿势变换。在相互强烈的性需要和性占有的激情中，以深度的沉浸，投入感情和幸福呻吟的相互吸引，相互感染，相互影响，并以强健的体力持续和加强性器官的猛烈冲撞摩擦，促使双方共同进入高原期，最后一鼓作气，让双方同时进入性爱高潮。当夫妻同时体验到性爱的巅峰快感与幸福感时，随着一管足量而浓稠的精液猛烈射出，强健的蝌蚪勇士们，带着准父亲优秀的基因染色体，在准妈妈的生殖管道中展开激烈的竞赛，最终，拥有最强实力的唯一冠军，在竞争中勇敢击败泱泱几亿敌手，成功登上人体生殖世界的第一高峰——子宫，这位世界冠军获得的奖励是，它以矫健的步伐，势不可挡地与准妈妈活力旺盛、美丽诱人的卵子相遇，结合，融为一体，孕育一个崭新的生命个体。

处于消退期的准爸爸，绝不能因疲倦而独自酣睡，而应继续温柔地抚摸准妈妈的性感区，用甜蜜的言语慰藉准妈妈，并与她幻想未来小宝宝将如何得聪明可爱，目的是让这种幸福感一直萦绕在准妈妈的心里，使其在整个受孕过程中都沉浸在充满幻想、憧憬、喜悦的温馨幸福中，并让这种积极的受孕心理环境也影响到受精卵的形成过程，它的作用会很大程度上影响新生命的人格禀赋，使新生命倾向于富有积极情感的禀赋气质模式，在人格上拥有开朗、大方、健康、活泼、好奇的特质和强烈的探究动机。

第四节　编撰一部中国现代科学种子胎教教材

前文中，笔者通过中西双方几千年的历史发展进程的比较，总结出我们中国一直没有发展形成本土科学种子教育体系的种种原因与不足。为实现民族复兴与成为世界强国的伟大目标，由此提出自己独特的中国本土科学种子教育体系的构建设想。中国要实现自己特色的科学种子教育体系，必须围绕个体具备优秀的道德品质、杰出的科学人格系统、强大的中华雄狮精神、多种狮性基本生存技能、科学创造创新思维与实际操作模式、跨学科背景知识体系的建构、世界顶尖级科学创造创新思维与能力等完人教育等来完成。为了实现中国现代科学种子教育体系的科学建构，则必须将个体的上述系列能力的科学培养提前到准父母怀孕前开始，还需同步设置一系列必要的教育内容，在个体发育的不同关键期进行科学教育与培养。由此，笔者精心打造了中国现代科学种子胎教教材，这部教材可延续适用于胎儿成长到童年期，其框架性的教育内容如下：

一、自然科学部分

（1）编撰一套简略版自然科学发展史的中国现代科学种子胎教教材。

（2）编撰一套简略版自然常识的中国现代科学种子教材。涵盖常见自然现象及解释（风、雨、雷鸣、闪电、凝冻、四季、阴、晴、日出、月圆、日月食、虹、海市蜃楼、雾、流星、雨等）；常见动物（狗、猫、兔、猪、羊、马、猴、虎、狮、豹、大熊猫、狐狸、象、鹿、河马、鳄鱼、蛇、鸡、鸭、鹅、家燕、鸽、鱼、虾、鳝、喜鹊、乌鸦、麻雀、蜻蜓、蝴蝶、甲壳虫、蜗牛、蜜蜂等）；常见植物（苹果、梨子、香蕉、菠萝、荔枝、桃子、李子、樱桃、西瓜、哈密瓜、葡萄、橘子、柿子、白菜、萝卜、胡萝卜、番茄、茄子、辣椒、芹菜、青菜、四季豆、南瓜、牡丹、菊花、荷花、桃花、水仙、仙人掌、芍药等）。

（3）编撰一套简略版人体解剖学基础知识、性生理教育的中国现代科学种子胎教教材。

二、社会科学部分

（1）哲学及发展史。编撰一套简略版涵盖从古希腊开创自然哲学至今的，包括古希腊、古罗马、文艺复兴、近代和现代欧美著名哲学大师的经典哲学理论与思想以及其生平介绍的中国现代科学种子胎教教材。主要是揭示哲学的本原论、认识论、演绎逻辑、唯物主义、辩证法这些哲学精髓的原理，以批判唯心主义和形而上学来发展理性主义思维，使各种先进的哲学思维在幼儿大脑发育与成长中逐渐形成，推动幼儿其他学科知识的建构与发展。

（2）编撰一本简略版音乐、绘画和诗歌基础知识的中国现代科学种子胎教教材。

（3）编撰一本简略版汉语、英语基础知识（拼音、音标、单词、简单句型）的中国现代科学种子胎教教材。

（4）编撰一本简略版科学人格系统和中华雄狮精神教育的中国现代科学种子胎教教材。

（5）编撰一本简略版世界杰出科学家和其他著名人物的传记的中国现代科学种子胎教教材。

三、多种狮性基本生存技能部分

编撰一本简略版婴幼儿进行军事化、武术化学习多种狮性基本生存技能的中国现代科学种子胎教教材，内容包括多种生活自理技能、解决各种现实问题以及险境生存的技能、多种军事技能和武术搏击技能、形体与礼仪技能等。

第五章　胚胎期中国现代科学种子胎教

在这里，笔者借鉴科学前辈对胎儿发育、孕期注意有害药物对胎儿的影响，以及科学饮食健康的研究成果，提出自己的科学种子胎教理论与方法，来共同对宝宝进行科学养育和教育。

第一节　胚胎发育第1~2个月的中国现代科学种子胎教

一、此期胚胎的生理发育特征

受孕后的受精卵只有0.2毫米左右大，一般受精卵在受精后7~11日着床，开始妊娠过程。

妊娠18天左右，脑神经系统开始发育。3周左右，胚胎即成胚子，胳膊、腿有了模糊的轮廓。

脑、脊等神经系统、血液等循环器官原型，几乎都已出现。心脏从第2周末开始形成，从第3周左右开始搏动，同时将血液输送到全身，肝脏也从这个时期开始明显发育。

妊娠7周后，大体上成了人形，手、脚及指甲分明；眼睛、耳朵、嘴、脸已成形；胃肠、心脏、肝脏等内脏已初具规模；心跳是每分钟130~150次；外生殖器开始形成，但还难分出性别；母亲的羊膜腔积有羊水，胎儿漂浮在这个温暖的人体襁褓中。[①]

人类胎儿在胚胎期（2~8周）是有机体内系统（呼吸系统、消化系统、神经系统等）和器官迅速发育生长的时期。这个时期的机体对外界抵抗力十分微弱，胎儿若受到不良刺激的影响，就很容易造成先天缺陷。这个时期是胎儿生长发育的关键期。

---

① 李雪明：《实用育儿百科宝典》，天津科学技术出版社2007年版，第11-16页。

关键期（Critical period）这个概念是从植物学、生理学和形态学移植过来的。德·斐利斯（De. Vries H.）发现只有在植物衍生的某个特定时期，加上某种条件才会产生特定的形态变化。他把这个特定期称为"敏感期"。或者说，一个系统在迅速形成时期，对外界刺激特别敏感。依这种有机体的生长发育原理，我们可以设置良性的科学胎教声波环境刺激来干预和影响胎儿在"关键期"的发育生长，让其各个器官在这发育过程都受到科学胎教内容的影响，给其各个器官在发育生长过程中打上科学声波信号的烙印，使其出生后就能从其生理与心理上表现出对这些科学种子胎教内容产生喜爱和偏好，并积极发展、阔步前进。由此，笔者把这个时期的科学种子胎教设计得更加人性化、情感化和科学化。

二、此期科学健康饮食

怀孕前3个月为孕早期，是胎儿主要器官发育形成的时期，特别是神经管及主要内脏器官的发育。

胎儿神经管发育的关键时期就是在怀孕初期第17～30天。此时，如果叶酸摄入不足，可能会引起胎儿神经系统发育异常，导致其终身残疾甚至死亡。因此，准父母在计划怀孕前，即怀孕前3个月就应开始补充叶酸，这将使胚胎在受精发育过程中获得良好的营养，利于健康的"超常胎儿"的形成，可有效地预防胎儿神经管畸形。

准妈妈在怀孕后，血容量扩充，铁的需要量就会增加一倍。成人体内约有4～5克铁，其中以血红蛋白、肌红蛋白及其他化合物形式存在，其余为储备铁。储备铁约占25%，主要以铁蛋白的形式储存在肝、脾和骨髓中。成人对铁日均摄取量是10～15毫克，妊娠期妇女则需要摄取30毫克。1个月内，女性所流失的铁大约为男性的两倍，妇女特别是孕妇需要补充铁质，吸收铁时需要铜、钴、锰等微量元素和维生素C。

如果不注意铁质的摄入，就很容易患上缺铁性贫血，并有可能导致胎儿也患上缺铁性贫血。因此，准妈妈也应在怀孕前3个月尽早补充铁元素。另外，充足的锌对胎儿器官的早期发育也很重要，有助于防止流产及早产。

在孕早期，胎儿的器官发育特别需要维生素和矿物质，特别是叶酸、铁、锌，有助胎儿的健康发育。因此，孕前3个月就要注意补充额外的维生素及矿物质。

怀孕的第4～10个月为孕中晚期，是胎儿迅速发育及增重的时期，对营养需求相应更多，特别是能量、蛋白质、钙和铁。

孕期第 4 个月时，胎儿所有器官都已形成，之后将会继续增大增重，因此对能量和蛋白质的需求大大增加。充足的蛋白质及能量摄入才能促进胎儿的生长发育并可以减少生下低体重儿的概率。

这段时期要保证胎儿的骨骼正常发育，钙的需求会增加 40%，每天约需要 1200 毫克钙才能确保母体与胎儿的需求。钙摄入不足，可能引致先天性佝偻病。因此，准妈妈必须摄取充足的钙，并补充维生素 D 帮助钙的吸收，才能确保出生的宝宝拥有一个健壮的体格。

在孕中、晚期，铁和叶酸以及各种维生素、矿物质的补充依然很重要。充足的铁除了可预防胎儿贫血外，更可进一步预防早产、流产，出生时的体重达到应有的标准。

为了满足这一阶段胎儿发育成长的各种营养需要，除了日常饮食外，最好选择适合自己的营养补充品。有些营养补充品就是专为孕期妇女准备的。完整均衡的营养补品，除了三大营养素（蛋白质、脂肪、碳水化合物）之外，还含有 24 种维生素和矿物质，特别是含丰富的蛋白质和能量、充足的铁和钙。

富含钙的食物有海带、黄豆、腐竹、奶制品、黑木耳和鱼虾类等。正常女性在非孕期平均每天需要约 800 毫克钙，而孕期每天必须摄入 1000～1500 毫克。

菠菜中富含叶酸。叶酸的最大功能在于保护宝宝免受脊髓分裂、脑积水、无脑等神经系统畸形之害。同时，菠菜中大量的 B 族维生素还可防止妈妈盆腔感染、精神抑郁、失眠等常见的孕期并发症。但菠菜含草酸较多，草酸可干扰人体对铁、锌等微量元素的吸收，消除此弊的办法是先将菠菜放入开水中焯一下，这样可使大部分草酸被破坏掉。此外，加强补钙和其他微量元素的摄入。

整个孕期都应注重补锌。锌在生命活动过程中起着转运物质和交换能量的作用，故被誉为"生命的齿轮"。孕期母亲对各种矿物质常量、微量元素的需求都会增加。锌的作用是主要参与人体的细胞生物代谢。如果不能摄入足够的锌，可导致宝宝脑细胞分化异常，脑细胞总数减少，新生儿体重下降，甚至出现发育畸形。同时，血锌水平还可以影响到母亲子宫的收缩。血锌水平正常，子宫收缩有力，反之，子宫收缩无力，影响临盆的自然分娩能力。

正常人每日需从饮食中补充 12～16 毫克锌，孕妇则每日需要补 20 毫克锌。富含锌的食物有香蕉、植物种子（麦胚、葵花籽等各种坚果）、卷心菜等。

此期，宝宝正处发育高峰期，准妈妈的饮食应该十分丰富，食物应富含蛋白质、脂肪、碳水化合物、多种维生素与氨基酸。故在此期，准妈妈应遵守科学健康饮食的原则，常吃海鲜、鱼、禽、蛋、瘦肉和适量肥肉，多吃蔬菜水果和薯类，每天应有奶类、大豆或其制品。要求食物多样，谷类为主，粗细搭配；三餐分配要合理，零食要适当；每天足量饮水，合理选择饮料；适当慢走运动；注意饮食卫生。

总之，科学健康饮食的原则是：整个孕期的科学健康饮食都应当围绕补叶酸、钙、铁、锌等微量元素、动植物蛋白质、多种氨基酸和维生素进行，并严格遵守饮食均衡，搭配得当的科学健康饮食原则。因此，在整个孕期，都将按照这种科学健康饮食方法与习惯进行。①

三、此期科学种子胎教

此期间科学种子胎教特别需要夫妻之间感情融和之下的种种默契，且还需要夫妻进行许多行为、习惯、兴趣、爱好、价值观、思维方式等的深度改变，并要为这些改变做出艰苦的付出，同时还要进行许多戏剧性和情感性的表演；避免夫妻间的争吵、生气、暴力、离异，以及种种陋习的不利影响，来对宝宝的积极人格及价值观，进行精心的生理性的先天培养。

科学种子胎教是用中国现代科学种子胎教教材内容，对胎儿进行规律性的声波刺激。母亲可在每次饮食之后开始进行胎教，先用手温柔抚摸、拍打腹部，以此建立起母亲在教学前与胎儿的经典条件反射，亲切沟通。增加胎儿对学习的亲切感和兴趣，母亲尽量学会使用标准的普通话，将胎教内容声情并茂地朗读、讲述、表演、解说给胎儿听，也可用录音磁带或光盘代替。父亲也应该轮换进行胎教，需要指出的是，父亲的男中低音很容易传入母亲的子宫，当然也可以聘请专业科学种子胎教老师代劳。具体的时间安排，这需要根据各自家庭准父母的时间安排来定，尽量抽出更多的时间来对胎儿进行中国现代科学种子胎教教育。

胎教的内容共有7门学科，可分为早、下、晚三个时段，以10个月妊娠期为期限。根据其内容和准父母的作息时间自行安排。在整个妊娠期，胎教均以母亲的醒觉时间来安排。胎教反复次数越多越好，目的就是要通过这些胎教内容的声波刺激，一直影响胎儿的整个生理发育过程，使胎教内容的声波环境刺激，与胎儿的大脑神经发生生理和心理的经典反射关系。妊娠时有规律的胎教，可使胎儿形成与母亲作息时间的同步性。当宝宝出生后，他也会遵守这个作息时间，很少会在夜间吵闹，保证父母的正常作息。

---

① ［美］罗伯特·费尔德曼：《发展心理学——人的毕生发展》，苏彦捷等译，世界图书出版公司2007年版，第108－109页。

第二节 胚胎期发育第3个月的中国现代科学种子胎教

一、此期胚胎的生理发育特征

妊娠第8周,胎儿的手、脚虽未发育完全,但手已经开始活动。末期,脚与头部、躯干开始活动,同时母亲因打喷嚏、咳嗽、微笑等引起的腹部压力变化都将促使胎儿活动,胎儿的皮肤已经有感觉"痛""痒"等,皮肤刺激可使脑部更发达。

第9周末,胎儿的全身器官大致出现,中枢神经系统脊髓上延髓亦开始活动。

第10周,人形更加清晰,尾巴消失,躯干和腿部都有所长大,长出了鼻子、牙根和声带等,眼睛已长出眼皮。

第11周,心脏、肝脏、胃肠、肾脏等更加发达,已有了输尿管,胎儿可以进行微量排泄了。

胎儿的脑在母体内平均每天产生5000万~6000万个神经细胞。

这时期的胎儿通常有些活动,如伸伸手脚,头部一会靠左,一会儿靠右,一会儿转动,全身像虾一样弯曲、伸缩、跳跃,有时动作慢,有时动作快,并在羊水中漫步、活动。[①]

二、此期科学种子胎教

此期间的科学种子胎教除继续中国现代科学种子胎教外,母亲应开始进行多种慢动作的跳舞和艺术技能性的肢体运动模仿练习,其目的是影响胎儿对这些正规、标准动作的生理性适应和情感感受。同时,父亲还应在这一时期每天定时20分钟给妻子进行轻柔的腹部按摩,在按摩过程中应对胎儿宝宝进行胎教,其内容按中国现代科学种子胎教的内容来进行。这种按摩应持续到胎儿出生,出生后再另行安排。

[①] 李雪明:《实用育儿百科宝典》,天津科学技术出版社2007年版,第21-22页。

第三节　胚胎期发育第4个月的中国现代科学种子胎教

一、此期胚胎的生理发育特征

妊娠至第4个月时，胎儿内脏的形态发育完成，心脏搏动更加活跃，消化器官、泌尿器官等功能开始形成。中枢神经方面，脑部重要的记忆系统"海马"开始在大脑中形成，大脑将覆盖间脑并产生免疫的物质，胎盘形成了。胎儿与母亲的联系更加紧密，流产的可能性大大降低。

这时期胎儿的手可以摸摸膝盖、脐带，其两手放在脸部做有节奏的移动，偶尔亦做些跳跃运动，还可用手搔头、搔脸等。其在这时期可以听清子宫外部的声音，母亲的情感与胎儿运动之间产生联系，母亲的情感变化会引起母体内激素环境的变化而影响胎儿。[①]

二、此期科学种子胎教

此期间的科学种子胎教，除继续中国现代科学种子胎教教材内容以及巩固第1～3个月的内容外，由于这期间胎儿的视觉系统已形成，可对宝宝进行光谱颜色方面的感官胎教内容，即用各种颜色的彩灯依次照射母亲裸露的腹部，并进行光谱学、光导颜色等基本知识和基本原理的讲解，并把大自然的一些常见的美丽景色的颜色与之联系起来。同时，还需让胎儿开始聆听不同风情的世界名曲、民乐，以及顶级歌唱家的演唱。父亲按摩仍需继续。

---

① 李雪明：《实用育儿百科宝典》，天津科学技术出版社2007年版，第26－27页。

第四节　胚胎期发育第5个月的中国现代科学种子胎教

一、此期胚胎的生理发育特征

妊娠第5个月，胎儿开始长头发、眉毛、指甲，全身长出胎毛，皮肤渐渐呈现美丽的红色。外耳、胃部出现制造黏液的细胞，延髓进入脊髓，中脑进至脊髓时期并能做出复杂的反射动作。这时母亲会感到明显的胎动，可以听到强而有力的胎心音。

这个阶段的胎儿已能做些细小的动作，两手能在脸部前面相握，做抓手动作，跳跃运动，手还不时摸自己的脸，手指触摸嘴唇而产生反射动作——开口动作，渐渐地由条件反射转为自然动作，双脚可以踢到母亲的子宫壁，频繁地在羊水腔内改变身体姿势玩耍。胎儿脑的记忆系统开始启动，能够记住频繁入耳的母亲的声音。由于胎儿的动态已涉及中枢神经，使得母亲的日常生活与胎儿之间的联系更加复杂，母亲接收到的刺激可直接影响到胎儿的动作。[1]

二、此期科学种子胎教

此期间的科学种子胎教，除继续中国现代科学种子胎教教材内容外，应对宝宝所处的生理环境进行科学介绍，并对宝宝进行多种狮性基本生存技能如游泳技能等的讲解，父亲继续定时对母亲进行腹部按摩。

---

[1] 李雪明：《实用育儿百科宝典》，天津科学技术出版社2007年出版，第32－33页。

第五节　胚胎期发育第6个月的中国现代科学种子胎教

一、此期胚胎的生理发育特征

妊娠第6个月，胎儿全身骨架发育完成，毛发逐渐增多，皮下脂肪少，皮肤薄，皱纹很多，全身被奶油样胎脂覆盖。肺部增加毛细血管，骨髓开始造血。肾脏开始启动其功能，可能排尿。大脑皮质的脑细胞达50亿，身体受制于高度的神经系统，中枢神经开始发出复杂的命令，能接受来自神经末梢的情报，组成相应的突触联系和稳定的神经结构，脑的记忆系统越来越发达。

这时期的胎儿，已成婴儿形。两手仍放在脸部前面，全部手指都能动，不时抚摸脐带、脚、手等部位，手伸至嘴里做探索、吸吮动作，张着大嘴或将手放入口中，舌头也不时地移动。胎位可自由变换，常踢脚，摆动臀部。

胎儿可以感受到妈妈情绪的变化，嗅觉已完备，听觉可反射至中脑，较高级的中枢神经已确定并支配全身。胎儿这时常常喝羊水、排尿，可自行抑制脑部活动，并自由自在地在子宫内活动。这一时期胎动十分明显。一天之中，早晨的胎动次数较少，下午6时后增多，晚上8～11时最为活跃，外界的声波、触摸均可使胎儿的胎动次数增加。

胎动正常表示胎盘功能良好，输送给胎儿的氧气充足，胎儿发育健全。如果12小时内胎动少于15次，或1小时内胎动少于3次，往往表示胎儿缺氧，母亲应到医院检查治疗。[①]

二、此期科学种子胎教

此期的科学种子胎教，除继续中国现代科学胎教教材内容外，还需增加其他内容。如胎儿在踢母亲时，母亲先用手按一下被胎儿踢打的部位，表示应答，然后拍拍胎儿，用语言与胎儿进行安慰性的招呼。母亲在给胎儿进行动物认识讲解的胎教时，遇到自己讨厌和害怕的动物时，注意不能将自己的厌恶和

---

① 李雪明：《实用育儿百科宝典》，天津科学技术出版社2007年版，第37页。

恐惧的体验转移给宝宝。如果这样，就容易让宝宝也产生先天性的害怕，这对于将来培养宝宝的积极人格有较难逆转的负作用。母亲要表现出对每一种动物的喜爱，同时也要告诉胎宝宝各种猛禽猛兽可能伤害人类的事实，并告诉宝宝应如何勇敢地面对和防御，使宝宝懂得面对危险和困难时怎样成功应急、挑战和出奇制胜。如果无法克制自己对某种动物的恐惧，母亲应先进行心理治疗。这一时期父亲对母亲的腹部按摩仍要继续。

第六节 胚胎期发育第7个月的中国现代科学种子胎教

一、此期胚胎的生理发育特征

妊娠第7个月，这时宝宝的皮肤已形成皮下脂肪，但皱纹较多，相貌像老人。耳朵、眼睛、皮肤的末梢神经感觉逐渐发达，可做神经反射动作。大脑褶皱增多，间脑也开始发挥功能，可衍生出原始的情感，眼睑的分界清楚地出现，眼睛能睁开了，开始具有视物能力。气管和肺部还不发达，如在这时期生产，将被视为早产儿，尽管宝宝有浅浅的呼吸和哭泣，但较难存活，需要精心护理。对于外生殖器，男孩的睾丸还没降下来，但女孩的小阴唇、阴核已突起。

这时期，宝宝对于外部声音能分辨出好恶。如果让宝宝直接听音乐，宝宝听完后，心跳加速，身体开始活动。胎儿的味觉相当发达，可以分辨出甜味和苦味。宝宝可以用脑部感觉外部光线明暗的变化。[①]

二、此期科学种子胎教

此期间的科学种子胎教除继续中国现代科学种子胎教教材内容外，还应加强和巩固对宝宝进行光谱学、光导、颜色和音乐等的胎教。同时还要让宝宝认识一些几何图形。此外，还应进行舞蹈、武术、体育等基础知识的讲解和区分人类情绪表达等。此期间，母亲要避免外界高分贝的噪音打扰，母亲可使用音

[①] 李雪明：《实用育儿百科宝典》，天津科学技术出版社2007年版，第43－44页。

量分贝测试器,防止噪音对宝宝的种种伤害。父亲对母亲的腹部按摩仍需继续。

第七节 胚胎期发育第8个月的中国现代科学种子胎教

一、此期胚胎的生理发育特征

妊娠第 8 个月,胎儿的肺等内脏器官和脑、神经系统都发育到一定程度,呼吸运动还不规则,肺囊也未充分扩展开来,迅速成长的宝宝身体紧靠着子宫,位置也固定了。由于头重,一般头部自然朝下。在妊娠 25～26 周时,约有 50% 的宝宝胎位不正(宝宝的头在上面,脚在下面),但是不用紧张,有些宝宝会用自己的脚去踢子宫壁,在羊水中慢慢地掉头,过了 30 周以后,大约有 90% 胎儿的胎位是正常的。

胎儿的听觉在这一时期已成长到间脑的反射弓,母亲在日常生活中所产生的各种声音逐渐会传至宝宝的脑部。宝宝听到声音时,胎动会有抑制的倾向,心跳也会变化。通常根据母亲的情感变化,宝宝的反应分为没有变化(抑制型)和心跳有变化(反应型)两种。

宝宝到这时期已经会打呵欠了,而且也会出现想睡的眼神和表情,眼皮似睁似闭,颜面左右摆动,有时吮吸手腕、手指,尤其是当母亲饿了的时候,宝宝吮得更起劲。

在 8 个月时,宝宝的眼睛对光线有反应,而且会从瞳孔中反射出来。宝宝的味觉更加发达,从 30 周左右开始,宝宝已能记住甜味和苦味。[1]

二、此期科学种子胎教

此期间的科学种子胎教,除继续中国现代科学种子胎教教材内容及巩固第 7 个月的胎教内容外,还应给宝宝讲解他是怎样通过父母受精怀孕发育生长和母亲分娩而来的生理学知识,并要宝宝科学地配合即将分娩时与母亲的自然分

---

[1] 李雪明:《实用育儿百科宝典》,天津科学技术出版社 2007 年版,第 48-49 页。

娩互动。尤其让宝宝认知这种科学规律的逻辑推理顺序，同时还要增加一些简短的小品、短剧的表演，目的是要让宝宝随妈妈的深情表演产生感情来，使宝宝体验随剧情发展的情感变化与发展。此期间的学习时间应减少为15分钟一节课的教育模式。另外，母亲要在日常生活中避免与人发生争执而生气和愤怒，母亲的说话语气和语调都非常重要，尤其不要给宝宝传达父母生气、愤怒、悲伤等消极情绪的信息，这样会容易使宝宝形成消极情绪的人格。这时期父亲对母亲的腹部按摩仍需继续。

第八节 胚胎期发育第9个月的中国现代科学种子胎教

一、此期胚胎的生理发育特征

妊娠的第9个月，胎儿全身开始长出皮下脂肪，身体逐渐变圆变大，皮肤有光泽，呈现玫瑰般的肤色，长满全身的毫毛开始消退。男宝宝的睾丸下降至阴囊中，女宝宝的大阴唇隆起，左右紧贴在一起。这时宝宝的面貌定形，表情也变得丰富，或笑或哭。眼睛时开时闭，眼球可以转动，头也可以左右回转。统御呼吸器官的中枢神经、肺功能成熟，听、视、触、痛等感觉都与脑干部紧密地结合在一起，而此时也是与部分脑皮质联系的开始，宝宝对外界的反应也是从这个时候开始的。[1]

二、此期科学种子胎教

此期间的科学种子胎教，除继续中国现代科学种子胎教教材内容，以及第7～8个月的胎教内容外，母亲应到户外观赏风景，并向宝宝讲解自己所看到的景色和心理感受。父亲仍继续对母亲进行腹部按摩。

---

[1] 李雪明：《实用育儿百科宝典》，天津科学技术出版社2007年版，第53页。

第九节　胚胎期发育第10个月的中国现代科学种子胎教

一、此期胚胎的生理发育特征

妊娠的第10个月，宝宝身长有50厘米左右，体重约达3200克。此时胎儿皮肤表面的皱褶已消失，变成淡黄色的、胖乎乎的宝宝了。头盖骨变硬、指甲也长到超出手指尖，头发长2～3厘米。毫毛几乎消失，胎脂在后背、屁股、关节等。以心脏、肝脏为首的循环、呼吸、消化、泌尿等器官已全部形成。

此时，宝宝的头部在骨盆入口或进入骨盆中，剧烈运动的情况已经较少了。此期的宝宝以睡眠生长模式为主，整个子宫内生命只靠低级动物反射性控制方式来维持和推动。①

二、此期科学种子胎教

此期的科学种子胎教，除继续中国现代科学种子胎教教材内容，以及巩固第7～9个月的胎教内容外，应给宝宝介绍即将面临的家庭与社会环境、家庭成员和家里的摆设等，让宝宝熟悉其未来的生活环境等。此期间，母亲忌去拥挤场所，开车、乘车、骑车等都应注意安全。父亲在胎儿出生前仍要对母亲进行腹部按摩。

第十节　孕期性生活

关于孕期性生活，一般认为，在怀孕前3个月和分娩前一个半月必须禁止过性生活，因为妊娠期性生活可能会产生两方面的不利影响：一是可能导致流产、早产或胎膜早破；二是可能导致产前、产时、产后感染。在性生活时，男性会对女性的性器官（包括外阴、阴道、子宫颈）产生一系列机械刺激，女

---

① 李雪明：《实用育儿百科宝典》，天津科学技术出版社2007年版，第58页。

性性兴奋后，其外阴及盆腔器官容易充血，达到性高潮时会阴、阴道、骨盆底部肌肉至子宫会发生不可控制的节律性强烈收缩，而子宫收缩可能导致流产或早产。而且，男性精液中的前列腺素也会刺激子宫收缩。因此，性交可能使胎膜早破，羊水外流，危及胎儿的生命。另外，双方外生殖器带有细菌，性交时，细菌进入阴道潜伏下来，一有合适的环境就会发生感染，如果胎膜早破，则更为细菌感染创造有利条件。

在妊娠期的其他时间（第4～8个月），夫妻性生活应注意以下几点：①性交次数在前半期可每周一次，后半期相应减少；②性交时间相应减短；③后半期为避免压宝宝，体位应采取侧卧后进式；④此期还需注意性交时双方的卫生。①

---

① [美]罗伯特·费尔德曼：《发展心理学——人的毕生发展》，苏彦捷等译，世界图书出版公司2007年版，第115页。

第六章 婴儿期（0~2岁）中国现代科学种子提前教育理论

经过准父母与家人的巨大付出和积极的精心呵护，尤其经过10个月的中国现代科学种子胎教，胎儿大脑神经细胞、各种神经环路以及各身体内部器官，均受到中华民族性科学人格系统、中华雄狮精神和科学创造创新思维与实际操作能力的影响，"先天超常胎儿"现终于如父母殷切的期望，呱呱降临这个崭新、陌生而又充满新奇的世界。由于"先天超常婴儿"出生后还要经过许多个成长时期，我们就把0~2岁的宝宝亲切地叫作"小宝贝"。

小宝贝出生后的科学教育应该是怎样的呢？小宝贝在母体子宫里的环境与地球自然界的环境大不相同，尤其小宝贝出生后生长发育的生理、心理行为模式和特征也有很大的不同，这时小宝贝的视觉、听觉、嗅觉、味觉、触觉等感觉器官相对胎儿期已非常发达，不但具有多种先天的生理性反射功能，而且已具备了几种情绪反应。还有小宝贝所处的社会文化大环境，家庭人员所受教育程度差异与其不同性格特征所叠加而成的家庭知识结构文化环境、家庭经济环境的优劣等，这些环境因素共同组成了小宝贝生长发育与教育的微型社会文化环境。这个微环境的优劣对于小宝贝的生长发育和教育有至关重要的作用和影响。

为了能对小宝贝进行科学教育，笔者将仍然参考、借鉴世界科学前辈们对婴儿、幼儿、儿童所做出的先驱与前瞻性的伟大理论贡献，并根据上述小宝贝所处的微型社会文化环境的种种因素，发展出自己的创造创新科学教育理论体系。

在小宝贝所处的微观家族社会环境中，父母的文化修养对小宝贝的影响较大，显然，父母的教养风格对于小宝贝的科学教育十分重要。

第一节 父母教育风格对婴幼儿的身心影响

弗洛伊德的理论告诉我们，儿童对他们早期生活中的情感经历极为敏感，尤其是他们与父母的关系。因此，父母对儿童的作用非常重要。行为主义的理论也同意这种看法，因为儿童更容易对他们所处环境的奖赏和惩罚做出反应，相关的科学研究也同意父母影响的重要性。

笔者认为，婴儿和儿童的发育成长、情感与心理的发展，有着普遍性的科学规律，父母对其孩子的养育方式必须符合这一科学规律，才能对孩子的科学认知方式、科学思维的形成，以及人格、道德、情商、社会关系和建设性行为模式等价值观的建立，起到强有力的推动作用。如果父母的养育风格与方法违反了儿童生长发育的生理、心理的科学规律，那么，父母就会以各种错误或极端的养育方式，影响孩子的正常社会化、科学认知与思维模式、各种积极人格因素的健康形成与发展。因此，父母只有具备科学的教养风格与方法，才可能科学地对孩子的社会化成长起到积极推动作用。

Baumrind 于1989年对不同养育方式的三组儿童进行了观察。第一组由活泼友好、自主自立的儿童组成；第二组由不满意的、退缩型的儿童组成；第三组由缺乏自主意识与自理能力的儿童组成。她发现这三种类型的儿童与其父母的养育风格和方式有紧密的关联，因而她总结出以下四种不同的父母类型：

一、专制型父母

他们控制欲强、爱惩罚孩子、严格、冷漠。他们的话就是法律，要求孩子无条件服从，不能容忍不同意见的存在。拥有专制型父母的孩子更倾向于性格内向，表现出相对较少的社交性，他们不是非常友好，经常在同伴中表现得不自在。专制型父母教养下的女孩特别依赖父母，但男孩往往表现出过多的敌意。

二、放任型父母

放任型父母对孩子提供不严格且不一致的反馈。他们对孩子几乎不做出任何要求，并且不认为自己对孩子的行为结果负有很大的责任，他们很少限制孩子的行为。拥有放任型父母的孩子在很多方面与专制型父母的孩子有很多同样不受欢迎的特点，放任型父母教养下的孩子倾向于依赖和喜怒无常，而且他们的社会技能和自我控制能力很低。

三、权威型父母

他们坚定地制定清晰且持久的规则限制。尽管他们相对严格，像专制型父母一样，但是他们深爱着孩子并给予孩子情感支持。他们尝试与孩子讲道理，解释他们为什么应该按照特定的方式行事，并且与孩子交流他们所施加惩罚的道理。权威型的父母鼓励他们的孩子独立自主。

权威型父母教育下的孩子多表现为性格独立、友好对待同伴、自有主张，而具有合作精神，他们追求成就的动机很强，并且常获得成功；他们受人喜爱，无论在与他人的关系还是自我情绪调节方面，他们均能够有效调节自己的行为。某些权威型父母还表现出一些特质，被称为支持性教育，包括关怀、积极主动的教育、纪律训练中的瓶颈探讨，以及对儿童同伴活动的兴趣与参与。拥有权威型父母的儿童在日后可能遇到的逆境面前表现出更好的适应性，从而能够更好地保护自己。

四、忽视型父母

忽视型父母实质上表现出对自己的孩子没有兴趣，伴有漠不关心、拒绝等行为。他们在感情上疏离孩子，视自己的角色仅仅为喂养、穿衣以及为孩子提供庇护的场所。在最为极端的形势下，忽视型父母常常对孩子有所忽视——虐待儿童的一种形式。拥有忽视型父母的孩子表现最差，父母的较少介入对他们情感发展产生了相当大的负面影响，导致他们感到不被爱和情感上的疏离，并且也阻碍了其身体和认知方面的发展，他们容易出现情绪低落、自杀念头、离家出走等多种负性情绪与行为。[①]

综合上述科学前辈的研究，由于父母养育方式对于婴儿和儿童的人格倾向有关键性的影响，甚至有决定性的作用，因此，笔者建议我国应立法规定准父母必须进行科学育儿培训，要让每一位准父母都具有一定的科学育儿知识。其目的主要是，要求人们懂得和避免有意无意用错误、违法甚至极端的育儿方式伤害、毁害婴儿、儿童，从而确保每一位婴儿、儿童都能在多种积极之爱和热情关怀下，获得生理和心理的健康成长，减少其消极情绪、问题和犯罪等人格倾向的发生率，这对于提高我国国民素质有重要的作用。

[①] ［加］居伊·勒弗朗索瓦：《孩子们——儿童心理发展》，王全志译，北京大学出版社2004年版，第283页。

第二节 婴儿监护人科学养育风格和方式的培养

鼓励和培养婴儿监护人（包括父母、照料者和教育者）成为"权威型父母"。权威型父母具有坚定、民主、理性、温和、热情的人格特点，其与专制型父母的苛刻、控制、严格、教条、强权、冷漠和放任型父母的溺爱、忽视、放任自流、非控制、软弱等人格特点相区别。根据科学前辈们的研究，除权威型父母以外，其他育儿类型，都有可能对孩子产生种种人格误导的负面影响，甚至出现犯罪倾向。作为婴儿监护人，较好的选择就是权威型育儿风格与方式。

人格是个体比较稳定的个性认知、思维、情感表达和行为倾向，作为婴儿监护人的成年人来说，要改变自己已有的不科学的人格模式，有一定的难度。但是，心理科学的理论告诉我们，人类个体从小到老的纵向的人生轨迹发展历程，都具有从强到弱的可塑性。从认知心理学的角度来说，成人态度和行为的改变，只要其价值观发生动摇，其行为则可开始发生改变。因此，婴儿监护人，要认识到自己错误的个性和养育方式，会对孩子造成误导、伤害、毁害的不良后果，并以此作为改变自己人格个性缺点和危害性的动力。同时，愿意接纳和认同科学的育儿方式的价值观、态度和行为。有了这一强烈的动机之后，婴儿监护人就能主动改变自己，重塑一种有利于孩子健康成长的人格个性价值观、态度与行为。

在我国传统价值观中，长辈与晚辈之间，从来就没有公平、平等过，所有的长者都被君权神授思想泛化而享有至高无上的、天生对后辈具有专制和随意支配权，晚辈后生均不能对长辈的权威和权力提出任何的怀疑和批评，无论长辈正确与否，均必须机械地顺从与服从。这样的传统价值观在养育方式上的极度泛滥，使得中国人一代又一代在专制长辈的专制型养育模式下，在人格、思想、思维、自尊、尊严等方面没有过真正的独立，由此表现出平凡、平庸，甚至成为问题个体和犯罪个体。

今天，我们要实现民族复兴和成为世界强国的目标，如果不改革这种长辈权威的专制型育儿方式，那我们真的很难培养出世界顶尖级创造创新人才来。显然，只有广大的婴儿监护人接纳、认同和重新塑造具有科学人格的价值观，改变自己的错误人格、价值观取向，培养起自己的权威型养育风格与方式，才可能把孩子培养成具有积极和科学人格系统的创造型人才，才可能把孩子培养成为具有积极和科学人格系统的创造型人才。

由此，笔者提出下面几点培养权威型父母养育模式的具体办法：

（1）放下自己非平等的婴儿监护人的权威，愉快接纳民主、理性与平等的观念，切实做到尊重孩子人格、尊严、思想、思维的自由和独立，让孩子与自己共享平等、公平、公正的权利。

（2）婴儿监护人应该培养自己的情商，使自己对孩子能释放出伟大的父母之爱，对孩子进行无条件的积极关注，具有较大的耐心，允许孩子进行反复试错学习的机会，并与孩子一同成长。

（3）婴儿监护人应当严格要求自己的言行符合科学人格系统的标准，尽量努力学习跨学科背景知识，使自己成为孩子尊敬与效仿的榜样；自己有错，敢于主动向孩子道歉，鼓励孩子能主动发现自己的不足，并能主动接受别人的批评和改正自己的错误。

（4）婴儿监护人要减少对孩子的权威性控制，应给予孩子更多的自主和自由发展的机会，不要把自己的高期望强加于孩子，不能限制其成长自由；鼓励孩子自由表达不同于自己的观点，尊重和支持孩子按自己的兴趣和爱好去自由发展，成为孩子成长的守护神。

（5）婴儿监护人应避免过度溺爱和放任孩子。孩子在其社会化过程中是学习者，吃、穿、住、行、学习、运动、玩耍、做各种家务劳动、学习一些社会技能等都需要一个学习过程，必须自己去体验，并且，尽早让孩子学会这些生存技能，对于孩子大脑神经发育与联结都具有重要作用，而这些生存技能对于孩子的创造创新思维的形成，具有非常重要的基础性作用，所以，婴儿监护人，绝不能怕孩子受累而不让其经历这些实际操作的体验，更不能包办代替，要让孩子自己做主，并要为孩子制定一些必须遵守的规则，以此规范其学习和做事的行为，鼓励孩子自己的事情自己解决，从而更好地完成其社会化成长过程。

（6）婴儿监护人应成为孩子玩耍、学习和科学实验的亲密同伴。孩子在社会化学习与成长过程中，需要成人的引导、指点和安全保护，并且孩子也比较喜欢有成人参与他们的活动和给予指教。所以，婴儿监护人应该具备跨学科背景知识，并愉快地成为孩子们各种活动的带头人。

第三节 婴儿监护人必备的科学教育观点和技能

刚刚出生的小宝贝，还不具备独立生存和生活的能力，必须在婴儿监护人的照料下，才能得以生存。由于小宝贝生理的各种器官都未发育成熟，还不能发出有意义的语言，身体也无法站立行走，手也不能拿取食品。所以这些器官还需进一步的生长发育，尤其是大脑的神经系统发育和相应的联结方式还需要进一步的发育。事实上，婴儿期的神经联结方式的形成，与婴儿期所受的环境刺激等因素关系很大。这对婴儿的生理、心理和智力的生长发育有着极为重要的意义。

研究表明，当今的遗传科学显示出经验是如何运用基因改变大脑的（Quarts & Sejnawski，2002）。环境刺激能够产生新的脑细胞以分化感受器，视觉经验可以生成发展大脑视觉区的基因，父母的爱抚可以产生有助于后代应对未来压力的基因，基因不只是限制我们，还会根据我们的经验做出适应性的行为反应，因此生物和文化因素也有可能存在交互作用。这是因为文化是在生物因素的基础上对个体施加影响的。显然，婴儿监护人与小宝贝之间的互动关系尤为重要。在这种亲密、紧密的关系中，婴儿监护人成了积极和丰富刺激源的提供者，小宝贝却处于被动地接受婴儿监护人提供的刺激。至于刺激的内容、质量的优劣、丰富和贫乏，这就取决于婴儿监护人。因此，婴儿监护人必须要接受培训，才能具备科学教育的种种人格、情感、思维文化和行为价值观和各种必须具备的教养技能，这样才能避免那些不科学和不良的种种因素所形成的消极刺激源，避免对小宝贝的生长发育造成严重的身心、人格、情绪和智力上的伤害。

要想成为一名优秀的婴儿监护人，首先应了解小宝贝的生理、心理生长发育的规律与特征，然后才可能按照小宝贝的需要，改变其错误价值观和传统养育中的种种不科学喂养与教育的行为。

第四节 重新组成的家庭的科学教养

在离异、单亲、继父母的家庭中，失去父母一方给子女带来了不良影响。有大量的证据可以证明，父母分居或离异，父母一方去世或双亲均去世，对大多数儿童来说都是一种灾难性的经历。

Rodgers（1996年）进行了大量研究分析离婚对孩子的影响，发现离婚的负面影响常常被低估，像其他一些早期生活的重要影响因素一样，这会使孩子具有心理障碍和失去快乐。如孩子进食和睡觉的异常表现出情绪的苦恼，表现出大小便习惯的丧失，困惑以及缠人行为；学前儿童则容易失去自尊，丧失自信以及自我谴责增加；在大龄儿童身上则表现出持久的悲伤忧愁，逃避行为问题；继父母给儿童可能带来系列歧视与性侵害等问题；继兄妹之间可能产生冲突等。

笔者认为，应当要求母亲、父亲、继母、继父等婴儿监护人，仍然采用权威养育方式来对待孩子，在情感上给予无条件积极的关注，避免任何一种歧视、情感伤害和暴力虐待；新组合的夫妻，如果发生矛盾、争吵或打架，应避免让孩子看到，应尽量让孩子感觉到这个新家对于孩子来说是安全可依靠的。无论是亲生父（母）或是继父（母），都应用父（母）之爱来减轻孩子因原父母离异、去世而造成的情感伤害和无助需求，少批评多鼓励，在进一步的关心、帮助和爱护下，逐渐消除孩子们心灵上所受到的亲生父母情感丧失的强烈伤痛，培养其积极的人格和情感，并向着建设性积极方向发展。

第五节 婴儿期大脑发育与提前教育理论的建立

一、婴儿期大脑发育的生理、心理特征

婴儿的神经元在1000亿～2000亿个这一范围之间，为了达到这个巨大的数目，神经元在婴儿出生以前以惊人的速度进行分裂。事实上，一些观点认为在产前发育中，神经元就以每分钟产生25万个神经元细胞的速度进行分裂。这些高度专业化的细胞功能是，通过电波与化学变化来储存与传递冲动，传递通过在神经细胞中组成的"相互连接"而得以发生。每一个神经细胞由一个细胞体组成，突触从细胞体上延伸出去。在这些突触中，通常比其他的突触更大更长的是轴突，其他类似于毛发一样的延伸物被称为树突。神经传递一般从细胞体向外沿着轴突进行，在轴突的末端、冲动（信息）跳过缸口——突触间隙——达到邻近神经细胞的树突。[①]

在生命最初的两年，大脑继续快速发育成长。幼儿两岁时，其大脑发育可达到成人脑重的大约75%。这段时间，大脑非常迅速地生长发育，没有涉及新的神经细胞的形成，但在它们中出现崭新的联结，也出现了提高神经传递的保护覆盖层（髓鞘）。这种大脑增殖的现象意味着到两岁的时候，小宝贝的大

---

① ［美］罗伯特·费尔德曼：《发展心理学——人的毕生发展》，苏彦捷等译，世界图书出版公司2007年版，第35页。

脑在细胞中有数量巨大的潜在"联结"。这种联结使两岁的小宝贝快速地学习多种内容成为可能,大脑的这种令人惊愕的潜力没有比在语言学习中表现得更为明显了。

刚出生时,小宝贝大脑中的许多神经元很少与其他神经元相联结,但在出生后的头两年,小宝贝大脑中的神经元之间将会建立起几十亿个新联结。而且,这个神经元网络会变得越来越复杂,神经联结的复杂性在一生中会持续增加。实际上,成人的单个神经元就可能至少有5000个联结与其他神经元或其他身体部位相连。

小宝贝出生时所拥有的神经元数实际上远远多于所需的数目。在前面,我们曾经讲过,小宝贝在胚胎时期脑神经系统发育时,因缺失突触联结而发生大量细胞凋亡的规律,由此,笔者尝试用中国现代科学种子胎教的声波胎教来干预胚胎期宝宝的发育生长。实际上,在小宝贝出生后,如果他们在没有丰富刺激的环境下成长,他们的一部分神经元,也会像胚胎时因没有被激活的神经元一样,会发生凋亡而无法产生更多的神经联结。

由此,我们可以看出,丰富的环境刺激,可对大脑的发育起到多方位的塑造作用,科学家的研究证实了这一点。那些在丰富环境中被抚养长大的宝宝,与在受到严重限制的环境中成长的小宝贝相比,其大脑的结构和重量都不相同。动物实验表明,在丰富环境中大鼠的视皮层相对而言更加厚重。实验者给一些幼猫带上使视觉能力受限制的遮光镜,使它们只能看到垂直线,当这些猫长大后,即使拿掉这些遮光镜,它们也看不到水平的线条,尽管它们看垂直线的功能完全正常。类似的,如果小猫在早期被遮光镜剥夺了看垂直线的机会,它们成年后就看不到垂直的线条,尽管它们看水平线的能力相当精确。再则,兽孩的研究也表明,由于婴儿个体因多因素被野兽抚养长大,严重缺乏人类养育环境的影响,最终会导致兽孩在语言和智力上的发育几乎停滞。脑解剖发现兽孩的大脑皮层平整,皱褶与沟回较少。

因此,在生命的早期,如果缺乏适当的刺激,大脑中的很多神经联结将会失去。

动物行为主义的先驱康纳德·洛伦茨,发现了新出生的鹅、鸭、雁之类的幼小动物,一般会如预编基因程序般地跟随它们出生后看到的第一个移动物体,不论这个物体是它的母亲、父亲或是其他种类的鸟,以及会活动的东西(如人、玩具、球体等),它们都会把这些东西当作自己的母亲紧紧跟随。结果,它们对自己同类的母亲却无任何依恋,这种现象好似凝固的蜡上刻上标记一样,故称"印刻"。洛伦茨认为这种现象只发生在极短暂的特定时刻,一旦错过了这个时机就无法再学会,因此又把关键期看成"最佳学习期"。

斯拉金（Shceckim W.）在对各种文献做了综合分析后，认为人类心理也有类似情况。如攻击行为、音乐学习、人际关系建立、探究行为等，经早期学习更为有效。对兽孩的研究表明，儿童学习语言、听觉、视觉形象也有关键期。有些研究者认为，大脑快速发育存在关键期。在这时期内，婴儿接触适当的环境刺激十分关键，这些刺激会促进婴儿的快速学习，也会在智力测验中表现得很明显（Fisher & Rose，1996）。毫不奇怪的是，大脑发育的这些"快速冲刺"中最显著的冲刺发生在生命第一年的初期，其他的"快速冲刺"在大约儿童期（7～8岁）、青少年时期（11～12岁）以及青少年的晚期（18～19岁）表现得十分明显。所以这个敏感期（关键期）的定义是一段特殊的但有一定时间期限的时期，通常是在有机体生命的早期。在敏感期阶段，有机体与发展有关的一些特殊方面特别容易受到环境的影响，敏感期可能与某种行为联系，比如完整视觉能力的发展，也可能与身体结构的发展相联系，比如大脑的构造。

上述研究已经表明，无论人类在胚胎期、婴儿期、幼儿期、青少年期，还是成年、老年期，人的大脑均有可塑性。只是这种可塑性与可塑程度随年龄的增加呈由强变弱的发展趋势。婴儿大脑发育关键期如果缺乏丰富的外部刺激，其大脑的神经联结会受阻碍，将导致大脑神经细胞的凋亡，这将影响婴儿未来的智力发展。必须强调，上述动物与人类的早期发育被干预的研究结果还揭示了一个十分重要的生物个体发育的普遍性生物机制，这就是关键期。

二、婴儿期提前教育理论的创立

我们已经了解新生小宝贝神经和大脑发育以及关键期的生理与心理特征，在应对这些特征的教育上，传统的早教基本上未给予重视，由此导致了小宝贝在这个关键期的社会化成长过程中，没有得到与其生理与心理特征相适应的科学教育。因此，中国现代科学种子教育非常重视0～2岁这一婴儿成长关键期的教育，由此笔者提出自己的提前教育理论。

针对传统教育没有重视新生小宝贝所具有的多种生理与心理特征，笔者提出了一个提前教育的理论概念。所谓提前教育，是对于传统教育没有重视的时间提前，但事实上这个所谓的提前时间，确是符合新生小宝贝上述多种生理与心理发育特征和各个发展关键期的。即是说，当小宝贝的发育出现上述生理与心理特征时，我们就必须马上对之进行科学教育与训练，让我们的教育与训练适时地对小宝贝的发展给予科学的引导和干预，使小宝贝在其关键期得到及时正确的教育，避免错过关键期而影响其创造创新能力的培养，保障其关键期的教育需求。

另一方面，小宝贝是一个成长迅速的有机发展体，我们不能用静止的短视来看待他，而需要用发展的眼光来对待。我们知道，小宝贝最终都会学会用手来把握体验物体的。实际上，小宝贝的手只要触碰到物体时，就会表现出抓握的行为冲动；当有声音在其周围出现时，出于好奇，小宝贝会表现出兴奋的样子，试图通过左右摆头或用身体扭转等行为，希望去探究声源来自哪里。其实，小宝贝的这些行为已经表现出对外部环境的好奇心和探究欲望。

在传统的观点看来，这个时候小宝贝是没有任何能力，他们当然不可能完成一个像样的抓握动作，所以传统教育是忽视这时期的任何教育的。然而，小宝贝虽然不具备一切准确抓握物体的能力，但他们却有学习的欲望与冲动，如果婴儿监护人不给予引导和教育，那么，小宝贝的这些能力显然会延迟，然后才会在自己的摸索实验中学会。需指出的是，根据上述脑神经发育的理论，小宝贝学习每一个行为动作的成功，其实都会反映在其大脑神经的联结上，如果在小宝贝正有探究欲望与冲动的时候，却没有学习与实践操作的机会，其大脑的神经联结就会延迟或发生神经细胞的凋亡。相反，如果当小宝贝正有探究的欲望与冲动时，若及时满足他的学习与实际操作的探究需求，他就会提早掌握这一技能。这一技能的掌握，有利于其大脑神经细胞的增殖和联结，更有利于他进一步向高一级的探究方向发展。不难想象，小宝贝掌握的技能越多，其大脑的神经细胞增殖和联结就越多，他就会越聪明。

早期训练实践证明小宝贝的各种动作出现早期就是训练的最佳关键期。其理由在于，当小宝贝要发展某种动作技能时，他会提前产生这种心理倾向、兴趣和冲动启蒙，如果这个时候婴儿监护人及时满足了小宝贝的这种欲望与冲动，将有助于他们的这种胜利和心理萌发的动力惯性，使小宝贝在这种求知的热情、愉快、欢喜和幸福的情感支持下，迅速学习和掌握他想要掌握的各种运动技能，从而促进其智力的迅速发展。

由此，笔者的提前教育理论可定义为：即时对处在生理与心理的关键发展期的小宝贝进行科学的引导和教育，确保其大脑神经细胞的增殖与神经联结的提早实现，由此确保小宝贝的创造创新能力与聪明度的掌握与获得。

提前教育理论可应用于从小宝贝一直到青年时期的各个关键期。具体某种关键期我们会在以后的章节逐一讲到。

第六节 婴儿期多种狮性基本生存技能的科学训练方法

一、婴儿期的生理与心理特征

根据科学前辈们对幼儿的研究，新生儿的平均体重为3.18千克，身高约50.8厘米。生命的头两年是他们的快速成长期，一般到5个月大时，他们的体重约6.8千克。到1岁时，他们的体重已达10千克左右。第二年时，他们的体重增长相对缓慢。到他们两岁时，一般婴儿的体重已是出生时的4倍，当然这存在着个体差异。

婴儿的体重增加的同时，其身高也在增长。到1岁末，婴儿一般身高在76厘米左右；到2周岁时，平均身高为91厘米。

婴儿的身体发育呈四个原则。刚出生时，婴儿的头偏大，显得有些不协调，这是支配四个主要原则的一个例子。头尾原则是指身体发展所遵循的模式是先从头部和身体上半部开始，然后进行至身体的其他部分。头尾发展原则意味着视觉能力的发展（位于头部）先于走路的能力（位于身体末端），头尾发展原则在出生前和出生后发挥着作用。近远原则指发展从身体的中央部位进行至外围部位，近远原则意味着躯干的发展先于四肢末端的发展。同样，只有在胳膊和腿部长成之后，手指和脚趾才能长出来。此外，使用身体各个部位的能力发展也同样遵循近远原则。如，有效使用手臂的能力的发展要先于使用手的能力。等级整合原则指简单技能一般是独立发展的。然而，后来这些简单的技能被整合成更加复杂的技能，因此，相对复杂的用手抓握东西的技能，直到婴儿学会如何控制和协调每个手指的运动时才能够掌握。系统独立性原则指不同的身体系统有着不同的发展速率。该原则表明，当一个身体系统出现了某种发展时，并不意味着其他身体系统也出现了同样的发展现象。

二、婴儿期生理性反射

生理性反射是不经过学习而开展的简单行为，刚刚出生的婴儿天生就具有许多这样的反射行为。反射行为往往具有重要的"生存价值"，如呼吸反射。现在我们来介绍下列几种反射行为。

（1）吸吮反射，也是营养反射。通常将物体放入婴儿的嘴中，很容易引起这种反射。出现在胎儿期2～3个月，在第一年后消失变成自动反应。

（2）朝向反射（有时也称为头部转动反射），也是一种营养反射。如果给予脸颊或嘴角的刺激，婴儿会立即把头转向刺激方向。这种反射在婴儿出生时就出现开始，在第一年后消失，变成自动反应。

（3）吞咽反射，也是营养反射。把实物放入婴儿嘴中，他会吞咽。吞咽反射在婴儿出生时就出现，在第一年后消失，变成自动反应。

（4）打喷嚏反射，也是营养反射。对婴儿的鼻孔进行刺激，他就会打喷嚏。在胎儿期4～6个月出现，延续终生。

（5）摩洛反射（惊跳反射）。指突然发出较大的噪音，婴儿会对称性地伸出手臂与腿，然后拉回，拉向身体的中央部位。摩洛反射在诊断大脑损伤方面很有用处，因为它有时在生命的晚期在那些带有运动机能损伤的个体中表现出来。在正常的儿童中，随着大脑的发育以及对运动越来越强的控制，它通常会消失。其出现在新生儿时期，消失在3～4个月大的婴儿期。

（6）巴宾斯基反射。指触摸脚底，足趾则呈扇形张开。其出现在新生儿时期，1个月时逐渐减弱，6个月时消失。

（7）脚趾抓握反射。其挠痒刺激稍微低于脚趾的脚底，新生儿的脚趾会绕着物体而卷起，其出现在婴儿期4～6个月，9个月时消失。

（8）掌反射。把物体放入婴儿手中，他会紧紧地抓握物体。出现年龄在胎儿期4～6个月，出生8周时较弱，4～5个月时消失。

（9）游泳反射。把婴儿俯放在水里，他会表现出协调得很好的游泳动作。出现年龄在胎儿期8～9个月，出生后6个月时消失。

（10）跨步反射。刚出生的婴儿被扶光脚板接触平面，他会做迈步的动作，看上去非常像协调的行走，出现的大致年龄在婴儿期8～9个月。

（11）强直的颈反射。当婴儿躺着时，把他的头转向左或右侧，于是他就会伸出与头转向一致的那只手，而把相反方向的手臂和腿曲起来，仿佛摆出击剑者的姿势。实际上这是婴儿吃奶最好的姿势，这种反射在出生后2～3月消失。①

---

① ［加］居伊·勒弗朗索瓦：《孩子们——儿童心理发展》，王全志译，北京大学出版社2004年版，第219页。

三、婴儿期生理反射的科学教育

对于新生婴儿的这些先天反射行为,目前的研究认为对人类生活的实际意义不大,一般较容易忽视它。笔者认为,婴儿早期运动技能的发展与婴儿期出现的反射直接有关。学会爬是游泳反射的延伸;学会行走与抓握分别是踏步反射和掌反射的延伸。"大肌肉运动活动能力的发展",指的是主要与较大的身体活动相关技能的发展,如涉及身体移动的活动——爬、站立与行走,这些技能促进主要肌肉群的活动,需要发展对它们的控制能力。

有学者认为,这些循环运动从生物学的意义上看十分重要。因为它们提供了一种锻炼肌肉的方式,也提供了一种获得对身体运动控制能力的有效方式。与此同时,在那些行动之间的"沉默期"为婴儿提供了一种与环境相互作用的机会。故罗伯逊认为循环运动可能会确定婴儿与环境之间的交流。但在社交期间,婴儿的这些运动一般总是受到压抑。此外,在约2个月的时候,婴儿开始对正在发生的刺激给予更多的关注时,循环运动在力度上出现显著下降。到4个月时,循环运动的发生概率极大减少,并且最终被更有目的的、能够加以控制的运动所代替。

根据神经发育的规律,笔者猜测,婴儿大脑在建立几十亿条神经联结中,大脑中枢神经与身体动作的联结最初在新生小宝贝的身体上,可能只能通过一种预先设置好的生物机制的先天反射行为在促进、配合这种神经联结的发育。由于婴儿监护人在与小宝贝的亲密接触中时不时会给予小宝贝一些相应的刺激,小宝贝由于还未发展出有目的的运动技能,只能依靠这些反射来配合和促进大脑神经的发育。当这些神经联结发育成熟后,这些反射行为则逐渐变成有意识、有目的的自动反应了。

有研究表明,在婴儿活动控制能力上的发展与智力发展之间存在着十分紧密的联系。婴儿操作与探索的能力使他们发现物体的特性成为可能。如物体永恒性与它们的空间位置。反过来,这些发现与婴儿正在发展的对物体进行推理的能力、形成概念(思想)的能力紧密相关(Bushnell & Boudreau,1993)。

另有研究认为,新生儿出生后几天就能形成一些较复杂的人工条件反射,婴儿形成条件反射的速度随年龄的增长而加快。就整个儿童期说,儿童形成的条件联系带有很高的稳定性,即能很牢固地、长时间地保留下来。

显然,在生命早期对小宝贝的这些先天反射进行适当的刺激训练,对于小宝贝的大脑建立运动系统的神经联结,促进小宝贝的动作协调、对称,熟练掌握运动技能,以及发展智力均有十分重要的意义,如"精细运动"的发展。

它指对更小一些身体运动控制能力的发展，即使更小一些的肌肉群与神经联结的应配度。因此，笔者在这里提出"提前教育"的理论，同时结合笔者提出的民族性狮性基本生存技能的训练与培养观念，让小宝贝从小就开始进行早期的反射行为的辅助练习，使小宝贝通过生理反射的训练发展出更多的运动潜能，增加他们对环境世界的好奇心与探究能力。

根据上述小宝贝所表现出来的生理性反射特征，笔者提出针对这种生理性反射特征，为提高小宝贝的各种生存性运动技能和对环境的探究能力，应当给予小宝贝上述生理性反射的辅助性训练的教育理论，称为"'小宝贝'生理反射训练理论"。

小宝贝生理反射训练理论的定义是：小宝贝的上述几种生理反射行为，具有多种生存价值，表现为各种生存性技能的活动控制能力、操作探究能力的发展与智力发展之间，存在着十分紧密的联系。如果成人给予及时的科学引导与训练，将提高小宝贝在这些方面的技能，同时，也提高了小宝贝探究、认知事物的综合性能力。

具体训练方法如下：

（1）上述11种反射行为的第1～3种——吸吮、朝向、吞咽这三种反射，不必刻意训练。因为日常生活中这种无意刺激太多。

（2）对第4种打喷嚏反射应适当给予一些刺激。它有利于调整小宝贝的全身多数器官的功能和免疫力，有利于身体的生长发育。婴儿监护人让小宝贝接触轻微的花椒味（注意掌握微量程度），可激发其发生打喷嚏的反射发生。训练可10天1次，每次10秒钟。

（3）第5种摩洛反应的刺激相对要少得多，刺激训练后应给予小宝贝充分的情感安慰，以避免其形成其恐惧焦虑心理。具体操作方法为：可模仿一些食肉动物的奇怪叫声，或用金属棒敲打其他物体发出稍为较大的声音，当小宝贝害怕时，婴儿监护人赶紧安慰他，使其不要害怕，并抱着他去寻找发声源，让其了解发出"恐怖"声音的原因，以这种方法来验证这种"恐怖"声音并不可怕。其目的可培养小宝贝对"恐怖"声音的适应，增加其对于探究未知环境的勇气与胆量。如果不培养小宝贝的这种能力，那么他将可能对虫、蛇、黑暗等产生恐惧，这将阻碍其对外部环境的大胆探究，从而阻碍其认知，造成其生存性技能获得的减少。训练时间为每5天1次，每次5分钟。

（4）对于第6～11种，即巴宾斯基、脚趾抓握、掌、游泳、跨步、强直的颈等反射行为，应当要稍多一些训练。比如，给小宝贝脚底板搔痒痒，使其出现巴宾斯基反射和脚趾抓握反射的现象，训练其这方面的感觉与反应能力，提升其生理性的应急反应机敏度，有利于这一感觉器官的敏感性训练。这种训练每2天1次,每次3分钟。

在掌反射方面,用一些常见的、体型重量较小、无刺激味,不扎手、符合小宝贝手抓握和洗净的蔬菜(小西红柿、豆角等)、水果类(小苹果、小橘子等)作为教具,让小宝贝进行抓握练习。与此同时,婴儿监护人要向其介绍教具名称、作用、颜色、形状和味道等物理属性。在介绍的时候,要使其用眼睛体验教具的颜色,用耳朵听介绍,两只手都进行抓握、触摸的体验;还需让他用嘴和舌头来进行味觉体验。其目的是让其认知这一教具及其外部物理性质的知识。训练时间是每天早中晚各1次,每次15分钟。

在跨步训练时一定不能让小宝贝的腿部承受其身体重量。因为小宝贝的腿部肌肉还未成熟,这样易会造成许多损伤。婴儿监护人只能用力扶住他,让其脚板接触地平面做出跨步动作即可。该训练每天上下午各1次,每次5分钟。

婴儿监护人还要帮助小宝贝在身体四肢运动方面的综合训练。训练方法有:辅助性地教小宝贝的双手做伸展运动,以及做脚踢气球的运动;在床上翻滚、嬉戏,每天前三项早晚各1次,每次各5分钟。在游泳时训练也尤为重要。因为小宝贝在合适的温水中受到浮力后,为了保持自己的身体平衡,就会不停地用四肢做游泳运动,这种运动是从不协调到协调的过程。这一自发式的运动,有助于小宝贝培养游泳技能的同时,锻炼其四肢肌肉的控制能力和协调能力。训练方法为:将小宝贝放入水温为36～37℃、深度可达其颈部的盆装水中,婴儿监护人需特别注意防止小宝贝在游泳中呛水,以免发生意外。游泳训练时注意水温和安全。此项训练可3～5天1次,每次7～10钟。

此外,国外有关研究表明,早产儿每天进行三次15分钟的按摩,比同年龄没有接受按摩的早产儿体重增长大约50%。接受按摩的婴儿更加活跃,对刺激的反应更快(Fielel,1988,1995)。

实际上,根据这一研究,对于0～4个月的小宝贝来说,这一时期是辅助其身体长高和增加体重的成长关键期。这一时期可通过每天定时(早中晚各15分钟)将小宝贝平放在床上进行轻柔的按摩,同时运用温柔的语言与其交流,可促使其全身的生理激素,包括生长激素的释放。这对于小宝贝增高增重,以及对外部感知的活跃性等,均有关键性的作用。

再根据科学前辈的研究,小宝贝的身体发育呈四个原则的方式发展,即头尾原则、近远原则、等级整合原则、系统独立原则。我们在对小宝贝进行生理反射训练和身体按摩的基础上,再对其四肢进行功能性的训练,辅助其尽快获得相应的功能性技能。这能为小宝贝在接下来成长中要完成的抬头—翻身—坐—爬—行走—跑—上下楼梯—踢球—手臂举起过头顶—跳跃等,以及小宝贝的手和手指的精细运动等系列平衡与控制性动作的发展,打下扎实基础。

具体训练方法：①运用跨学科背景知识中需要小宝贝认识的水果、蔬菜等实物，将其消毒确认安全后，给小宝贝反复抓握，训练其抓握能力的同时，并介绍该实物的名称和各种物理性状等。②悬挂彩色气球让小宝贝用脚踢打，训练其脚的控制能力，同时向其介绍气球的名称和各种物理性状。

上述几种项目训练时间如下表：

训练项目	训练间隔天数与次数	训练时间
跨学科背景知识的灌输	全天候音乐背景式	婴儿监护人有空即可
打喷嚏反射	10天1次	每次10秒钟
摩洛反射	5天1次	每次5分钟
巴宾斯基反射	2天1次	每次3分钟
脚趾抓握反射	2天1次	每次3分钟
掌反射	每天早中晚各1次	每次15分钟
跨步反射	每天上下午各1次	每次3分钟
游泳反射	3～5天1次	每次7～10分钟
四肢运动	每天早晚各1次	每次5分钟
辅助按摩	每天早中晚各1次	每次15分钟
抓握能力与实物认知能力的同步训练	每天早中晚各1次	每次10分钟
踢球能力与实物认知能力的同步训练	每天早中晚各1次	每次10分钟

第七节 婴儿期依恋心理形成机理与培养训练方法

一、婴儿期依恋心理的形成机理

依恋是在儿童及特定个体之间形成的一种正面积极情绪联结。研究表明，婴儿时期的依恋本质会影响其后半生如何与他人建立关系。关于人类依恋最早期的研究工作是由英国的精神病学家约翰·鲍比尔在1951年所进行的，这项研究至今仍有很大影响。鲍比尔认为，依恋主要建立在婴儿完全需求的基础上——他们天生具有躲避危险的动机。随着婴儿的发展，他们开始知道某个特定的个体最能够提供给他们安全的保障，这样的理解最终使其和该个体（通常是母亲）特殊关系的发展。鲍比尔认为和主要婴儿监护人的专一关系在质量上有别于婴儿和其他人（包括父亲）形成的联结。

发展心理学家玛丽·安斯沃斯在鲍比尔心理论基础上于 1978 年发展了一个被广泛用于测量依恋的实验技术。安斯沃斯"陌生情境"由系列阶段性情境所构成，用以阐明儿童和母亲之间依恋的强度。"陌生情境"通常遵循下列 8 个步骤：①母亲和婴儿进入一个不熟悉的房间；②母亲坐下来，让婴儿自由地探索；③一个成年陌生人进入房间，先和母亲说话，然后再和婴儿说话；④母亲离开房间；⑤母亲回来，和婴儿打招呼并安慰婴儿，陌生人离开；⑥母亲再次离开，留下婴儿独自一人；⑦陌生人回来；⑧母亲回来，陌生人离开。

不同婴儿对陌生情境不同方面的反应有着巨大的差异，这取决于他们与母亲依恋的程度。一岁婴儿会典型地表现出下面 4 种类型的一种：①安全依恋型的婴儿，把母亲当作鲍比尔所描述的家庭基地。在陌生情境中，只要他们的母亲在场，这些婴儿就显得很自在，他们独立地探索环境，偶尔回到母亲的身边。尽管当母亲离开时，安全依恋型婴儿也会心烦难过，但他们在母亲回来时会马上回到母亲身边并寻求接触拥抱，迅速得到安慰，积极欢迎母亲的归来。②回避依恋型的婴儿并不寻求接近母亲，当母亲离开，很少哭叫，他们似乎看起来并不难过。当母亲返回，他们似乎在回避她，忽略或回避她，对母亲的行为十分冷淡。当母亲把他抱起时，有时明显不看或者不紧贴母亲。③矛盾依恋型的婴儿对他们的母亲表现出一种既积极又消极的混合反应。对分离与重新团聚，表现出矛盾的、没有组织的反应。刚开始时，矛盾婴儿紧紧地挨着母亲，他们几乎不去探索环境，他们甚至在母亲离开前就显得有些焦虑，而当母亲真的离开时，他们表现出巨大的哀伤。当母亲回来，他们却表现出矛盾反应，一方面寻求和她接近，另一方面却又踢又打，明显十分生气。④混乱依恋的婴儿表现出矛盾和混乱的行为。当母亲回来时，他们会寻求靠近却不看她，或最初似乎显得很平静，后来却爆发出愤怒的哭泣，这种混乱意味着他们可能是最没有安全依恋的孩子。

母子间的依恋质量对婴儿以后的人际关系有着重要的影响。如安全依恋型的孩子再大一些的时候，比起回避依恋型或是矛盾依恋型的儿童，表现出更少的心理困难。类似地，婴儿时期是安全依恋型的孩子在以后更善于交往，更有情绪能力，更加积极。

有研究认为，婴儿期的安全依恋型是 6 岁时社会性与情感成熟性的一种强有力的"预报器"（Steel et al, 1999）；安全依恋型的婴儿表现得更有能力，是更好的问题解决者，更加独立自主，更加好奇，更有弹性，而且在幼儿园中表现得更好（Fianta & Ball, 1993）；非安全依恋型的婴儿更有可能在处理压力方面存在困难，更有可能表现出行为问题（Van, Ijzendoom, Sohuengel, & Bakermams Kraken burg, 1999）；非安全依恋型的婴儿更有可能在今后的生活中表现出焦虑与技能上的紊乱，更容易遭到"神经性食欲缺乏症"和成为难以相处类型的婴儿，以及具有过分的攻击性。

再看婴儿对父亲的依恋关系。越来越多的研究表明，父亲有关养育、温暖、挚爱、支持和关心的表达对于孩子情绪和社会幸福感的发展非常重要。事实上，某些心理障碍，如抑郁和物质滥用，相较于母亲，已被发现和父亲的行为有更高的相关关系。

拉姆（1997年）总结道：父亲与婴儿在游戏活动中花费更多的时间；母亲在养育活动中（喂养、洗澡与换尿布、换衣服）花费更多的时间。此外，父亲与婴儿之间的游戏活动倾向于攻击性，更加喧闹，更加追求身体活动。母亲与婴儿开展游戏活动时，更加被动和安静一些，父亲则可能把婴儿扔进空中或充满活力地让他们在膝盖上弹来弹去（Fagot, 1997）。而婴儿却展示出对依恋关系更加强而有力的情感联系，在追求亲近、紧贴、想要被举起、放在大腿上、依偎等行为中表现明显（Pares, 1992）。

上述研究表明，小宝贝天生对依恋关系对象具有主动积极的贴近、依恋、依偎、寻求生理和心理需要的保护，这是一种寻求生存的生物机制。了解它，为我们探究如何培养小宝贝的安全依恋类型具有重要意义。但要提出培养和训练方法，我们还需了解小宝贝的情感表达方式：

（1）哭叫。哭叫是婴儿交流情感的主要表达方式。它是一种以生物学为基础的行为，与母亲和婴儿之间依恋关系的发展具有十分紧密的关系。婴儿的哭叫意味着他们有了某种需求，希望母亲或照料者赶快来提供满足或保护，因而婴儿的哭叫具有一种生存价值。

沃尔夫对婴儿哭叫的研究发现，第一种最经常的哭叫称为"有节奏的哭叫"，这是一种大部分婴儿在开始进行另一种哭叫之后，最终又按原先的方式进行哭叫的类型。通常认为这不会有什么严重的问题发生，第二种哭叫是"生气的哭叫"，典型特征是声调明显突出，这是由于更多的空气被迫通过声带造成的。第三种哭叫是"痛苦的哭叫"，典型特征是较长时间的号啕大哭之后，紧跟着一段时期的屏住呼吸。第四种是"饥饿哭叫"。这种声音比较容易区别。

（2）微笑与哈哈大笑。第一阶段，婴儿早期的微笑是一种"反射性微笑"，不是社会性微笑。第二阶段是"社会性微笑"，起初发生在对本质上具有社会性的听觉与视觉刺激的反应上，即与他人相关。第一阶段是"选择性的社会微笑"，它是婴儿对能够辨认出熟悉的社会刺激做出反应，对不熟悉的声音或脸孔做出反应较少，婴儿在遇到陌生人的时候，表现出更多的逃避行为与其他焦虑迹象。在4～5周时，很多婴儿在听到母亲的声音时，将会中断吃奶过程发出微笑。大约4个月的时候，除了微笑之外，婴儿开始发出笑声。最初，笑声可能是对诸如挠痒这样的身体刺激而做出的反应，之后是对更有社会性的刺激，并最终对更具有认知色彩的情境做出反应。

（3）警觉与恐惧。布隆森1972年发现"陌生人焦虑症"——在6个月之前通常没有发现。在3～6个月时，婴儿对陌生人最一般的反应是微笑、恐惧，通常没有在所有的婴儿中出现，到约9～15个月时达到高峰。舒密德和福克斯1998年发现，具有高度反应性并且同时具有消极情绪的4个月大的婴儿，到了蹒跚学步的时期，要比也具有高度反应但表现出更多积极情绪的婴儿，更加充满警觉与恐惧反应。

（4）抗议分离。抗议分离指婴儿与母亲或照料者分离时的焦虑。元纳与他的同事1992年发现，教育保育员充满热情，多做反应，并且与婴儿进行交流，婴儿的焦虑指标明显低于在保育员显得更加疏远的情况下（尽管对婴儿的痛苦不是不敏感）的婴儿的反应。注重进行关心照护，并且与婴儿保持充分交流（而不是心不在焉、漠不关心）的母亲较少有高度恐惧的婴儿。

情绪对婴儿来说有重要的生存价值或社会适应意义。婴儿看到父母或照料者时的微笑、依偎，和看到陌生人时的严肃、害怕，都具有保护个体生存的意义。当婴儿在环境不确定时参照婴儿监护人的表情而做出反应的现象被称为"社会性参照"。当母亲与陌生人热情交谈时，婴儿就不太怯生。而当母亲是中性或消极态度时，婴儿也会做出类似的反应（Boecia & Campos, 1983）。观察12个月大的婴儿对"视崖实验"中的三种视崖高度的反应，第一种视崖十分"深"，每个婴儿都望而却步；第二种视崖十分浅，几乎每个婴儿都爬了过去；第三种视崖是个模棱两可的高度，这时的被试中有不少是参照母亲表情后才决定如何行为。在第三种高度时，让婴儿接近一样新奇的玩具，若母亲装出害怕并伴以威胁语调说一些无意义的词组，婴儿就会停止碰玩具，或爬回母亲处；如果母亲带着微笑说话，婴儿会继续爬向玩具。①

根据以上的研究，我们发现，父母或照看者的养育方式与风格，对于小宝贝所形成的依恋关系有至关重要的影响，而依恋关系的质量又影响小宝贝的情绪表达类型的形成，从而影响他们的气质类型的形成，最终影响他们的人格类型。比如，婴儿监护人的养育方式的优劣，可使小宝贝形成以下三种性格类

---

① ［加］居伊·勒弗朗索瓦：《孩子们——儿童心理发展》，王全志译，北京大学出版社2004年版，第278－283页。

型：①容易相处型；②难以相处型；③慢热型。

研究表明，对婴儿过度的回应和回应不足一样，都可能造成非安全依恋型的婴儿。相反，以同步互动方式沟通的母亲，更可能培养安全依恋型的婴儿。同步互动式的沟通指照料者以适当的方式回应婴儿，并且和婴儿的情绪状态相匹配。比如，对于婴儿的哭泣，母亲很快做出了抚慰的回应。相反，非安全依恋型婴儿的母亲是以忽视他们的行为线索，在他们面前表现得前后不一致，以及拒绝或忽略他们社交努力的方式来回应，相对于母亲能够更快、更一致进行回应的婴儿，此类婴儿更不容易成为安全依恋型。

由于婴儿出生时和早期就具有模仿能力、辨别父母情绪表情的能力，以及对父母声音表达的关爱、安慰与批评、指责、拒绝的区分能力，所以婴儿很容易理解其依恋关系对象对其情绪态度的好与坏。

二、婴儿期依恋风格的培养与训练方法

根据以上的研究，笔者进一步认为，由于安全依恋型风格的婴儿能把婴儿监护人视为一个能保护自己安全和提供自己各种需要满足的靠山，因而他会把他所处的一切情境（只要婴儿监护人在场）解释为安全和可以信赖的。在这种认知基础上，他就会发展出比较积极的人格。具有积极人格的婴儿，就会对周围陌生环境产生强烈的好奇心和探究欲望。如果婴儿监护人能给予积极的鼓励和科学认知指导与解释，小宝贝就会在探究活动中学到更多的知识与技能。相对而言，其他非安全依恋风格的婴儿，更可能把自己所处的一切情境视为威胁、不安全甚至恐惧的，因而他们会认为自己所处的世界是不安全的，进而采取回避的态度，继而就会形成消极的人格。具有消极人格的婴儿，就会对周围的环境产生焦虑、恐惧而消极回避。这类非安全依恋风格的婴儿在生理发育的关键时期缺乏对环境的探究行为而很难学到许多知识和技能，从而影响其智力的发展。由于其智力平庸很难引起婴儿监护人的喜爱与关注，婴儿监护人会减少与其交流和鼓励学习等教育，这使得这类婴儿越来越失去丰富的社会性刺激环境而变得孤独，甚至发展成自闭症的严重后果，结果对于他们的智力发展是致命伤害。因此，培养小宝贝安全依恋风格就显得非常重要了。

由此，笔者可以这样假设，小宝贝起初所发出的生理和心理需求信号是因内部和外部环境刺激引起的，我们可以认为这时小宝贝所发出的求助信号是十分理性和真实的。如果婴儿监护人给予及时准确的回应满足，使小宝贝的真诚情感需求得到充分尊重，这将使婴儿监护人与小宝贝之间获得互信的彼此认可，小宝贝也会产生积极情感与心理，安全依恋关系就容易建立。如果由于婴

儿监护人不理解小宝贝的需求信号，或由于其性格因素而忽视、拒绝甚至训斥、恐吓小宝贝，那么小宝贝就会感到自己的正当而真诚的需求不被理解，或被自己所期望亲密依恋的对象无情拒绝、冷落和抛弃，其真诚的情感遭到伤害，这将使两者之间的互信很难建立，小宝贝会产生无助感、委屈、焦虑、恐惧，感觉自己所处的环境很不安全而孤独，继而产生消极情绪。根据暴力循环假说，即儿童时期遭受的忽视与虐待使儿童更倾向于在成年后忽视或虐待自己的孩子。这种假说自然也适用于婴儿，随着这些消极情绪的积累，小宝贝就会被迫或逆反地产生更多的心理和行为问题，尤其小宝贝还具有对婴儿监护人行为与情感的模仿天性，他会对父母的这些负面行为进行模仿，并且还会进一步发展，从而把它们整合内化成自己的行为、情感认知的内源性模式，小宝贝就会发展成难养型婴儿和非安全依恋型的婴儿，这对于我们培养小宝贝的积极人格情绪和科学人格系统，会造成生命早期的致命性发展伤害。

因此，笔者借助科学前辈的理论，对于小宝贝安全依恋的科学培养方法，总结如下。

（一）与小宝贝积极互动

依据上面的研究，笔者认为，在小宝贝出生后，父母应交替地立即给予其亲密拥抱、抚摸、亲吻、亲热、亲密的话语安慰、惊叹的话语赞扬，给小宝贝唱胎教期听过的歌，以及逗他玩耍，并温柔地清理他的身体和用柔布包裹进行保暖，切记避免语气粗暴、辱骂和表情凶恶。如果把这一过程设计为对小宝贝的无条件积极关注的亲密与爱的过程，他会体验到这个陌生的世界是亲密、温暖、安全和可以信赖的。这将促使小宝贝与父母之间的相互信赖和亲密度，小宝贝对父母的亲密依恋就会形成。如果小宝贝在这个关键期与父母分离或减少接触，他就会体验到孤独、被冷落、需求得不到满足、受委屈和得不到保护，他会认为这个陌生世界是不安全的、不可信任和信赖的，这样小宝贝就会与父母之间形成焦虑、矛盾和混乱的依恋关系。

当小宝贝的基本生理需要获得满足后，他会产生探究好奇心和欲望时，父母应及时给予鼓励性的关注，多与他进行微笑的眼神对视交流，做出如张大嘴等正面表情让小宝贝模仿；与他一起玩游戏；拥抱并摆动他；与他进行语言交流，同时给予上述的实物认知的实验性学习；对其表现出的成绩给予热情的鼓励，表示情感的惊讶、赞扬，并亲吻他；对其不佳的表现成绩不批评，允许其犯错，切记不能严厉指责、表示遗憾和批评。但要指出这种行为不好，并温和地进行解释、示范和纠正，应有极大的耐心，给予其多次纠正、改过的反复练习时间。还需指出的是，尤其对小宝贝的一小点进步都必须给予及时的表扬

（表扬语言和亲吻、拥抱联合起来形成经典反射），因为小宝贝就是在这些很小的跬步积累中获得大的进步的。

（二）无条件积极关注

这是美国心理学家罗杰斯的一个心理学术语。笔者根据其应用效果的显著而把它发展性地提前到对婴儿的应用，婴儿监护人对于小宝贝随时发出的需要信号应快速做出反应，如亲密拥抱、抚摸、轻轻拍打、摇晃、安慰、亲吻、亲热等，亲密的语言交流、惊叹的话语赞扬，给小宝贝哼唱胎教期听过的歌谣，逗其玩耍，温柔地给予洗澡、换尿布、挠痒痒等。进行这些动作时要轻柔，尤其表情要非常温和、面带微笑，语言温柔，具有爱的吸引力。切忌动作粗鲁，弄痛小宝贝；在表情上避免生气、厌烦、焦虑、哭泣、愤怒、沮丧等负面表情；在话语上避免不满、怨恨、批评、指责、发脾气、辱骂、羞辱、高声吼叫等消极语言。

（三）消除心理虐待与情感伤害的危险养育方式

心理学家把心理虐待界定为：父母或其他照料者伤害儿童的行为、认知、情感或身体功能时所发生的虐待，它可能是外显的行为或忽视之后果，也可能出现在这一过程中。如施虐的父母可能会恐吓、贬低或者羞辱自己的孩子，从而胁迫并折磨他们，这样的儿童感到自己是令人头痛或失败的，或可能被父母持续提醒自己是他们的负担，父母可能告诉他们的孩子，他们希望自己从未有过孩子，并希望他们的孩子从未出生过。心理虐待常常伴随儿童在学校的低自尊、撒谎、品行不端和学习成绩不理想，在极端的案例中，它有可能造成犯罪行为、攻击和谋杀。另一些案例中，遭受心理虐待的儿童变得沮丧、消沉甚至自杀。

心理以及其他形式的虐待造成许多消极后果的一个原因是，受害者的大脑因为遭受虐待而产生永久性的改变，如童年遭受虐待可能导致成年后杏仁核与海马结构缩小。由于涉及记忆和情绪调节的边缘系统过度兴奋、虐待带来的恐惧也可能导致大脑产生永久性的改变，从而发展出成年期的反社会行为。[1]

情感虐待有时用来指心理上的虐待，由给儿童带来的情感和心理伤害的行为组成，但并不包括身体虐待或疏忽行为。如持续地羞辱或取笑儿童（尤其在公开场合），孤立他们，把他们限制在狭小的空间里，用语言严重地伤害他们，

---

[1] ［加］居伊·勒弗朗索瓦：《孩子们——儿童心理发展》，王全志译，北京大学出版社2004年版，第286页。

剥夺他们的情感接触和安全感，责骂、叫喊以及其他被认为能够招致心理伤害的残酷行为。情感虐待本来属于心理虐待的范畴，但由于这种虐待在中国更为普遍，因而在这里着重提出，情感虐待和疏忽所带来的长期影响有时比身体虐待更为严重，它们可能持续多年，并带来严重的适应和情感问题。

被虐待的儿童常常变得心理恐惧、困惑不安以及不快乐，一些人彻底退缩，一些人变得侵犯性过强，一些人倒退地表现出早幼儿童的行为特点，一些人变得残暴，一些人成了罪犯，他们的学习和社会关系都会遭遇危机。

在那些受过性虐待的青少年中，其离家出走率、企图自杀率、情感失常发生率以及少女怀孕发生率都要高一些——尤其对受到父亲虐待的少女来说，更是这样。对73名企图自杀或自杀过的青少年进行的意向调查发现，令人吃惊的情况是，高达44%的青少年经受过身体虐待，38%承受过性虐待。[①]

受虐待的儿童有一部分会变得郁闷、自闭以及胆小。这类儿童对社会刺激的唤醒较高，很容易把许多事物的刺激泛化和消极归因为对自己具有潜在威胁和威胁，从而产生更多的消极、回避、拒绝的情绪。因此，这类儿童缺乏对环境更多好奇心和探究的欲望与冲动。在生理上更缺乏荷尔蒙，他们会因害怕和胆小而刻意回避、躲避、拒绝对环境的探索，这将对儿童的认知、技能、智力、积极情感和道德的发展造成致命的伤害。

有研究表明，婴儿获得的听觉刺激和视觉刺激越多，怯生的程度越小，因为这样的婴儿已习惯与接受各种新奇的刺激，可能有一种较好的"心向"，能对付并同化陌生的事物。因此，无论是陌生人还是陌生事物，对他们来说，并不是太新奇，所以不易引起婴儿的害怕。显然，对婴儿进行安全依恋风格的培养，避免用心理和情感虐待的方式对待他们，这有助于婴儿获得更多的婴儿监护人的情感支持，从而更主动积极地和大胆冒险地去接纳、克服困难，去探究更多的环境和事物，这对于避免因陌生人而焦虑、胆小、犹豫、自闭有至关重要的作用。

笔者认为，在中国，由于传统文化的影响，我们的长辈因君权神授文化的影响被社会赋予了至高无上的地位，而孩子的应有权利，如自尊、尊严、人格与个性等，一直从未受到过社会的尊重。因此在中国，父母打孩子是天经地义的，父母的权威和高人一等的优越感不会受到平等、公平的挑战。在这种偏执心理的泛化下，多数中国父母由于望子成龙心切，善于以自己认可的成人标准来严格要求孩子，他们往往不能体谅孩子们在成长中，因是初学而表现出的一

[①] ［加］居伊·勒弗朗索瓦：《孩子们——儿童心理发展》，王全志译，北京大学出版社2004年版，第291页。

些笨拙或多次犯错，于是父母们就急于对孩子进行恶意和侮辱式的批评、训斥甚至贬低其人格、自尊、尊严和个性。如"你太笨了""你与人家某某比，简直差得太远了""你已经无可救药，比街上的乞丐都不如""我怎么会生了你这个不争气的东西？我不要你了，滚！老子恨死你了"。然而，这样的批评与指责，很容易使孩子害怕再次面临对外界事物的探究、挑战和征服，严重的是，这些欲望与冲动将被残忍地扼杀。

为什么我们要在婴儿期提到这两种对孩子的虐待呢？因为多数婴儿监护人已经形成了这种负性的人格障碍，这种负性的人格障碍决定了他们的养育方式和风格。因此，他们这种危险和错误的养育方式和风格会在孩子刚生下来就开始执行，这对于婴儿生理、心理和人格的发育成长，都是致命或者毁灭性的伤害。事实上，在中国，这种心理虐待和情感虐待式的教育已经成了几千年的传统。现今多数的婴儿监护人仍在传承着这种自认为是严格教子的、落后而危险的教育模式，结果使得一代又一代的儿童长大成父母后，又重复着这种残忍模式，虐待着下一代，形成连续的循环发展模式。多少本具有很大发展潜力的儿童，都被这种残酷的教育模式残害和毁灭，继而变成问题个体或犯罪个体。

因此，笔者向广大的父母深情呼吁，彻底改变你们错误和危险的传统价值观，为了小宝贝的健康成长，同时也为了避免你的小宝贝将来成为问题少年和犯罪青年，请用无条件积极情感关注的养育方式，来取代心理虐待和情感虐待的错误和危险养育方式。

在这里，我们还将引用一个概念，叫"试误学习"，即允许小宝贝在学习时犯错，并给予鼓励和机会让其多次尝试直至成功。实际上，小宝贝出错是非常正常的事，因为他是初学者，当他们体验失败时，正需要父母的情感安慰、鼓励和支持。如果父母耐心而欣然地给予小宝贝多次试误学习的机会，小宝贝最终也会获得成功。

对于非安全依恋型和难养型的婴儿或儿童，均适合用上述无条件积极关注和与其积极互动来矫治。对于胆小的婴儿或儿童，应运用"脱敏疗法"给其耐心解释为什么不要害怕，鼓励其大胆尝试，并反复做出示范，使之与焦虑、恐惧症近距离接触，只要其有一小点进步就及时表扬、赞美与支持。事实上，婴儿之所以会形成非安全依恋型和难养型婴儿，大多是因为在生命早期遭受了不同程度的情感虐待，或需要未得满足，其人格、自尊、尊严和个性遭受过严重伤害，从而造成了生理、心理与精神的种种紊乱。显然，充分尊重小宝贝的各种生理、心理、精神、情感的正常需要极为重要，正如马斯洛的需要层次理论一样，只有个体的低层次需要得到满足后，个体才会逐渐发展出对高层次需求产生需求。这一点对于无助的小宝贝来说尤为重要，因为小宝贝不可能在低层次需求未获得满足之前就像某些成年个体那样，可以对高层次需要产生追求欲望。因此，要想小宝贝对环境产生强烈的好奇心和探究欲望而迅速发展其智力与技能，就必须先全方位地满足他们的低层次需要，只有这个基础建立，他们才能被科学教育开发出更多更大的生物潜力来。

第八节　婴儿期科学人格教育

一、婴儿期人格发展的生理心理特征

人格主要是指个体所具有的与他人相区别的独特而稳定的思维方式和行为风格，源自婴儿期。婴儿一出生就开始展现出独特、稳定的行为和特质，这些行为和特质最终致使他们发展成独特的特定个体。

艾里克森的心理社会性发展理论考虑个体如何理解自己，以及理解他人和自身行为的意义。这一理论提出发展的变化贯穿人一生中的8个不同的阶段。

（一）婴儿期（0～1.5岁）：基本信任和不信任的心理冲突

此时是基本信任和不信任的心理冲突期。当孩子哭或饿时，父母是否出现则是建立信任感的重要问题。信任在人格中形成了"希望"这一品质，它起着增强自我的力量。具有信任感的儿童敢于希望，富于理想，具有强烈的未来定向。反之则不敢希望，时时担忧自己的需要得不到满足。

（二）儿童期（1.5～3岁）：自主与害羞（或怀疑）的冲突

这一时期，儿童掌握了大量的技能，如爬、走、说话等，更重要的是，他们学会了怎样坚持或放弃，也就是说，儿童开始"有意志"地决定做什么或不做什么。这时候父母与子女的冲突很激烈，也就是第一个反抗期的出现。一方面，父母必须承担起控制儿童行为使之符合社会规范的任务，即养成良好的习惯，如训练儿童大小便，使他们对随地大小便感到羞耻，训练他们按时吃饭、节约粮食等；另一方面，儿童开始了自主行为，他们坚持自己的进食、排泄方式，所以训练良好的习惯不是一件容易的事。这时孩子会反复应用"我""我们""不"来反抗外界控制，而父母决不能听之任之、放任自流，这将不利于儿童的社会化。反之，若过分严厉，又会伤害儿童自主行为和自我控制能力。如果父母对儿童的保护或惩罚不当，儿童就会产生怀疑并感到害羞。因

此，把握住"度"的问题，才有利于在儿童人格内部形成意志品质。①

二、婴儿期科学人格培养与教育

根据上述小宝贝这一时期成长发展阶段的生理心理特征，笔者提出下列培养小宝贝科学性人格系统的方法。

（一）提早培养小宝贝的自我知觉能力

自我知觉概念的形成是小宝贝能尽早脱离对婴儿监护人依赖的心理不成熟表现，也是小宝贝自我、自尊、自信和良好人格发展的起点标志，更是培养小宝贝独立人格、独立思维和独立解决问题的第一步。因此，自我知觉的提前教育是培养小宝贝科学人格系统的关键和重要的启蒙环节。笔者认为提前教育的时间在小宝贝4个月大为好，即在他产生陌生人焦虑和分离抗议行为之前两个月，这段时间给予其科学的培养，能使小宝贝对自我、自尊、自信的概念有所知觉。同时，又能使小宝贝把与婴儿监护人的暂时分离看成是正常的事，这样就能很大程度减少小宝贝在陌生人面前和依恋对象暂时分离的焦虑。那么，如何培养小宝贝的自我知觉概念呢？

如让小宝贝先对着镜子观看自己，然后婴儿监护人用手拉着他的手指认他自己的五官、数手指或对镜微笑等，经过每天10分钟、半个月的训练之后，婴儿监护人和小宝贝互相指认其五官和其他身体器官，再经过每天10分钟、半个月的训练后，婴儿监护人在小宝贝的眉心画上红点，并讲解如何抹掉红点并示范，最后给小宝贝画上无毒无害的红色点，协助其抹掉，并鼓励他获得成功。接下来的实验就是婴儿监护人与小宝贝玩躲猫猫游戏，即婴儿监护人隐藏，少许时间后又出现，并在婴儿监护人隐藏时，陌生人友好地出现，然后婴儿监护人又出现。训练中，婴儿监护人隐藏的时间逐渐延长。经过每天10分钟、一个月的训练后，小宝贝就会形成一种条件反射。那就是婴儿监护人的分离只是暂时的，小宝贝所处的环境始终是安全的，婴儿监护人是不会真正离开自己，只是一种游戏或有事离开而已。当小宝贝减少陌生人焦虑和分离焦虑的同时，小宝贝会在自己处在分离期间的环境时，可以心情愉快地探索环境，这便是自我、自尊、自信和独立人格形成的标志。

---

① ［加］居伊·勒弗朗索瓦：《孩子们——儿童心理发展》，王全志译，北京大学出版社2004年版，第300—301页。

（二）避免婴儿监护人对小宝贝的过度保护

在培养小宝贝独立人格这个环节中，我们的传统观念是通常把小宝贝看成是在父母安全庇护下被动成长的附属物。广大的家长们往往心疼自己的孩子，怕孩子受累，去代替完成孩子在社会化成长过程中许多是自己必须学习与掌握的生活技能。记得阎维文在歌曲《母亲》中这样赞扬中华好母亲："你入学的新书包，有人为你拿。你雨中的花折伞，有人为你打。你爱吃的三鲜馅，有人为你做。你委屈的泪花，有人为你擦。啊，这个人就是妈……"显然，这位慈爱的母亲，把孩子发育成长过程中必须自己解决和操作的事全都一一包办替代。可这种落后而错误的养育方式却被我们传统正文化描述成慈爱母亲、伟大母爱的典范行为。其实，根据儿童发育成长的生理和心理规律以及相关的科学理论，孩子在学习和掌握这些生存技能的同时，其大脑神经会发生新的神经联结，这有利于小宝贝大脑的生理与心理性的发育。另一方面，如果小宝贝自身的生存技能不高，相应的社会技能和智力发育就会在同伴竞争中处于弱势，这会影响其自尊、自信和自我效能的发展。同时，也会使小宝贝在生活和心理上，仍然倾向于依赖父母，难以发展出独立思考与自立能力，这对其科学人格的发展是非常有害的。

事实上，在这种普遍性传统价值观影响下，我国绝大多数传统家庭养育成长起来的孩子，大都在科学创造和解决实际问题上，缺乏敢于独立、冒险、挑战、竞争、应对困难和受挫勇气，以及独立思维、创造创新的冲动与能力。比如，大多数父母在训练小宝贝学习走路的过程中，只要小宝贝一摔倒或哭叫，父母就会立即将其抱起，又疼爱又安慰，而且还会责怪地面不平等。这样的结果，并不能起到训练小宝贝走路技能的作用，反而阻碍了他独立解决困难与问题、独立生活与生存能力的发展。同时，还在心理上误导小宝贝产生独立克服困难和解决问题的认知，这对于小宝贝独立人格的发展是不利的。

科学的教育办法是：当小宝贝跌倒时，只要不是伤势过重必须送医院就诊的情况，婴儿监护人没有必要去扶他，应该走到小宝贝身边，用温暖的、激励的话语鼓励他自己爬起来继续行走。多次以后，摔倒后，他不会哭叫，也不会依赖婴儿监护人，而是自己解决自己的问题，这就是自我、自尊、自信、自我效能和独立人格形成的开始。

（三）婴儿期延迟满足能力的科学教育

延迟满足是指为了长远的、更大的利益而自愿延缓或者放弃目前的、较小的满足。萨勒在实验中分别对一群4岁的孩子说："桌上放两块糖，如果你能坚持20分钟，等我买完东西回来，这两块糖就给你。但你若不能等这么长时间，就只能得一块，现在就能得一块！"这对4岁的孩子来说，很难选择——孩子都想得两块糖，但又不想为此熬20分钟；而要想马上吃到嘴，又只能吃一块。

实验结果：有2/3的孩子选择等20分钟得两块糖。当然，他们很难控制自己的欲望，不少孩子只好把眼睛闭起来傻等，以防受糖的诱惑，或者用双臂抱头，不看糖或唱歌、跳舞，还有的孩子干脆躺下睡觉——为了熬过20分钟！有1/3的孩子选择现在就吃一块糖，实验者一走，他们1秒钟内就把那块糖塞到嘴里了。

经过12年的追踪，凡熬过20分钟的孩子，都有较强的自制能力，自我肯定，充满信心，处理问题的能力强，坚强，乐于接受挑战；而选择吃一块糖的孩子，则表现为犹豫不定、多疑、妒忌、神经质、好惹是非、任性、顶不住挫折、自尊心易受伤害。在后来几十年的跟踪观察中，实验者也发现那些有耐心等待吃两块糖果的孩子，事业上更容易获得成功。

笔者认为，上述实验，阐明了个体意志力培养的原理性的理念。在科学人格系统中，意志力的坚强、坚忍不拔是个体最终战胜各种困难、艰险而取得成功的重要人格因素，同时，这一意志力对于个体今后的成长过程中有效抵制各种毒品、破坏、攻击、性侵、习惯性欺骗、赌博、酒驾、游戏、早恋、挑食等不良行为诱惑能力的关键。由于婴儿期是其人格形成和发展的情感基础形成的关键期，因而，代表意志力控制的延迟满足能力的这一科学人格系统因素的培养，应提前到这个关键时期来进行教育。

在提出培养小宝贝延迟满足能力之前，我们还应了解如何塑造和改变小宝贝行为方面的科学理论，了解它能为我们提出具体的方法有所帮助。

操作性条件作用是斯金纳行为主义的核心。在操作性条件下，行为产生的后果导致行为发生概率的改变，在这里，操作性条件作用指强化和惩罚。强化（奖励）是指增加行为发生概率的一种后果，与之相反，惩罚是降低行为发生概率的一种后果。

培养小宝贝延迟满足能力的科学原理和现实科学教育定义是：当小宝贝受到生理和心理欲望的强烈驱使时，客观要求其忍受这些需求所产生的焦虑与不安而耐心等待。这是对其自律性的内部控制力和人格意志力的训练，因为在现实生活中，个体的每一种生理、心理需要、愿望不是随时都可以得到顺利满足。它不但受多种客观因素制约，还会受到社会文化、道德、习惯、规律、制度、法律等社会价值观念的约束。如果个体一旦有需要产生，就不顾一切地非要得到满足的话，那他就会对上述种种社会价值观不屑一顾，采取轻视的态度而以轻易违反规则的行为来满足自己合理或不合理的需求与愿望，这就容易使个体形成诸多负面心理和人格特征，其行为就会倾向于违法犯罪。需要指出的是，犯罪心理和犯罪人格形成的生理、心理基础就是对自己的生理和心理需求与愿望不能延迟满足。因为没有它就没有内部自律能力，就不会形成理性的人格意志力来约束自己的冲动行为，其价值观就会认为满足自己合理或不合理需要都是先天应该的，一切社会约束都是不对、无效和敌对的，进而产生更严重的反社会人格、情绪和态度，这就为其诸多负性行为提供认知和行为动力。

相反，如果小宝贝面对种种诱惑时能有效控制自己的强烈欲望，那么，他就会接纳诸多正面社会价值观而把它们视为行为前必须考虑的社会禁忌。因为他们从小就知道，自己在面临种种需要之前，要遵守社会多种价值观的约束，同时还需考虑他人的诸多利益与感受，这样前提下的行为就有利于社会的稳定与和谐，这正是文明社会所需要的。可以说，延迟满足能力的培养，是个体优秀品格与人格形成的基础，也是个体早期培养积极情感的基础。因此，在对小宝贝的人格培养过程中，每一环都不可忽视，必须一环紧扣一环，这样就很容易培养出积极的人格来。

小宝贝1岁以后，可以对他实行进一步的延迟满足的教育。具体方法如，全家人在一起吃饭或吃水果时，可以要求小宝贝等一下某位长辈到齐后一起吃。可以设置这样的教育情境，每一次换一位长辈故意因正事迟到30秒（以后逐渐加快），在场的其他家人都鼓励小宝贝等待那位有事的长辈。迟到者到了以后，首先要真诚地解释自己迟到的原因和请求谅解，然后对小宝贝能等待自己的行为给予热情的表扬和称赞。这样的情境设置是要让这种社会性的称赞鼓励得到正面强化，促使小宝贝将这种正性行为尽快为化为自己的道德价值观；另一种情境设置是，先给小宝贝一个其喜欢但不是特别喜欢的玩具或食物，并告诉他："如果你能先不玩这个玩具或不吃这种食物，等一会儿就会有你很喜欢或最喜欢的东西给你。"建议开始时用1分钟，以后逐渐加长时间，然后扩大延迟满足的范围，如小宝贝在饥饿、口渴时，或很想玩某种游戏时的训练。当小宝贝的这种正性行为形成后，还要进一步设置这样的情境教育。如当茶几上摆有水果或糖果时，要求小宝贝挑选最大的先给爷爷、奶奶、外公、外婆，然后是其他亲戚长辈、父母，再是同辈的哥、姐、同伴、弟、妹，最后小宝贝自己选择较小或最小的。当小宝贝在鼓励之下做到后，必须给予其热情的鼓励，并要讲解利他人在先、利自己在后的高尚品格。

不过有些父母会担心自己的小宝贝在往后的社会交往中吃亏。其实不然，在现实生活中，这种慷慨大方、不斤斤计较得失，一贯倾向于关心、帮助和利他的人，不但能展现自己的高情商而拥有强大的人际关系网，还能将这种高尚人格应用在商业竞争中，往往能推动个体的巨大成功。李嘉诚曾说："如果你应当拿10%的股份，你拿了它，生意可以照常做。如果你只拿9%，那你将财源滚滚。"显然，这种延迟满足能力的培养是在培养小宝贝的道德情商。请父母们改变你们陈旧而不科学的人生价值观，让你们的小宝贝从小学会热情的利他行为吧，这对于小宝贝将来的人生成功有重要作用。

根据上述科学前辈如何塑造和改变小宝贝行为的实验和理论，笔者认为，这种提前教育应在小宝贝1岁时开始。这个时候小宝贝已经能比较清楚父母的许多要求的意义。由于小宝贝已对某些物品产生了想要和拥有的需求，所以，这种提前教育可以先从道德萌发的途径开始。如，要求小宝贝把自己喜爱的食品分享给爷爷、奶奶、姥爷、姥姥、爸爸、妈妈等长辈或同伴。当然，长辈或同伴送礼物或食品给小宝贝时，应要求小宝贝表示谢谢。这样的互动中，让小宝贝把他手里的东西送给其他人，当小宝贝被鼓励送出礼物给他人时，要给予及时的表扬并给其另外的物质奖励。多次之后，小宝贝就会认为送给别人自己喜欢的东西是十分正常的事，以后他会表现出很慷慨的行为。这样的教育不仅在道德上培养了其善于利他和亲社会的亲和品德，同时又为下一步培养其延迟满足能力打下积极心理与情感基础。

笔者在这里提出了一些培养小宝贝延迟满足能力的方法：

（1）培养小宝贝的自我控制能力，要遵循小步递进的原则

不要期望孩子一开始就能等待过长的时间，如果最初的延迟时间过长，会让小宝贝灰心丧气，放弃追求的目标和信心。正确做法是：只要孩子能等上3分钟的时间，并且在等待的时间里不哭不闹，就算成功。成功后要及时对小宝贝进行奖励，如热情拥抱和赞扬。后继的训练需逐渐延长时间，一直到其达到随时自律自控的程度。

（2）培养小宝贝的自律行为

小宝贝还小，往往需要通过他律才能做到延迟满足。但婴儿监护人可以鼓励小宝贝尝试自我监督。小宝贝在等待时，婴儿监护人先离开，回来后若发现小宝贝成功了就及时给予奖励，除热情拥抱和赞扬外，还应有新的礼物。如果没有完成，应该继续鼓励他，督促他向乖孩子的目标靠近。

（3）采用代币法来延迟满足

等孩子年龄稍大一点时，婴儿监护人可以和小宝贝约定，如果要新礼物或想获得他喜欢的事物，就要在规定时间内，用每次表现好受到奖励并积累起来的"五角星"来进行交换。一般在小宝贝积累5次或10次后就可以满足自己的需要。小宝贝每次获得"奖励"的过程就是一种等待。婴儿监护人每次给予奖励的标准一定要统一，不能失去原则性。

(四) 婴儿期科学人格的培养

在塑造民族性科学人格系统这一重大问题上，前面我们已经做出了7项规划，在这里，我们将一一进行培养，其具体教育方法如下：

1. 避免对小宝贝造成情感伤害

由于长辈权威专制的传统观念在我们价值观中根深蒂固，使得我们广大的父母在对待自己的孩子时，都会无意识地轻视、忽视和伤害他们的人格、自尊与尊严。当然，这种价值观念的转变需要一个过程，为了加速这一过程，笔者建议我国进一步立法保护婴幼儿和儿童的合法权益，避免对其施予种种情感伤害与虐待。从而使整个社会都形成这种普遍积极的价值观念，更好地保护小宝贝们避免遭受被传统所忽视的生理、心理伤害和虐待。笔者现将这些被传统忽视的对小宝贝的伤害和虐待行为举例如下：

（1）对小宝贝人格、自尊、尊严等权利方面的情感伤害与虐待的态度和行为有："你滚，别让我再看见你""胡说""早知道你是这样，还不如养条狗""就你这样，还想当明星""把你那些破东西给我扔掉""当个小组长有什么了不起""你怎么这么笨""你的画太难看了""你懂什么""大人谈话小孩别插嘴""跟你爸一个德行""你成绩这么差，将来只有扫厕所""说你几句你就不高兴，我看你要上天了""你真是白日做梦，那是绝对不可能成功的事""小孩子到一边玩去，大人在讲正事""你一点礼貌也没有，快叫阿姨""你看人家×××，比你强太多了""你的鼻子长得真难看，太塌了""这么简单的事你都不会做，你还能做什么""你不行，让我来做吧""你真给我丢脸""瞧你这幅窝囊相，脏死了""你是妈妈捡来的""你怎么老毛病又犯了？我真想抽你""谁稀罕你那点东西送给我"（上述几条都是对小宝贝自尊、人格与尊严的伤害，很容易伤害小宝贝对事物探究的冲动与兴趣，更容易阻碍其建设性人格的发展）。

"我让你吃得好，穿得好，你还有什么不满足"（这是误导和打击小宝贝高级心理需要的做法）；"别动它，你太小了，让妈妈来帮你"（这是阻碍小宝贝探究事物的过度保护，容易使小宝贝缺乏多种社会技能的兴趣而导致其社会地位降低）；"别烦我了，你没看见我正忙吗""你有完没完，你再问为什么我就揍你"（3～6岁小宝贝在进入疑问期时，会因对外界环境的好奇心和种种兴趣而产生许多疑问，如果婴儿监护人能给予不厌其烦、温和、热情、启发式的科学解答，这将帮助小宝贝建立起独立、理性和科学逻辑思维的认知。如果拒绝、威胁小宝贝提问，这将扼杀小宝贝对外界事物的好奇探究和认知的冲动与欲望，进而阻碍其科学思维的开启）；"你真是个胆小鬼"（小宝贝在人格、自尊受伤害或恐惧时，容易产生认同权威成人乱贴的消极标签，从此破罐子破摔）；"不要领朋友到家里来，搞得家里乌烟瘴气"（小宝贝需要建立自己积极的朋友圈和人际关系，婴儿监护人应给予热情的支持，让他的朋友们到家里来共建友谊，使小宝贝从小就有交朋结友的好习惯，这对于培养其人际关系能力有重要帮助）；"快说你不要，咱家里还有呢"（当熟人、亲朋赠给小宝贝礼物时，成人让其拒绝，这样会误导其在人际关系互动中待人接物的正确价值观、态度与行为的联系）。

（2）婴儿监护人滥用长辈权威。如"绝对不许与人吵架打架""谨防老子揍你""不许这样，你听见没有""放学回家，不许在路上完，更不许打电子游戏""我说不行就不行""你居然敢和老子作对""谁让你撒谎了""我的话你敢不听""滚出去就永远别回来""老子说的永远是对的""老子给你吃，给你穿，打你就是应该的""你怎么就是不听话""按我说的做就行了，别问为什么""你跟那个女（男）孩是什么关系""你总是这样""你能不能安静一会儿""父母为你花了很多钱，你要争气""不准失败""如果你这次考不好，看我怎么收拾你"（这种命令式和武断的专制作风，很容易致命小才天恐惧、退缩或逆反，由此形成各种不良行为习惯）。

小宝贝如果长期在婴儿监护人的情感伤害和虐待下，除了前面所述的多种伤害以外，他还会形成习惯性无助心理。在第一章我们曾讨论过民族性习惯性无助的问题，婴儿、儿童个体在社会性情感受到伤害、虐待时，会形成消极人格，表现出对环境和社会多方面的退缩、回避、害怕、恐惧的人格性情绪模式，这种人格性情绪模式将使个体缺乏对外界环境的好奇和探究欲望，当然也不会形成竞争、挑战、冒险、征服困难和逆境的勇气、意志和毅力。这些人格要素的缺乏，就会导致小宝贝学习社会技能面临种种困难。严重的是，一部分小宝贝会因此而形成不满、逆反和反社会人格，使其价值观认知和行为趋向于出现问题和犯罪。

长辈权威专制的滥用，还会导致小宝贝人格、思维、思想、行为难以独立、自主和自由，更会使其在主观和客观上形成无法超越长辈和前辈的自卑心理。现实中不能超越长辈，这对于小宝贝科学人格因素的形成，具有严重的阻碍作用。这正是中国历史几千年的发展历程中，后代不能超越前代的社会不良传统的延续。

（3）误导小宝贝。如，"这没关系，长大就好了""你这个人来疯""千万别得罪老师""不要搭理那个坏孩子""如果你能一百分，就给你一百元钱，九十分就给你九十元钱（小宝贝会发展这种错误的逻辑推理，那么考十分也能得十块钱呢）""那么难看的东西你还当个宝""看你那德行，还臭美呢""是妈妈对你好还是爸爸对你好""你是个坏孩子""当班干部会影响学习""没事，反正这事没有人看见""他打你，你为什么不打他呢""捐什么款，小孩子哪有钱""姥姥有钱吃和住，小孩子你操什么心""别人的事你不用管，管好自己的事就行""老师太偏心了""那个老师真没水平，他怎么能教好孩子"，等等。

这些错误的教育对于小宝贝来说，都是误导。婴儿监护人自己首先要拥有正确的人生观、世界观，要给小宝贝暗示和传递积极、正确和科学的价值观信息，小宝贝正处于懵懂无知的社会化成长过程，他还分不清什么是对什么是错，婴儿监护人就是他尊敬和效仿的社会性参照权威，他会接纳并仿效其观点。当婴儿监护人或教育者用消极负面的观点和行为给小宝贝做出示范时，小宝贝就会一一地认同、接纳和仿效，随之形成种种负面的思维与行为模式。

（4）标签理论认为，当个体被对其有影响的权威对象，如父母、教师、朋友、邻居、警察等贴上犯罪人标签，甚至以犯罪人相待时，个体就会真的以犯罪人的身份行为行事，进行犯罪，从而成为一个真正的犯罪人。为什么标签会导致个体走向消极负面呢？因为小宝贝正处于他律道德的认同期，处于这一时期的小宝贝会把婴儿监护人看成自己心目中的权威，必须尊重与服从，所以，这时期小宝贝会认为，他们心目中认同和信赖的社会权威榜样对象所发出的标签信息是正确的，他们的每一句话和指令，都有使自己顺从和服从的权威性。小宝贝对自己的认知评价，一般都是依照成人权威这个社会权威参照来评价的。如果这个社会权威参照都认为自己是一个坏孩子，那么小宝贝就会认同和接纳这一标签性的评价，并把自己视为符合标签形象类型的人，他就会照其行为标准行事。因此，婴儿监护人决不能因小宝贝某一不良行为的暂时性或习惯性，而乱给其贴上坏孩子的标签。相反，根据小宝贝容易接受社会权威参照的心理规律，婴儿监护人可给小宝贝先贴上"乖孩子""聪明孩子"的标签，再引导他按这种积极人格的标准行为行事。这样可将小宝贝的不良行为与习惯逐渐改掉。

（5）恐吓、挖苦小宝贝。如"再哭，我就不要你了""再骂人就把你的嘴用针缝起来""再拆坏玩具，我就再也不给你买了""边打边骂地对'小宝贝'说：'改不改'""你走不走？不走我走了""等你爸爸回来再收拾你""你再闹，晚上会有鬼来抓你""你再不听话就把你丢在动物园喂老虎"，等等。

小宝贝正处在身体技能迅速发育的时期，恐吓会给他们的精神带来压力，加剧内心冲突，引起恐惧、紧张、害怕和焦虑，这将影响其大脑神经系统的正常发育。研究表明，小宝贝在长期恐惧、焦虑的笼罩下，由于过分进行生理应急，其大脑皮质对皮下中枢的调节能力降低，自主神经和内分泌会失调，内脏功能紊乱，容易诱发消化系统的疾病，进而影响大脑核仁和边缘海马的正常发育。如果这些器官发生萎缩，小宝贝将出现气质型焦虑或儿童自闭症。我国现阶段有 100 万自闭儿童，这除了基因和病理原因外，还与婴儿监护人的上述种种情感恐吓和挖苦有很大的关系。这个悲哀现实应当能唤醒广大的婴儿监护人，切实做好尊重小宝贝的人格、自尊和尊严等各种权利，努力改变自己上述习惯性对小宝贝们的忽视和情感伤害，从而尊重小宝贝的种种权利使之得到有效的保护。

（6）溺爱小宝贝。如，"没关系，这个弄坏了妈妈再给你买一个""我们家再穷也不能亏了你"（于是父母省吃俭用给孩子提供超过家庭收入与支出比的优厚待遇）；"宝贝，那样太危险了，以后绝对不要再做这种冒险行为了，妈妈担心死了""这不能怪你，因为它对你这个年龄来说实在太难了""我这样都是为你好""为了妈妈，我求你再练习一次好吗""你一定要努力，妈妈这一辈子就靠你了""爸爸、妈妈的苦心，为什么你就不明白呢""你只要好好学习，什么事也不用做，一切都让妈妈来为你做后勤""乖乖，我不会让你吃一点苦和受一点委屈""别人家的孩子有的，我们家的孩子一样也不能少""都是 xxx 不对，我家 xx 没有错""妈妈代你去赔礼道歉""稀罕他这个。走，妈妈给你买一个比他还好的""只要你喜欢，我就是把天上的月亮摘下来我也愿意""你说 xxx 比我家乖乖的语文好，那有什么了不起"，等等。

实际上，婴儿监护人对于小宝贝的上述种种过分的溺爱，也是一种情感伤害和虐待，因为这样会纵容小宝贝对自己、他人和社会产生种种错误的认知，这样会导致小宝贝难以树立起正确的公共价值、人际尊重和遵纪守法观念，从而导致小宝贝的行为倾向于错误的价值观而随意表现出错误行为，没有自我约束和不受社会控制，它会进一步导致小宝贝形成较多的消极负性人格，不利于其科学人格的形成。

2. 婴儿监护人观念、态度和行为的一致性

婴儿监护人在教育小宝贝时，必须先要统一诸多正确的价值观念、态度和行为，并对小宝贝做出生活、行为方面的明确规范标准。这种一致性，使小宝贝本来比较模糊混乱的诸多价值观、是非观念逐渐变得分明，并使其认知和行为都趋向对这些规范的认同与服从。但现实中，很多成人的观点、态度和行为不一致，一时一个样，父亲与母亲推行的标准有差异，面对小宝贝的同一种行为，一个批评，一个保护；一个说可以，一个说不行；一个态度温和，一个态度粗暴。这样的结果会使小宝贝形成接纳对他有利的规范。如此一来，小宝贝就会形成双重服从标准，父亲在时一套服从标准，而母亲在时又是另一套服从标准，他会畏惧其中一位而在另一位面前表现得胆大妄为。这会造成小宝贝善

于用假话、谎言和表里不一的思维意识，作为消极对待自己不利的一切规范。其结果，小宝贝的认知、情感、道德认知会走向偏差、偏激，甚至极端和犯罪，也会形成双重人格，在生活中往往会因人因事表现出两面性，这对于小宝贝的科学人格形成十分不利。因此，婴儿监护人应严格统一诸多社会价值观、道德标准、态度和行为等的认知标准，给小宝贝一个十分明确的判断标准，并具有恒定性，不能朝令夕改。只有这样，才能尽早地培养小宝贝对生活、行为和事物的正确观念，从而为其行为的正确服从与执行带来一致性，使其最终培养成具有积极、科学人格系统的好孩子。

3. 理论与实践相结合的科学人格系统教育

对于小宝贝的科学人格系统教育，笔者认为，只要婴儿监护人切实做到避免造成对小宝贝的上述系列情感伤害和虐待，与他们平等、亲密相处，用跨学科知识来影响他们，并注意诚信、公平、公正、平等、正义、守法、理性、自律、宽容、包容、同情、尊重他人权利、乐于社交、利他和亲社会性的高情商、爱自然、爱生物、爱知识、爱真理、爱思考、爱钻研、爱追根问底的建设性倾向，敢于自我批评和接受他人批评、理性评价自己和他人与客观事物，挑战、冒险、控制、克服困难、解决问题等的价值观培养与教育，用各种实物或实际场景做示范，理论与科学实验同步教育，可重复的试误学习，而且还需结合许多科学前辈和笔者所提出的科学教育理论，进行同步练习，同时运用好及时奖励的方法，还要在以后的教育中进一步培养小宝贝的更多技能，这样才能培养起小宝贝积极的情感；有了这一积极情感，他们就自然会形成开放乐观、爱好广泛、崇尚理性、真理、智慧与博学，热爱大自然、个性自由、积极进取、勇敢冒险探索和百折不挠、敢于怀疑和挑战权威、敢于认错并接纳社会批评和自我批评，富有强烈的好奇心和幻想、善于精细观察、逻辑思考和科学实验，具有独特审美力、具有科学思维与全球战略思维、丰富想象力和爆发式创造创新激情冲动，喜欢改革创新和自我现实倾向，诚实、忠诚、友好、博爱、具有亲社会情感、重视社会契约和义务、尊重他人利益、秉持平等公平正义和守法的原则的科学人格系统，有了这样的建设性人格系统作为自身行为的内部动力引擎，就会驱使小宝贝的行为朝着创造创新的建设性的方向迈进。

培养小宝贝的中华民族性科学人格系统，需要从婴儿期（0～2岁）到幼儿期（2～6岁）和儿童期（6～12岁），持续到青春期（12～18岁）等关键期一直到大学毕业为止，并逐步增加深度与广度。但对于婴儿期的小宝贝来说，对其进行科学人格的培养方法主要是先向其灌输上述科学人格的价值观，在小宝贝心灵上打下深深的烙印，让其知道符合这些价值观的行为都是积极建设性的，是受喜欢和认可的。利用他律的方式让小宝贝去服从。

第九节　婴儿期中华雄狮精神的培养

婴儿时期，主要是通过向小宝贝灌输上述科学人格价值观来促进其对中华雄狮精神内涵的启蒙，主要在情商、诚信、个人英雄主义、多种狮性基本生存技能等方面去培养与训练。①在情商培养方面，主要是通过婴儿监护人及时合理满足小宝贝的生理与心理需求，与其发展好安全依恋关系，做好延迟满足训练，避免情感伤害和情感虐待，以此来培养出小宝贝的积极人格及诚实守信的倾向。②在个人英雄主义方面的培养与训练上，鼓励小宝贝在安全的情况下进行主动积极的环境冒险探索行为。在冒险探索过程中，当小宝贝遇到困难、摔倒或失败时，避免过度保护而使之放弃探索行为，而是鼓励小宝贝继续自己解决困难，勇敢再探索，尤其是鼓励其在多次失败的情况下坚持不懈，这样才能使其在实际追求和探索中学会自己解决问题、克服困难和战胜失败，从而培养起个人的英雄气概和行为倾向。同时也能培养其面对困难时具有不畏惧、敢于牺牲的精神。③在狮性基本生存技能培训方面，这一期主要先培养小宝贝生活自立方面的能力，比如上述多种生理性反射的技能，自己坐、立、翻滚、爬、走，手脚对物品抓握、踢打及运动，自己穿戴衣裤与鞋帽，自己洗脸、洗脚、洗澡，自己吃喝拉撒，自己使用毛纸等学习用具，自己使用各种家电、家具物品等能力的训练。目的是要让小宝贝在这些运动技能的成长关键期就开始练习，使其尽早掌握。掌握越早，则有利于小宝贝对环境的探究和认知能力的发展。

其方法是鼓励小宝贝不断加大与婴儿监护人距离的独自探索行为，逐渐消除恐惧和焦虑心理。尤其在小宝贝遭受挫折时，不能轻易因疼爱而使其中止或放弃探究行为。这时更要给予情感支持和精神鼓励，只要坚持多次，小宝贝就可以形成这种优秀人格、气质和品格，并能持续终生。

此外，婴儿监护人不要认为孩子太小，无能力承担许多生活中的事情。其实，每一位孩子在初学阶段都具有浓厚的兴趣，但往往动作笨拙，一段时间都很难做好，这时婴儿监护人应该让孩子有多次试误学习的机会和耐心，婴儿监护人不能以成人学习的速度和标准来要求孩子。

在学习中不批评，不说丧气话，在孩子遇到挫折时，尤其要给予更多的支持、关心和鼓励，允许多次失败，让孩子在不断的错误和失败中逐渐学会这些生活技能，这样才能让孩子健康、愉快地发展。

第十节 婴儿期智力发展与科学教育理论的创立

一、婴儿期的生理发展与科学教育

(一) 理论认知与实际操作同步发展理论

小宝贝的视觉、听觉、嗅觉、味觉、触觉、运动等器官在胎儿期已经发育完好,但仍未成熟。出生后,其进一步的发育,是在不断地成长过程中逐渐成熟的。再则,这些身体器官是小宝贝生存所依赖的,小宝贝在认知外部事物时,就是靠这些不同功能的器官来感知的。先让我们来了解小宝贝在婴儿期的感觉生理与心理特征。

感觉是物质刺激被转化为神经冲动(它能够传递给大脑,并且进行解释)时所获得的影响。感觉依赖于有机体的多种专门化的感觉器官——眼睛、耳朵、鼻子与味蕾。小宝贝在发展中获得运动能力(如伸手接触与抓握、扭动身躯)与感觉能力(如看、摸、尝、听与闻的能力)之间产生协调时,这样就构成了小宝贝的感觉运动。

直觉是大脑对感觉的解释。红颜色的波长影响婴儿的视网膜,在他们的视觉神经中引起活动,使小宝贝知觉到颜色正在刺激他们。如果红色与其他颜色相比较或区分,就形成了概念的功能化。

概括起来,感觉主要依赖感官的生理过程对客观对象的感知;知觉是对感觉效果的认知;概念化是一种比认知更加智力化的过程。综合看来,这三个过程是小宝贝接触并理解这个世界的基础。那就让我们来解析小宝贝的各种感觉器官知觉、记忆、语言与智力认知的能力。

1. 出生时的视力

新生儿的视网膜细胞在出生时非常不成熟,这使得新生儿只能把目光集中在约12英寸(30厘米)远的地方,到6个月时,其视力已达到正常成人水平。双眼视觉大约在14周时发育成熟,这是来自两只眼睛的成像结合起来得到有关深度和运动方面信息的能力。深度知觉是非常有用的视觉能力,它能帮助新生儿获得有关高度的知识,以避免跌落。

婴儿出生时就表现出明显的视觉偏好。如出生几分钟的婴儿对不同刺激的特定颜色、形状和结构有偏好。他们喜欢曲线胜过直线，喜欢三维图形胜过二维图形，喜欢人脸胜过非人脸图形，尤其对母亲的面孔产生视觉偏好。这种能力可能反映了大脑中存在高度专门化的细胞对特定的模式、方位、形状和运动方向进行反应。

颜色视觉。新生儿（1～7天）能够在那些纯粹是白色、绿色、黄色与红色的颜色之间进行分辨。到两个月后，他们能更好地分辨颜色。到4个月时，他们不仅能够分辨颜色，而且还会显示出对诸如纯红与纯蓝这样一定颜色的偏好。[1]

2. 听觉

新生儿对所有类型的声音都具有反应，他们对声音强度的敏感度，比成人稍微差一点。他们好像更喜欢高频率的声波、高度悦耳的音调、更加动情的声音。他们非常适应倾听人类的话语声音，3天大的婴儿能够分辨不同的声音，并且更喜欢母亲的声音，他们更喜欢听在他们出生前母亲唱过的旋律。

2个月大的婴儿可以辨别不同人的说话声，当同一个人用生硬的、愤怒的语调，或者愉快的、柔和的语调，婴儿的反应也会起变化。他能在听成人讲话和发出其他声音时，能准确使自己的身体运动与讲话的声音模式同步。另外，2天大的婴儿对他们周围常说的语言表现出一定的偏好。[2]

3. 嗅觉、味觉与触觉

有证据表明，早在怀孕之后的28周，胎儿就对气味具有敏感性。婴儿还会基于在母亲子宫的时候母亲的饮食而形成味觉偏好。如孕期常喝胡萝卜汁的孕妇，她们的婴儿对胡萝卜的味道有一定的偏好（Menella，2000）。另有研究表明，出生才1周的婴儿已能辨别母亲的气味和其他人的气味（Macfarlane J. A.，1975）。婴儿特别喜欢甜味，尝到苦味时表情会很怪异，当遇到酸性味道时，就会紧闭嘴唇。

婴儿受伤时，他们心跳加快，出汗，面部表情痛苦，哭声的强度和声调也变了（Wanock & Sandrin，2004）。

婴儿对触摸的反应也是敏感的。即使很小的婴儿对温和的触摸都有反应，比如轻柔的抚摸可以使苦恼、焦躁的婴儿安静下来（Hettenstein & Campos，2001；Hertensteim，2002）。

---

[1] ［美］罗伯特·费尔德曼：《发展心理学——人的毕生发展》，苏彦捷等译，世界图书出版公司2007年版，第124页。

[2] ［美］罗伯特·费尔德曼：《发展心理学——人的毕生发展》，苏彦捷等译，世界图书出版公司2007年版，第128页。

婴儿感受触摸的能力对他们努力探索世界特别有帮助。触觉是婴儿获取有关这个世界信息的一种方式。对婴儿来说，学会伸手与抓握非常重要。抓握允许婴儿接触并感觉到世界的部分内容，从不同的角度和感官来观察世界，将许多物体放入嘴中进行吸吮，尝尝它的味道。特别是当与运动能力结合在一起的时候，它提供了一种极有效的探索与学习的方式。如6个月大的婴儿倾向于把任何东西都放进嘴里，通过该物体在嘴里的感觉反应来获取有关其结构的信息。[①]

从上述小宝贝各器官所具备的惊人能力，我们发现，小宝贝是一个充满好奇和探究冲动的，拥有较大生物能量的有机体，他们的发育成长是在不断重复的各种行为活动积累中实现的。我们要培养的是具有创造创新能力的婴儿个体，他与平庸个体的区别就在于接触刺激、认知事物表象与内在体质的深度。要做到这一点，小宝贝必须先掌握相关的技能，这些技能主要表现为运动技能。因为运动技能的成熟度能帮助小宝贝更多地接触更广的物体和环境，从而使其见多识广。显然，先学会爬的小宝贝就比后学会者所认知的物体与环境多得多，熟悉物体和环境的形状、大小、颜色、特性等特点和信息，有助于小宝贝的记忆、空间知觉、形状知觉和特性感知等，这些将引发小宝贝的理解、分析和思维的开启。

显然，传统教育中，婴儿对外部环境和事物的认知是随意和放任的。并且，中国本土教育一直注重理论的灌输，与实践严重脱节，如在大学教育毕业之前，对于学生个体来说只是理论方面的学习，较少进行实践方面的实际操作和科学实验，由此而发生理论与实践脱节，这使得学生个体的大脑神经没有得到理论与实践的相关联结，因而，学生个体并没真正掌握科学创造与创新的更多技能。

笔者认为，为了让小宝贝对环境和事物进行正确、科学的探究与认知，必须从其出生开始，就进行理论认知与实际操作的同步训练，使其从小就形成习惯性的学习认知行为。这样有助于其一生形成理论与实践同步的科学学习与研究习惯。笔者将这一科学学习理论称为"理论认知与实际操作同步发展理论"。

理论认知与实际操作同步发展理论的定义如下：小宝贝的某种行为是由于需求动机驱使，经过反复失败的经验获得而最终成功。如果小宝贝在其经验积累过程中得到成人的理论、行为示范帮助，并与实际事物的感觉、认知、探究

---

① ［美］罗伯特·费尔德曼：《发展心理学——人的毕生发展》，苏彦捷等译，世界图书出版公司2007年版，第133页。

同步，这将会减少其探究的失败而较快获得成功。这实际上就是理论与实践相结合的科学原则，我们把这一同步进行的过程就叫作"理论认知与实际操作同步发展理论"。

这一理论对小宝贝在具备各种运动能力后，即将进行简单的科学实验与理论相结合的同步发展原则，提供十分有利的协同发展帮助。

（二）如何训练小宝贝的感觉技能

在继续小宝贝出生初期的训练后，我们还需根据其各个器官的生理、心理发育、功能敏感度、强弱及发展规律，对小宝贝施予进一步的科学教育方式。

1. 在视觉方面

在继续前期的蔬菜、水果等实物的物理性质的认知外，可进一步制作一些数学线条，几何图形，二维、三维等图形轮廓，让小宝贝辨别学习，并一一介绍这些图形的名称、区分要点，还可当场边画图形边教小宝贝。经过2个月的训练后，再用与这些图形相似的食物或其他物品进行对比性的启发和确认。这种教育与训练要持续，让小宝贝认知更多的图形和相似物品，然后再进一步介绍这些图形的基本性质和基础数学几何知识。

上述教育的目的不仅让小宝贝逐渐认知理解事物的各种概念，以及基本的生理和物理原理。同时又能与其他相似物品作比较，这些都是科学的方法和思维形式的锻炼，让小宝贝从小就开始懂得科学方法的操作与探索，并发展出对物物间的联系、相似、对比的科学思维形式。

2. 在听觉方面

婴儿监护人使用音视频训练时要注意运用高频、高压悦耳的音调，尤其是带有戏剧情境的丰富语调的声音配合相关的表情给小宝贝阅读与讲解，并时常以实物、图画等同时出现。这种教育可使小宝贝对教学内容产生丰富的联想和想象，达到自然性的深度记忆效果。当小宝贝3个月大时，即开始让他认识各种动植物的特性、颜色、形状、生理习性、器官功能等基础生态规律知识结构，并告之哪些动植物可能对自己造成伤害以及如何避免。1岁以后可向小宝贝介绍进一步的相关知识，如对动物进行食物链区分的习性分类，各自器官功能的规律性特点。此外还有对大自然各种常见景观、天气、气象、天文等现象的本质规律进行基础教育。

3. 在嗅觉、味觉与触觉方面

主要是应用各种常见食物或物品（安全的）让小宝贝进行嗅、尝、摸等感官体验。同时给其介绍有关的外貌性征和内在性质等，然后要当场切开食品或物品，使他从不同的物理角度和几何形状以及视觉、听觉的全方位综合角度来认知这些食品和物品，由浅入深，主要从其物理性质和化学性质的基础知识循序渐进。

在认知食品和物品的物理和化学性质时，当小宝贝开始讲话后，就应该开始科学实验的提前教育。为什么现在就开始呢？

人类个体的行为和思维模式倾向，早在胚胎时期就受到外界环境、社会价值观的影响，并与自己生理情感、个性等交互作用而逐渐地形成。人类科学发展史表明，多数化学家、物理学家在少年时期就开始了科学实验这种科学操作程序的训练。行为主义心理学的研究表明，个体在不断重复一种行为并积累到一定量时，就会形成条件反射而形成相应稳定的行为模式。事实上，当个体经常重复某一行为时，其情感也会卷入，情感的卷入就会伴随兴趣、爱好、好奇和喜欢这些积极情感。这些积极情感的出现就会开启个体思考、思维活动，使个体产生为什么的疑问，对为什么的探究就会引发其解决问题的积极思维和原动力，这就是科学研究的开始。实际上，科学实验的操作与思维，从一开始就会把个体的行为和思维带进正规的科学行为与思维训练之中，日复一日，强烈的积极情感就会使个体产生毅力、意志、恒心去探索和挑战越来越多的感兴趣的问题，而失败与挫折会促使个体进一步观察和战胜困难的欲望。成功会带来成就感的高峰体验，使个体自我激励而进一步扩大探究行为。显然，如果等到少年期才进行科学实验教育（我国的科学实验教育根本跟不上儿童生理和心理发展的步伐）已经晚了。把科学实验提前到婴儿中晚期是比较符合其生理、心理、情感、个性与认知等形成的自然规律，这是培养小宝贝尽早形成科学人格系统的重要的生理、心理、情感、个性、认知模式、行为和思维模式的关键期，科学实验也符合婴儿期假装模仿游戏的天性。

因此，笔者建议更多的家庭为培养小宝贝建起更多的私人家庭科学实验室，并能在中国形成一种新潮流。训练方式是给小宝贝做科学实验的示范，比如用显微镜观察小宝贝喜爱的物品的微观构造、组成，讲解细胞或原子、分子的基础知识，这将激起小宝贝的探究兴趣。这过程主要在于操作与解释同步，尤其在对动植物的解剖观察与认知上，让小宝贝认知其宏观与微观之间的区别、特点、关系与逻辑关联等，从科学视角来认知事物的结构、组成现象与本质的特点和关系，然后让小宝贝在安全和辅助条件下亲自操作科学实验。

对小宝贝的科学实验教育，可从显微镜、天文望远镜、照相机、录音摄像机、多种体积、容积等测量仪器来科学认知事物的上述多种性质。

当然，小宝贝在1岁之前的记忆能力十分有限，我们所涉及的跨学科背景知识的教育，功能多数是像胚胎期一样，只是利用其声波环境对其大脑发育中的神经联结提供环境支持。但是，随着大脑的发育成熟，在这种丰富的声波环境刺激中，小宝贝能记忆许多东西。下面，我们将讨论小宝贝的记忆。

（三）婴儿期记忆的生理心理特征与训练方法

1. 小宝贝记忆的生理心理特征

记忆指信息最初被记录、存储和提取的加工过程。研究婴儿记忆的一种方式是观察定向反射，这是我们通过变得更加警觉而对新颖刺激做出反应的倾向，即通过关注或定向对刺激做出反应。如当狗听到一种新的声音时，会停下来竖起耳朵，微微转头向这种声音发出的地方，这是在思维"这是什么东西"。人类婴儿可能不会如此明显地做出反应，但他/她的瞳孔大小发生了改变，心率提高或降低，皮肤电活动反应发生变化，以及发生了其他通过灵敏仪器能够观察到的生理变化，这些反应确定了人类的定向反射。

当婴儿已经学会应对一种刺激时（当这种刺激变得熟悉时），定向反射就不再发生或会下降。这种定向反应上的下降被称为"习惯化"。其实"习惯化"往往代表记忆产生了。

记忆发展研究中一些最激动人心的结果来自于记忆神经基础的研究。大脑扫描技术的进步对脑损伤成人的研究表明，长时记忆涉及两个分离的系统，这两个系统称为外显记忆和内隐记忆，它们保持着不同种类的信息。外显记忆是一种有意识的、能够被有意回忆的记忆。内隐记忆是被无意识回忆的记忆。内隐记忆包括动作技能、习惯和不需要有意识的认知努力就能记住的活动，比如如何骑车，如何爬楼梯。

2. 小宝贝的记忆训练

上述婴儿的神经发育的规律充分表明，婴儿期给予小宝贝丰富的环境刺激，就能逐步加深小宝贝的记忆能力。笔者主张的跨学科背景知识的科学声波教育，再加各种感官技能、运动技能以及科学实验的综合训练，能对小宝贝形成丰富的环境刺激。由于小宝贝在成长期具有善于模仿的生物性规律，这使得在模仿这些联合刺激环境的时候，其情感因喜好而深度卷入其中，这对增加小宝贝的内隐和外显记忆具有重叠性的交互作用。这种多维的立体刺激，经过反复和巩固性的信息发送，将在小宝贝的大脑细胞记忆皮层打下深刻的印记，并能建立起生理性的大脑神经联结，从而完成生理和心理性的记忆过程。

因此，对于小宝贝的记忆训练，仍然是利用跨学科背景知识的声波刺激，再加上上述各种感官、运动技能以及科学实验的、由浅入深的联合刺激的综合训练方法。

（四）婴儿期语言发展的生理心理特征和训练方法

1. 小宝贝语言发展的生理心理特征

语言作为有意义符号的系统排列，为信息交流提供了基础，它与我们思考和理解世界的方式有着密切的联系，它能够使我们对人和物体进行思考，并将我们的想法传递给他人。语言包括语音、语素和语义三个因素。婴儿能够发展出语言的基础是理解先于生成，其次是模仿。

即使一个很小的婴儿，也会发出呱呱的叫声、哭声，咯咯的笑声，嘟哝的声音和很多其他的声音。这些声音成人无法理解其含义，但它们却是婴儿试图表达自己某种意愿或情感的语言表达冲动，为形成真正的语言铺平了道路。

前语言交流是通过声音、面部表情、手势、模仿和其他非语言的方式进行的，当一位母亲用自己发出的"啊"声对婴儿的"啊"声做出反应时，婴儿会重复这个声音，然后母亲再重复一次，他们进行的就是前语言交流。

前语言交流最明显的表现是牙牙学语，牙牙学语即发出类似语言但又没有意义的声音。它开始于第2～3个月，一直持续到一岁左右。当婴儿牙牙学语时，他们从高到低改变音调，一次次地重复相同的元音。5个月后，牙牙学语的声音开始扩展，反映在辅音的增加。

"妈妈"与"爸爸"是很多婴儿最初说的清晰可辨的单词，这个时间大约在婴儿10～14个月大的时候，但也可能是在9个月大的时候就已经说出。

第一个单词出现之后，儿童不停进行实践的新单词也迅速出现。大部分宝宝最初发出的单词是名词——简单事物的简单名字，通常是属于"这里与现在"（此时此地）的物体或人，如狗、妈妈、地毯或大象。动词、形容词、副词与介词主要是按照这里所列出的顺序而研究。困难最大的通常是代词的使用，特别是代词"我"。

婴儿早期词汇里的第一批单词一般与客体有关，包括有生命的和无生命的。他们常常指的是经常在儿童生活中出现和消失的人或客体（"妈妈"）、动物（"小猫"）或暂时的状态（"湿的"），这些单词常常能够代表整个短语，该单词的意思依赖于使用它们的特定情况。如宝宝说"妈"这个字的含义是由情况决定的，可能意味着"我想让妈妈接我"或"妈妈，我想吃东西了"或"妈妈在哪里？"

到2岁的时候，宝宝能够说出他们所处的环境中所熟悉的物体与人的名字。此外，他们现在能够将单词组合成有意义的，类似于句子一样的单元，他们也能使用形容词与副词、疑问词以及简单的否定词与肯定词；他们开始学习细致的，含蓄的，控制着语调、词形变化的规则，还有引导谈话的原理。

总之，交互作用观点认为，语言的发展是通过将基因决定的倾向和帮助语言学习的环境相结合来实现的。另外的研究还表明，在生命的早期，如果婴儿所处的环境中指向言语比较丰富，他们似乎更早开始使用词语，并表现出其他形式的语言能力。①

2. 小宝贝语言发展的训练方法

根据科学前辈的研究理论，小宝贝是一个学习者和模仿者，尤其在语言学习上，主要靠模仿，并具有很高的天赋。由于小宝贝在成长发育期释放出一种幼激素，使得他们从各种发声、表情、动作上都会表现出十分可爱的样子。在语言表达上，小宝贝讲话具有双词、电报语、慢等特点，而这些特点却能渗透婴儿监护人的情感深处，使得他们对小宝贝发出的独特声音感觉很惊喜，并激发起他们慈悲的"母爱"行为，他们不自主地去模仿小宝贝的发声声调、语速、节奏、频率与习惯。

其实，小宝贝的成长规律是从不懂而进行模仿学习的，婴儿监护人的发音是小宝贝模仿与学习的参照，而现在婴儿监护人反而去模仿小宝贝的不成熟语言表达方式和习惯，这将导致其模仿学习的冲突，会对小宝贝的语言发展和进步造成不利影响，是截然错误的。从科学的角度来讲，小宝贝具有很强的模仿能力，他们应模仿一个标准的发音、用词、语法正确和语速正常的社会榜样。再则，成人正常语速的表达，小宝贝对其迅速理解，是对其大脑相关神经细胞和突触联结生长发育的有效帮助；他们理解成人语言的速度越快，其大脑发育成熟得越快。所以，婴儿监护人千万不要去模仿婴儿的语言表达方式，应以中央电视台播音员的语速对其进行表达和交流。但在与小宝贝的语言交流过程中，婴儿监护人应当深度地融入自己的情感，让其标准的语速吸引小宝贝。笔者建议小宝贝在6岁前不宜教授诗词朗诵，因为慢语速的学习与操作，反而会影响小宝贝大脑神经细胞与突触联结的生长发育。由此，笔者提出以下几点开发小宝贝语言学习能力的方法：

（1）婴儿监护人应当克制自己爱小宝贝的情感，运用成人正常的语速、声调、节奏、频率、习惯与唱歌模式等，以普遍的成人标准做社会参照示范，来与小宝贝进行交流，让其模仿自己，这样可使小宝贝从小按标准的语言榜样来学习，有助于其尽早脱离婴儿语言模式而进入儿童阶段以及成熟阶段的趋向发展。

（2）婴儿监护人应每天定时给小宝贝示范朗读英文音标，需要时让其观

---

① ［美］罗伯特·费尔德曼：《发展心理学——人的毕生发展》，苏彦捷等译，世界图书出版公司2007年版，第138页。

看图片,一般用幻灯片的教学比较好,每天上午和下午各1次,每次10分钟。

(3) 婴儿监护人在带小宝贝在室内或户外玩耍时,边走边介绍路上所看见的事物,发现小宝贝产生兴趣的,就要马上停下来,进行较仔细的外部物理性质介绍与讲解,并引导他仔细观察,从中发现其现象中的一些特点,然后针对其特点促使小宝贝对其产生典型记忆。

(4) 婴儿监护人应定时带小宝贝去观看一些常见的安全性的动物,观察它们的生活行为与规律,并教他们模仿不同动物的发声。一般半个月1次,每次半小时到1小时。

(5) 婴儿监护人应找机会带小宝贝去观赏大型高雅的音乐会演出,让小宝贝感受高雅的音乐艺术氛围,并向他们介绍音乐会的演员、歌曲和背景知识。

(五) 培养小宝贝的科学认知习惯

依据瑞士著名心理学家皮亚杰和其他发展心理学家的研究,婴儿在生理和心理上具有如下几个显著特征:①婴儿具有模仿成人行为的能力;②模仿提高了一定熟悉的社会行为的发生,如共享玩具;③婴儿通过观察其他人从而学会新的社会行为。

数千个研究已经支持了上述皮亚杰和其他学者的观点,但新的研究却表明这些观点低估了儿童认知和发展各阶段的实际能力。这又证实了笔者提出的对于小宝贝在发展阶段关键期"提前教育"理论的正确性。

根据上述科学家对小宝贝科学认知的生理与心理特征的研究,在笔者看来,小宝贝的模仿包括对成人的语言、行为、动作、做事方法与风格、情绪表达方式、社会关系的态度和道德品质等方面的模仿。作为小宝贝的社会参照性榜样,婴儿监护人的上述内在思维与行为表征,都在社会生活中作为小宝贝的榜样而被其一一模仿,因此,小宝贝模仿的不仅是语言与动作技能和一些简单行为。在对周围环境的长期观察中,在这些复杂的多维度模仿和重复刺激其神经联结的过程中,他们的记忆得以增长。可以说,小宝贝的发育成长深受环境、榜样、社会和文化价值观的影响。

可是,我们传统社会的普遍性环境,从来就没有专门为小宝贝的生长发育设置从科学认知规律出发的、有利于培养小宝贝科学认知的科学环境。现在,我们提倡对婴儿期的小宝贝进行科学教育,要使他们从小就对事物进行科学的认知,就必须在婴儿阶段这个关键期设置科学养育的社会文化和科学等多因素环境,这样才能从小培养出小宝贝的科学认知途径、科学思维、科学方法和科学人格系统。

科学的认知是对事物现象的观察、分析，经过逻辑思维演绎、推理，并经过科学试验的检验，总结出认知对象的本质和规律的操作思维过程。即是说，它需要个体掌握和具备科学观察、科学分析、科学归纳、科学论证等科学方法和科学思维的能力。从哲学思维角度来讲，结构主义方法论的主要特点是：在研究中，将对象分解成各个组成部分，然后重新组合，以引起整体性的变化；强调整体对部分的优先性；认为对对象的研究不应停留在表面（表层结构），而应该深入到对象的内在联系（深层结构）。因此，科学种子教育的理念是：要培养小宝贝科学认知事物的方法和能力，必须先培养他们的科学方法和科学思维能力。

我们已经知道，科学发端于哲学思维，要培养科学方法与思维，首先应培养其哲学的思维方式与能力。在哲学上，科学的认知是把世界看成是物质的，物质都具有永恒不灭的特性。对于小宝贝的科学种子教育就应从这里出发。虽然发展心理学的研究表明，小宝贝在3～4个月大时就已理解客体永存的概念，但这在小宝贝的意识里还是模糊和不稳定的概念。为了把这一概念永恒地、稳定地注入小宝贝的长时记忆中，从小宝贝出生开始，就应对其进行客体永存的训练。如，挑选小宝贝喜欢的东西，当面用纸或布等遮盖，几秒钟后又当面揭开；同时还需要用温柔的愉快的语言和表情加以讲解。训练一段时间后，还需训练小宝贝自己去揭开遮挡物抓取其喜爱之物，这种训练要持续到小宝贝发展出搜寻藏匿物的熟练技能为止（藏匿物还包括人）。因此，科学种子教育必须从小就对小宝贝开始进行科学思维方法的教育，避免非科学的思维价值观在其社会化过程中实现人格性的植入。

小宝贝最初的动作都是无目的的，或者说是无意的，在他的动作与客体的相互作用中，逐渐产生了动作与由动作造成的对客体结果的分化，以后又扩及动作与客体间的关系，使动作的目的性越来越明确，这就意味着其因果认知产生了。

其实，小宝贝稳固地认知物体的永存性，即小宝贝已产生科学思维来认知客观世界，这就必然会发展出因果关系的认知，而非科学的思维方式和结果都无法科学地对客观世界进行有效描述。因此，提早培养小宝贝的物体永存概念，有助于小宝贝科学思维的形成。

那么，小宝贝的思维是怎样开启的呢？皮亚杰提出了与众不同的观点。他认为儿童的思维不是单纯地来自客体，也不是单纯地来自主体，而是来自于主体对客体的动作，是主体与客体相互作用的结果。所以这个观点又被称为"相互作用论"。

笔者在这里只是同意皮亚杰的主体与客体相互作用的观点，但并不同意他关于主体只是对客体产生动作的看法。因为每当客体刺激主体时，主体只不过由于好奇而有感知客体的欲望。当主体多次动作于客体时，会发现客体存在着许多深藏的特点或属性，通过对更多的类似客体的观察经验，主体就会对它们共同的特点与属性进行概括与总结，正是观察经验引发的发现和概括总结，导致主体产生因果联系的认知，这就是主体思维的开启。

皮亚杰认为个体的经验有两种，一种是物理经验，它是客体自身属性的反映，如颜色、形状、轻重、粗细等。另一种是数理逻辑经验，它是主体通过自己的动作以及以后的运算作用于客体后才产生的，如15个乒乓球，无论你怎样排列，也无论你从哪一个开始数起，总数总是15个。这表明，乒乓球的总数与你数数的顺序、排列形状无关。

皮亚杰这个观点给我们的启发是科学认知事物，首先是观察和认知它的物理外观（包括其颜色、形状、软硬、轻重、质地、粗细等），为了进一步了解其性能与特点，还需将该事物解剖、切割，并借助显微镜观察其内部构造，再通过与同类的对比和与其他事物所发生的物理作用、化学反应的实验，从而发现其特点、特征和本质属性等。为了精确分析，还需对其进行定量和定性的分析、思考，找出其中的因果关系和必然联系，最终才可能概括总结出该事物的一般普通原理和其特殊的原理，这是对事物简单结构的科学认知过程。

由于个体的人格、行为、思维、意识等习惯，均是从小开始在环境、文化价值观、榜样行为等影响下，积少成多、不断积累起来的。需要提出的是，个体的习惯，也分为优势习惯与次要习惯。优势习惯在个体行为习惯中占比例较大，它能表征该个体的一贯行为模式。而次要习惯则在该个体行为中，只是偶尔出现的行为而已。优势习惯的形成是因为个体在日常生活中重复时间最多、持续时间最长，并且婴儿期及童年期正是优势习惯和其价值观形成和重塑的关键期，因此，培养个体的科学认知模式，也必须从婴儿期开始。这个时期所形成的习惯模式比较容易渗入其行为深处。

第十一节　婴儿期提前进行科学实验的理论建立

科学实验是人为实现预定目的，在人工控制条件下，通过干预和控制科研对象而观察和探索有关规律和机制的一种研究方法。它是人类获得知识、检验知识的一种实践形式。

科学实验和科学观察一样，也是搜集科学事实、获得感性材料的基本方法,同时也是检验科学假说、形成科学理论的实践基础,两者互相联系、互为补充。实验是在变革自然中认识自然,因而有着独特的认识功能。原因是科学实验中多种仪器的使用,使获得的感性材料更丰富、更精确,且能排除次要因素的干扰,更快揭示出研究对象的本质。

科学实验在古希腊时期就已经出现,公元前287年,阿基米德就利用浮力原理成功测定皇冠重量以判真假,科学实验由此初具雏形。但真正意义上的科学实验却是在文艺复兴时期,由哲学家弗兰西斯·培根提出并直接推动的,培根指出,达到真理的唯一途径是根据实验得出自己的结论,而真理必须经过证明。

在近代科学的诞生中,科学实验和科学理论体系是最为重要的推动手段,这两者是相互依存与同步的,不可分割。而作为科学种子教育,根据笔者在第一章对国外科学家成长经历的研究,他们多数是从少年时代就开始进行科学实验的。再根据发展心理学与人格科学的关键期原理,以及笔者提出的提前教育理论,笔者认为,要对创造创新型科学人才进行科学培养,就必须在婴儿期从人格的角度对小宝贝的习惯和爱好进行科学人格化的塑造,由此培养小宝贝的科学思维方式和实际操作技能,使之在这一关键期被塑造出具有科学观察、科学认知、科学思维、科学分析能力的人格化倾向。因此,必须将科学实验提早到婴儿期。其意义在于,为小宝贝在这一关键期奠定科学实验和实际操作能力的基础,为笔者将要对小宝贝进行多种实物分类的实验性同步科学教育做铺垫。

因此,笔者在这里提出婴儿期提前进行科学实验的科学教育理论,其定义如下:顺应小宝贝思维方式倾向与人格形成的生理与心理发展关键期,将科学实验提前到这个时期对小宝贝进行科学教育,使之能在这一关键期被塑造成具有科学观察、科学认知、科学思维、科学分析能力与科学实验倾向的科学人格,以助其科学人格系统的丰富与发展,并提早训练其科学思维与实际操作的能力,为今后的发展打下坚实基础。

婴儿期的科学实验室主要是用来认知实物的物理性质的,其实验室的科学仪器为:电脑、电视、照相机、摄像机、放大镜、望远镜、天文望远镜、卷尺、钟表、跑表、水平仪、温湿计、标准色卡、电子秤及多种教学模型;清洗切割和装载各类动植物解剖分类部件的系列工具和容器,以及消毒设备;物理发声、发光、颜色等音响和视频器械等;显微镜、多种量杯、解剖刀具等。并饲养一些常见小动物和小昆虫,种植一些常见的花卉蔬菜,收集一些动植物、矿物等标本等。注意事项:要求所有物品都无毒无害,不对小宝贝造成任何伤害。

第十二节　婴儿期智力发展和创造创新思维与能力的科学教育

一、跨学科背景知识体系的灌输

这一关键期的提前教育，在小宝贝平时的自由时间里，仍然继续用中国现代科学种子胎教教材的声波内容进行教育。训练时间为全天，最佳时间是小宝贝醒后的大部分时间，就像给其播放背景音乐一样，营造一种学习氛围，不必刻意要求他学习。

二、实物认知的实验性学习

主要让小宝贝从对物体颜色、温度、质感、重量、外观形状、其他性状等物理性质方面的认知到对日常生活中最容易接触的蔬菜、水果、动物等的实物性认知。

（一）颜色标准色谱

从基本颜色的蓝、黄、红到赤、橙、绿、青、紫的认知，以标准色卡为教学工具，还需要配备牛顿三棱镜做分光实验。

（二）几何形状的认知

①线段：射线、直线、曲线；②平面图形：圆、椭圆、扇形、弓形、多边形（三角形、梯形、平行四边形、菱形、矩形、正方形、五边形、六边形）；③立体图形：多面体、正多面体、四面体、长方体、立方体、平行六面体、棱柱、反棱柱、棱锥、圆柱、圆锥、圆台、椭球、球、球缺、球冠、球台。

（三）人物图像

人物图像包括摄影与艺术绘画式的各个年龄段的男女老幼人像、身着各种职业制服的人像、各种表情与动作的人像、各种动态中的人像。

（四）风景与建筑图画

各类风景、建筑的摄影和艺术绘画图。

（五）植物蔬菜类

常见蔬菜分类：①十字花科：大白菜、包菜、萝卜；②藜科：菠菜；③豆科：豌豆、豇豆；④菊科：莴苣；⑤茄科：番茄、辣椒、马铃薯、茄子；⑥葫芦科：黄瓜、南瓜、冬瓜、苦瓜；⑦百合科：韭菜、大蒜、大葱；⑧伞形科：芹菜、胡萝卜、香菜；⑨旋花科：空心菜；⑩天南星科：魔芋；⑪真菌类：蘑菇、金针菇等。

（六）常见水果类

苹果、桃、葡萄、香蕉、菠萝、橄榄、西瓜、柠檬、芒果、草莓、樱桃、枣、杏、橙、花生、猕猴桃、荔枝、橘子、李子、柚子、佛手柑、金橘、杨梅、石榴、木瓜、罗汉果、柿子、杨桃、甘蔗、甜瓜、青柠檬、榴莲、龙眼、山梨、枇杷、无花果、胡桃、椰子、桑葚。

（七）常见动物

（1）哺乳动物：狗、猫、牛、马、猪、羊、虎、狼、鼠、鹿、貂、猴、貘、树懒、斑马、狐、熊、象、豹子、麝牛、狮子、小熊猫、疣猪、羚羊、驯鹿、考拉、犀牛、猞猁、穿山甲、长颈鹿、熊猫、食蚁兽、猩猩、海牛、水獭、灵猫、海豚、海象、鸭嘴兽、刺猬、北极狐、无尾熊、北极熊、袋鼠、狨猴、河马、海豹、鲸鱼、鼩。

（2）鱼类：龙鱼、鲶鱼、鲨鱼、章鱼、刺鱼目、鲱形目、鳂、鳅鱼、鳟鱼、锦鲤、鈍鱼、神仙鱼、鳗鲡、热带鱼、鲽形目、鰕虎鱼、鳄鱼、鲈鱼、鳐鱼、鲤鱼、鳢鱼、金枪鱼、鲟鱼、鲑鱼、鲉鱼、杜父鱼、鳗形目、孔雀鱼。

（3）鸟类：鹰、鹭、鹅、企鹅、犀鸟、遗鸥、隼、鹳、松鸡、鲣鸟、鹦鹉、鸳鸯、啄木鸟、鸮、鹛、鸵鸟、翠鸟、天鹅、蜂鸟、信天翁、鹤、雉、夜鹰、海鸥、鸸鹋、北极燕鸥。

（4）两栖动物：海狮、龟、蜥蜴、龟鳖、蟾蜍、大鲵。

（5）昆虫：蝴蝶、蜻蜓、蝎子、吸虫、珊瑚、纤毛虫、绦虫、螈、蚓螈、肉足虫、藤壶、水蚤、水蛭、蟋蟀、蜈蚣、蝗虫。

（6）其他动物：恐龙、草履虫、海参、海蜇、海绵、水母、水螅、海星、乌贼、海葵、海胆等。

(八）常见食品

（1）肉食类：猪肉、猪心、猪肾、猪肝、鹅肉、驴肉、鸽肉、鹌鹑肉、黄牛肉、牛肚、牛髓、狗肉、马肉、猫肉、羊肉、羊肚、羊骨、羊髓、鸡肉、乌骨鸡肉、麻雀肉、野鸡肉、鹿肉、蛤蚧、獐肉、蚕影、海马、海龙、虾、蚶子、鲢鱼、带鱼、鳊鱼、鲶鱼、刀鱼、草鱼、鲢鱼、鳟鱼、鳝鱼、大头鱼、阿胶、干贝、泥鳅、鳗鱼、鲫鱼、青鱼、黄鱼、乌贼、鱼翅、鲈鱼、银鱼、鲥鱼、鲤鱼、鲳鱼、鳜鱼、橡皮鱼、海参、螃蟹、海螃蟹、牡蛎肉、田螺、螺蛳、蚌肉、蚬肉、章鱼。

（2）常见的补肾食物：辣椒、生姜、蒜、花椒、胡椒、茴香、肉桂、桂皮、荔枝、桂圆、酒类、人参、黄芪、山药、糯米、红枣。

（3）常见的泻气、疏肝理气的食物：萝卜、山楂、槟榔、香菜、紫苏、薄荷、金橘、菊花、玫瑰、木瓜。

（4）常见的利尿、利水、除湿的食物：薏苡仁、茯苓、赤小豆、冬瓜、西瓜、黄瓜、鲤鱼、金针菜、鲫鱼、莴苣。

（5）常见的清热类食物：西瓜、香蕉、甘蔗、荸荠、菱、苦瓜、黄瓜、茭白、水芹、金银花、豆腐、苋菜、马齿苋、茶叶。

（6）谷物及豆制品类：大米、玉米、青稞、米皮糠（米糠）、番薯（山芋、红薯）、芝麻、黄豆、豆浆、饭虹豆、豌豆、扁豆、蚕豆、赤小豆、黑大豆、燕麦、粟米、绿豆、糯米、黑米、西谷米、高粱、小麦、大麦、荞麦、薏苡仁、绿豆、豆豉、豆腐。

（7）其他：白糖、冰糖、枸杞子、灵芝、银耳、燕窝、玉米须、黄精、天麻、党参、茯苓、干草、鸡内金、酸枣仁、菜油、麻油、花生油、豆油、麦芽糖、糖生姜、砂仁、花椒、小茴香、丁香、八角、茴香、山柰、酒、醋、红茶、石碱、咖啡、红糖、桂花、松花粉、冬虫夏草、川芎、黄芪、太子参、人参、当归、肉苁蓉、杜仲、白术、何首乌、胡椒、肉桂、绿茶、蜂蜜、蜂王浆、啤酒花、槐花、菊花、薄荷、胖大海、白芍、沙参、决明子、西洋参。

（九）各种家具、工具及其他物品（主要按自己家庭所有的来教育）

以上各类物品都必须标注汉、英双语，植物、蔬菜、水果和动物及动物食品等，尽量在生活中以实物呈现给小宝贝们，无法呈现的则用图画和视频的形式呈现。在教学中，先从物理性质对小宝贝进行介绍，进一步才是讲解其外部特征、特性、生活环境、生理构造、生长规律、食物链、生存方式等，尽量用故事的形式向小宝贝表述与描绘，由浅及深，并让小宝贝用手感知其物理质感、温度等。由于上述物品很多,应该延续到下一阶段的幼儿期和儿童期的 12 岁之前进行教育。这样的教育目的是为培养小宝贝形成科学原理思维和理性思维,打下跨学科背景知识和事物基本原理知识的基础。最后是注意各种物品的卫生与安全。

这种教育实际上是将笔者创立的"提前教育""婴儿期生理反射的训练理论"与"理论认知与实际操作同步发展理论"进行综合性融合。

三、对婴儿期超常小宝贝的科学种子教育

这一期如果有超常表现的小宝贝,应当根据各自不同特征,为其定制专门的课程来满足其超前的成长与发展需求,或许按其认知进度,将中国现代科学种子教育教材内容的高一级内容提前,以适应超常小宝贝的认知发育与思维成长;同时还需注意发现小宝贝的某些超常天赋与能力,及时给予尽可能的科学教育和培养满足,避免其超常天赋被埋没。

第七章 幼儿期（2～6岁）中国现代科学种子教育理论

第一节 幼儿期的提前科学教育

一、幼儿期生理与心理的发育特征

到两岁左右，幼儿已经长大了一些，并在前期的科学种子教育下具备了许多知识与技能。婴儿期已经结束，跨入幼儿期和儿童早期。这时幼儿平均体重约 11.3～13.6 千克，身高 91 厘米左右。到 6 岁时，他们的平均体重约 21 千克，身高约 117 厘米。

这个阶段幼儿的大脑发育速度比身体其他部位都要快，两岁时大脑的重量是普通成人的 90%。相对而言，一般 5 岁时身体的体重只是成人的 30%。

为什么大脑发育如此之快？原因之一就是脑细胞相互之间的联结数量增多，这种联结使神经元之间更为复杂的通讯成为可能，从而导致认知技能的快速增长。髓鞘——神经元周围保护性的绝缘体数量增加，加快了电流沿大脑细胞传递的速度，同时也增加了大脑的重量。

到 6 岁时，大脑的某些部位完成了特别重要的发育。如胼胝体——连接左右脑半球的神经纤维束，变得更厚，发展出 8 亿个单独纤维，帮助协调左右半球的大脑功能。

大脑两个半球之间的差异不断增大，并且越来越专门化。功能侧化，即某些功能更多地分布在一侧半球的过程，在这阶段越发明显。

对于多数人而言，左脑主要涉及的是和语言能力相关的任务，如说话、阅读、思维和推理。右脑发展出其自身的特长，特别是在非语言领域，如空间关系的理解、图案和会话的鉴赏识别、音乐以及情感的表达（McAuliff & Kmowlton，2001；Koivisto & Revonsuo，2003；Pouak，Hote & Wismer Fries，2004）。

与功能侧化有关的性别和文化差异更有趣。如，从出生后的第一年一直持续至学前期,男孩和女孩表现出一些和较低的身体反射和听力信息加工有关的半球差异。男孩的语言功能向左半球侧化的倾向非常明显;而对于女孩,语言在两个半球的分布更加平衡。这种差异有助于解释为什么在学前期女孩的语言发展比男孩更快(Car et. al, 1982; Grattan et. al, 1992; Bourme & Todol, 2004)。

到 3 岁的时候,幼儿已经掌握了多种技能,如蹦跳、单脚蹦、跳跃和跑步。4~5 岁时,他们对肌肉的控制越来越好,使得技能更加精细化。如,在 4 岁时他们能够准确地扔出球让同伴接到;5 岁时他们可以把一个套子扔到 5 英尺外的一个柱子上。5 岁儿童可以学会骑自行车、爬梯子、滑雪——这些活动都需要相当强的协调能力(Clark & HumpArey, 1985)。

在粗大运动技能方面。男孩和女孩在粗大运动协调的某些方面有些不同,这在一定程度上是由于肌肉强度存在差异,男孩比女孩更强有力一些。如,男孩一般会跳得更高,把球扔得更远,而且男孩的总体运动水平倾向于比女孩更高(Eaton & Yu, 1989)。而女孩一般在肢体协调方面超过男孩。如 5 岁时女孩在跳跃运动和单脚平衡方面做得比男孩子好(Cratty, 1979)。

在精细运动技能方面。这些精细技能涉及更为灵敏的、较小的身体运动。如使用叉子和勺子、用剪刀剪东西、系鞋带和弹钢琴等。

3 岁时,幼儿已经能够用蜡笔画出圆圈和方块,能够独立脱衣服,能够将简单的拼图拼到一起,还能够将不同形状的木块放到相应的孔中。然而,他们在完成这些任务时并没有表现出多少精确性和完美性。到 4 岁时,他们的精细技能已有大幅提高,他们能够画出相似的人像,也能够把纸叠成三角形的团。到 5 岁时,他们能够握住并熟练使用细铅笔。①

二、幼儿期动作发展的提前科学教育

随着小宝贝年龄的增长,到这一时期我们应该给小宝贝稍稍成熟一点的称谓,那就是"小乖乖"。从上述小乖乖的大脑与肢体发育的规律来看,应在上一章的民族狮性基本生存技能训练的基础上进一步升级培养,并应重视以下三方面:

---

① [美]罗伯特·费尔德曼:《发展心理学——人的毕生发展》,苏彦捷等译,世界图书出版公司 2007 年版,第 244-253 页。

（一）多种生活自理技能的学习

如穿戴、多种简单生活物品的整理、洗脸、洗手、漱口、洗脚、排泄等，这些自助性动作技能需要幼儿监护人鼓励小乖乖自己解决，不要做传统标准的伟大父母而包办代替，因为小乖乖在操作这些技能的同时，大脑的神经联结会加强，从而有利于其生理和心理的发育成长。

（二）身体的粗大动作方面的学习

应进行多种体育性的粗大动作训练，如玩球、蹦跳、单脚跳、双脚跳、跳远、跑步、上下梯子、滑冰、滑雪、游泳、骑自行车、坐姿、站姿、跳皮筋、跳绳、儿童武术、舞蹈表演动作等。男孩、女孩都应学会这些运动技能。还应该适当进行一些耐寒、耐热等对抗性的体能训练，增强小乖乖的身体素质，而且这种训练还将持续至青春期结束。笔者认为，人类个体的身体发育与各种身体技能表现是具有潜力可挖掘的，如各种体育、杂技、武术、艺术等高级技巧性技能等。为什么一些个体能够成为体育明星、杂技高手、武术家和艺术表演家，而另一些人却不能？当然这与其先天的基因有很大的关系。但现在的研究证明，越早发现和训练这些具有优秀先天运动基因的个体，就越有可能挖掘其基因潜能，使之成为未来的各种身体技能的表演家。具体办法是：个体还处于儿童早期时，就要让他们去参加多种运动和技能的活动，只有在这些活动中，才可能使其表现出先天的潜质，然后对这些方面进行关注式培养，这样才可能挖掘其优秀的种种运动技能的潜质。可事实上，我们许多儿童长大后没有成为上述种种技能的拔尖人才，并不是因为他们没有这些技能的先天潜质，而是由于我们的教育没有普及性地进行提前的科学教育，没能在童年早期对其发现和培养。因此，笔者提议，应在儿童早期，让小乖乖尽可能积极参加力所能及的运动，进行多种身体技能的提前训练。同时，建议国家尽快研究并列出多种运动技能在儿童早期的先天素质表现的标准。这样就可能及时发现一个未来的运动员、杂技家、武术家或艺术表演家。上述这些粗大动作的训练，一般每天在早晚各进行2小时即可。

（三）身体的精细动作技能方面的学习

应进行多种有利于手指或其他器官准确性的训练，如写字、画画、剪纸、折纸玩具、拼图、玩积木、泥塑、模仿、下棋、声乐、器乐、朗读、演讲、舞蹈表演、操作简单的科学实验仪器（电脑、照相机、摄像机、显微镜、天文望远镜、多种量杯、水平仪、温湿计、解剖道具等）；学习使用一般工具（铁钳、扳手、螺丝刀、切割刀、榔头、卷尺、钟表、跑表等）；学习日常生活（使用筷子、勺子、餐刀、电饭煲、冰箱、电热杯、饮水机、果汁机、微波炉、洗衣机、电视、手机等）。还要对小乖乖的某种先天潜质进行挖掘，使儿童更早掌握和运用它们。这些精细动作的大量训练，不仅有利于小乖乖的五官、手指、舌头、嗓门等的精细运动技能锻炼，更有利于增加对环境探究的能力，尤其对他们开始进行多项科学观察以及科学实验打下身体操作技能的基础。

（四）身体自立方面的技能学习

继续在婴儿期对小乖乖这方面的技能训练，包括全身穿、戴，吃、喝、拉、撒，牙齿、脸、手和身体清洁，使用各种家电、家具及物品，学习一些力所能及的家务劳动技能等，主要目的是使小乖乖自己掌握生活中的许多必须独立应用的生活技能。

第二节 幼儿期科学人格教育

一、幼儿期性别生理与心理特征及科学教育

（一）幼儿期性别生理与心理特征

"他是一个男孩""她是一个女孩"。宝宝出生后，人们常说的第一句话可能就是这其中一句。从出生那刻起，男孩和女孩就受到不同心理的对待。随着婴儿的长大，父母会给他们穿不同的衣服和玩不同的玩具，还用不同的方式与他们玩耍。

从出生开始，父亲倾向于和儿子有更多的互动，参与更多的身体扭打的活动；母亲和女儿有更多的互动，参与躲猫猫、准备食品和清洁等活动。实际上，男孩子倾向于冒险、运动等，女孩则倾向于安静、轻柔的行为。

性别差异随便年龄的增长而日益明显，而且逐渐受到社会为他们设置的性别角色的影响。如在1岁前婴儿就有辨别出男孩和女孩的性格特征。女孩在这个年龄喜欢玩洋娃娃和毛茸茸的动物玩具，男孩却会挑出积木和卡车。当然，由于他们的父母在提供那些玩具时已经做了决定，所以孩子通常也不另做选择（Caldera & Sciaraffa, 1998; Serbin, et al, 2001; Chorney, Kelly Vance & Glover, 2003）。

到两岁的时候，男孩比女孩表现出更多的独立性和更少的服从。这样的行为大部分可以追溯到父母对婴儿早期行为的反应。如当孩子迈出第一步时，父母倾向于根据孩子的性别做出不同的反应：男孩受到更多的鼓励而继续走和探索世界；而女孩则被拥抱，并和父母保持着近距离。那么，几乎毫无悬念的是，到了两岁时，女孩倾向于表现出较少的独立性和较大的服从（Kuzynski, & Kochanska, 1990; Pouilirn-Dubois, Serbin, & Eichstedt, 2002）。

学龄前儿童性别语气的本质与成人一样，学龄前儿童预期的男孩更倾向具有涉及能力、独立性、强有力和竞争性的特征。女性则被认为更可能具有友善、善于表达以及服从等特性。这样的预期为学龄前儿童提供了诸如观察世界的一个透镜，并且影响着他们的行为以及他们与同伴和成人互动的方式。[1]

（二）幼儿期性别特征的人格教育

一些父母有时因自己对孩子的性别期望落空后，试图对自己生下的孩子进行一种期望落空弥补心理的教育，这使得他们把现实中的男孩当女孩来养，或把女孩当男孩养，以此来满足自己期望落空的心理补偿。然而，这对于小乖乖来说都是致命性的人格错乱，它将会引发孩子在性别刻板印象上表现出与自己生理性别不同的心理性别模式，如男孩变成娘娘腔的女人化人格，女孩却变成粗野、不拘小节的男性化人格。这是有悖于其生理性别的心理性别反转化的错乱，影响他们的正常生活，尤其在恋爱、婚姻问题上通常问题多多。因此，父母切莫为满足自己对小乖乖性别的期望而毁了小乖乖的一生。

笔者认为，关于生理性别知识的教育应提前到 2～3 岁小乖乖对性别产生识别的时期。由于小乖乖在胎教和出生后一直受到生理解剖学基础知识的理论教育，这时可以对小乖乖进行实验性的科学教育，教育内容包括对自我与他人（同性和异性）的身体生殖器官，进行外形的观察、识别、对比和区分，以此来确认自己的性别。

对男性小乖乖的性别人格教育，应从培养男子汉气概方面入手。典型男子汉气概的个体身上，往往具备许多诸如坚强、勇敢、独立、不怕困难与失败、具有侠义助弱的骑士精神等科学人格的要素。其具体培养方法如下：主要是发现其身上所具有的某种潜质并进行特别培养，这样可让小乖乖在这一方面所掌握的技能比其他人优秀，当小乖乖的这种优秀技能得到同伴或成人的赞扬时，这将更巩固他勇于探索与挑战、坚强与勇敢、独立和更具创造性的行为，有助

---

[1] ［加］居伊·勒弗朗索瓦：《孩子们——儿童心理发展》，王全志译，北京大学出版社 2004 年版，第 296-297 页。

于他尽快形成这样的科学人格要素。

对女性小乖乖的性别人格培养，应从培养其女性气质方面入手。典型的女性气质往往会表现为诸如温柔、典雅、大方，善于展示自己的演说天赋，也善于关爱他人，喜爱精细和平衡技巧动作的活动以及爱美天性等的行为。具体培养方法如下：同男性小乖乖一样，应从培养其某种潜质来特别培养。然后是在她们观察、探索、挑战困难与失败时，除了上述热情鼓励之外，还需在其仪表、礼仪、社会交往的行为控制方面，比对男性小乖乖要求高一些。

二、幼儿期人格、道德发展的生理与心理特征

（一）幼儿期人格发展的生理与心理特征

幼儿3～6岁被艾里克森定义为主动内疚阶段。在这期间，儿童一方面想要独立于父母自己做事情；另一方面，如果付出的努力失败的话，他们就会感到内疚，开始把自己看成对自己行为负责的人，开始自己做决定。

这时期的儿童对自己的看法也反映了东方文化下考虑自我的方式。如中国儿童具有集体主义取向，强调互依性。他们倾向于把自己看成大的社会网络中的一部分，他们处在社会网络的中间与他人相互联系并对他人负有责任。相反，西方文化下的儿童更可能发展出反映个人主义取向的观点，强调个人认同以及个体的独立性，他们更倾向于把自己看成是独立和自由的，与他人竞争稀缺资源。西方文化下的儿童更可能关注把自己同他人区分开来的方面——使得他们与众不同。

西方文化中一个著名的谚语为："吱吱叫的轮子先上油"，即"会叫的鸟儿有虫吃"。所以西方学龄前儿童被鼓励通过表达自己的需求来得到他人的注意。中国儿童却被告知："枪打出头鸟。"这种观点告诉学龄前儿童，他们应该和别人一样，不要与众不同。①

（二）幼儿期道德发展的生理与心理特征

道德发展指人们的公正感，对于正确与否做出判断的意识以及与道德问题相关行为的变化。

在这一时期如果幼儿表现出的主动探究行为受到鼓励，幼儿就会形成主动

---

① ［加］居伊·勒弗朗索瓦：《孩子们——儿童心理发展》，王全志译，北京大学出版社2004年版，第290页。

性,这为他将来成为一个有责任感、有创造力的人奠定了基础。如果成人讥笑幼儿的独创行为和想象力,那么幼儿就会逐渐失去自信心,这使他更倾向于生活在别人为他安排好的狭窄圈子里,缺乏自己开创幸福生活的主动性。

当儿童的主动感超过内疚感时,他们就有了"目的"的品质。埃里克森把目的定义为:"一种正视和追求有价值目标的勇气,这种勇气不为幼儿想象的失利、罪疚感和惩罚的恐惧所限制。"

儿童心理学家皮亚杰是最早研究道德发展问题的学者之一。他提出道德发展就像认知发展一样是阶段性的。最初阶段是一个广泛的道德思维模式,他称之为"他律道德",其中的规范则被视为恒定不可变。

相当多的研究表明,榜样和社会学习的力量对于塑造学龄前儿童亲社会行为的影响非常大。实验已经表明,看到某人的慷慨行为的儿童更倾向于模仿榜样,当把他们放到相似环境中时,他们随后会表现出慷慨行为。反面也同样成立:如果一个榜样非常自私,观察到这种行为的儿童也倾向于表现出自私行为。①

三、幼儿期科学人格教育

笔者认为,这一时期的小乖乖比较喜欢尝试与挑战,但也比较害怕失败,往往一些较内向的小乖乖在面临失败时,会产生逃避的心理,并停止自己的探索与挑战行为。事实上,小乖乖的这种冲突心理期,正是其人格形成与发展的初期。

为了培养小乖乖的民族性科学人格系统,我们必须从幼儿期开始,根据小乖乖在幼儿期阶段上述生理与心理的人格特征,培养小乖乖的个人英雄主义人格因素。如果我们鼓励他们去探索与挑战,并在他们失败时没有放弃,并帮助他们战胜困难和解决问题,那么,他们就可能形成个人英雄主义倾向并具有坚强意志、不怕受挫、勇敢探索和百折不挠的科学人格要素。反之,他们会形成害怕困难,畏惧挑战,失败就会气馁、放弃等胆小和畏缩人格,这样的人格就很难在人生道路和事业中取得成功。

小乖乖被培养出独立人格,对于其独立思维、创新、创造性思维的形成与发展有着至关重要的作用。我国儿童大多数由于集体主义化的影响,很难发展出有利于科学人格要素的独立人格来。科学的发明创造,就是需要有与人不同

---

① [加] 居伊·勒弗朗索瓦:《孩子们——儿童心理发展》,王全志译,北京大学出版社2004年版,第296页。

的视角、观点与见解，敢于与传统和权威有不同的看法，并且敢于怀疑和挑战权威，从而创造出超越前人的成果。因此，笔者建议：

（一）建立个人英雄主义与独立人格并列的新文化价值观

我们在社会文化改革中应放弃我们的权威意识，对个人英雄主义文化价值与地位以及孩子人格独立给予接纳、认可、尊重与包容，让这种文化有力地融入社会文化的主流中，推动和加快我们民族独立人格的塑造。

（二）鼓励小乖乖独立地勇于探索与挑战

在人生路途中，每一个个体都会遇到形形色色的困难、挫折与失败。当小乖乖初遇这些麻烦时，幼儿监护人必须作为他坚强的情感后盾，给予加倍热情、耐心和毫不退缩的关心、支持、鼓励和切实的帮助。这样的帮助行为非常关键，因为他们会逐渐体会到，当遇到上述麻烦时，自己并不孤独，而且有坚强的靠山，由此增加了他们挑战困难的信心。当他们一次次在获得情感支持和帮助下战胜这些困难与失败后，成功的喜悦和幸福感会激活其脑内的自我奖赏系统和神经联结；当这个新的神经联结随经验的增加而变得稳固后，小乖乖就会逐渐具有解决困难和应对失败的勇气；如果在实践中多坚持几次，小乖乖这些面对困难与失败的勇气和坚强人格要素就会形成。事实上，小乖乖科学人格要素的形成，就在于幼儿监护人的永不放弃的热情支持、鼓励、引导和帮助。你不放弃，那么，小乖乖就会被你的信念和执着所感染而增强信心，最终获得成功。

当小乖乖这种挑战困难与失败的行为获得积极的心理支持后，小乖乖又会发展出摆脱对幼儿监护人依赖而积极展现自我的独立倾向。这正是我们需要培养的独立人格品格，它是科学人格系统中一个比较重要的人格要素之一。相反，如果在小乖乖遭遇困难、挫折和失败时，幼儿监护人不但不给予积极的情感支持、鼓励和帮助，反而给予批评、指责、数落、责怪、贬低、取笑、讽刺甚至辱骂和暴力，这如同在小乖乖的心理创伤上撒下重重的盐。它将使小乖乖对困难、挫折和失败形成恐惧、厌恶、拒绝、逃避、内疚、麻木、无所谓、低自尊、依赖心理或逆反心理等多种负面心理。

（三）幼儿期道德发展的科学教育方法

参照皮亚杰等人的研究，笔者认为，小乖乖道德的产生、形成、发展过程受到父母、家庭成员、亲朋好友等组成的家庭微环境和社会文化环境的共同影响。他们从小耳濡耳染，形成相应的道德认知和道德判断的倾向，从而影响其道德行为趋向。

众所周知,无论是伊斯兰教国家,还是西方新教、天主教国家或其他宗教国家,几乎每一位个体在婴儿期和儿童期,都会花较多的时间在教会里接受宗教价值观和榜样行为的教育。由于这种环境对儿童早期大脑的神经联结和发育成长产生关键性和决定性的影响,使其被培养成具有其普遍民族性的社会价值观和行为倾向,由此形成十分虔诚的宗教崇拜心理。根据这些现象的逻辑推理,笔者认为,小乖乖在婴儿期和儿童期所接受的某种道德价值观,很容易影响和导致小乖乖大脑发育中有关道德发展的神经联结的形成与发育成长,一旦它经过联结和数量的累计,就会形成比较稳固而恒定的价值观倾向,从而指导其行为。

因此,提前对小乖乖进行正确的人生观、世界观、道德观的科学教育,是非常符合儿童大脑神经联结、认识接纳和身体行为表征的发育成长规律的。它对小乖乖在其生理和神经发育早期就接纳上述正确的社会价值观,避免诸多负面社会价值观的形成,有着十分关键性和决定性的作用和现实意义。

1. 幼儿期积极情绪与道德方面的科学教育

在婴儿期,由于我们强调对小乖乖进行安全依恋人格的教育,使小乖乖发展出积极情绪的人格倾向,这种正面人格的发展,使得小乖乖早早地形成自尊、自信,并把他面对的社会微环境解释为安全的、可以依赖的庇护基地。到了学龄前这个阶段,由于小乖乖已掌握了许多狮性基本生存技能、社会技能,尤其是他们获得的多门学科组成的科学认知结构,使他们已经产生自我认同意识。自我认同是能够理智地看待自己并且接受自己以及外界,能够精力充沛,热爱生活,不会沉浸在悲叹、抱怨或悔恨之中,而且奋发向上、积极独立,有明确的人生目标,并且在追求和逐渐接近目标的过程中体验到自我价值以及社会的承认与赞许,自我认同意识能有效巩固个体的自信与自尊,并在这种积极评价的基础上形成自我效能感。自我效能感是指个体对自己有能力完成某一行为所进行的推测与判断。

其自尊、自信、自我认同和自我效能感的一一形成,奠定了小乖乖的积极情绪和人格基础。在这种基础之上,小乖乖这一时期就会产生更多的亲社会行为,这一行为又促使其积极情绪与人格的发展,继而又促使小乖乖产生对他人情感理解的共情行为。亲社会和共情行为是小乖乖在学前期获得良好社会关系的积极情绪与人格基础,有了这一基础,小乖乖在建立社交关系时就容易获得良好和谐的人际关系。在这一基础上,小乖乖又开始进一步地对许多社会准则有了理解,如公平、正义、平等、尊重他人,能对这些准则和原则认同、遵守,并能将其内化成自己的价值观,这样容易使他们形成积极主动的自律性人格观念。这对于今后接纳、认同更多的科学人格因素，排斥、反感、拒绝那些消极、犯罪人格因素，具有免疫力的重要作用。

2. 幼儿期攻击性与道德方面的科学教育

有关研究表明，造成学前阶段儿童产生异常攻击性的原因，除生物因素、社会榜样和社会文化价值观的影响外，还与幼儿监护人的养育方式有很大关系。受挫攻击理论表明，根据挫折假设理论和暴力循环理论等，当目标定向行为受到阻碍时，攻击的倾向会增加愤怒与攻击，即愤怒作为一种情绪，它能够并且经常与工具性攻击相互作用。根据这些理论，当个体受到挫折、愤怒和在成长中遭受家庭暴力时，就会形成和引起个体的攻击倾向。实际上，由于幼儿监护人不当的养育方式在婴儿期和学前期，对其进行情感、自尊的伤害、虐待并持续积累，均会造成一些内分泌比较旺盛的孩子形成负性人格因素，从而导致其攻击倾向。

因此，笔者认为幼儿监护人都应接受和理解受挫—攻击理论和暴力循环理论对小乖乖负性人格形成的严重性。为了避免小乖乖产生暴力倾向，广大幼儿监护人应彻底改变自己错误的打骂孩子的传统观念，禁止这些行为对小乖乖造成严重的负面影响。

在具体的教育上，当小乖乖与同伴打架或发生攻击行为时，幼儿监护人首先一定要调查清楚双方发生冲突的真实原因，一定要公正、公平地做出谁对谁错的准确判定，不能冤枉孩子，更不能袒护自己的孩子。在态度方面，不要用责怪、指责、取笑、贬低、侮辱、粗暴的言语、态度和行为来对待小乖乖，尤其要把尊重小乖乖的人格、自尊放在第一位，以此为首要前提，再摆事实，讲道理，讲公平，讲平等，讲原则，对多种不利后果进行事前分析、预测，还要让小乖乖懂得将心比心的换位思考方法，从不同的角度体验他人的痛苦情感。这样的目的是要让小乖乖对自己的错误行为产生强烈的羞愧、内疚、羞耻感，继而产生后悔、悔恨感，这将引发和驱使个体产生改正其行为的认同、决心和勇气，最终使之产生改正的积极动力。

当小乖乖已经认识到自己的行为不对并有改正的意向时，成人应及时给予表扬、称赞以此对其及时地强化、巩固，这样就可以比较轻松地纠正小乖乖的这一不足行为。如果用恶劣态度、情绪和行为伤了小乖乖的人格和自尊，他就会产生比较强烈的逆反心理而不会理睬一切说教。笔者认为，一般轻小的情况下不要责备和处罚小乖乖。因为在充分尊重小乖乖人格、自尊为前提和比较和睦的氛围下，小乖乖不会感到人格、自尊和安全受威胁，而且认错还会获得种种表扬。这样，小乖乖会轻易接纳、认同成人的价值观和要求，并能内化为自己的价值观，从而在轻松、愉快和几乎没有任何后顾之忧的情况下，迅速改正自己的错误行为。这种方法还为小乖乖今后接纳他人的建议、意见、批评，打下人格价值观基础，同时也能为培养小乖乖进一步的积极人格起到推动作用。

具备了上述科学教育方法后，我们就可以正确和公平地来解决小乖乖双方的矛盾。如果是对方不对，要及时温和与明确指出，使其认识到自己行为的不对之处，并告诉自己的小乖乖要大气量地宽容、包容和原谅对方的过错；如果双方都有不对之处，需指出各自的不对之处，要求两个都改正自己的错误；并当场希望两人不计前嫌，握手和好，重新成为好朋友。如果是自己孩子不对，也应当场指出其行为不对，利用上述对小乖乖的不良行为进行引导、劝告，说明该错误行为将引发种种不良后果，让小乖乖产生羞愧、内疚、羞耻之感，然后，再给小乖乖提出如何用更好的建设性办法、化解他与对方之间的矛盾，建议小乖乖主动向对方认错，希望对方原谅自己的过错并重新成为好朋友。当然双方都能主动向对方认错或原谅对方的过错时，要进行及时的表扬和鼓励。只要处理公平，这样不会伤害任何一方的自尊，并能让双方都学会发生纠纷时怎样化解矛盾的正确方法。

（四）避免多种负性价值观形成的科学人格教育理论

如果在婴儿期和学前期不注意培养儿童个体的延迟满足的品格，那么就很容易使儿童个体面对诱惑时的自控力和意志力减弱，容易使儿童个体为满足自己的生理和心理需求、愿望而较难控制自己的行为，儿童个体长大后就会表现出不愿遵守种种社会法规、道德伦理及种种社会禁忌，随意违反或轻视这些规章禁忌的威慑力而不顾一切地满足自己的欲望，这是部分儿童个体容易出现问题行为和违法犯罪行为的原因之一，笔者为此提出科学教育方法如下：

根据婴儿期和儿童期小乖乖正处于大脑多种神经联结，尤其是有关道德的神经联结正在形成的这一生物学关键期的生理发展规律，再根据这一关键发展期小乖乖趋向于尊重、服从权威意志和喜欢模仿权威、成人榜样行为的特点和规律性，笔者认为，小乖乖处在观察、认同、接纳、模仿成人的人生观、世界观、道德观，自尊、他尊，移情、共情等多种社会价值观的生理和心理发育关键期。在这一关键期间，只要给小乖乖输入某种价值观，就会刻印在他们的心间，并内化为自律性的行为准则，时刻指导其行为，甚至成为永恒的行为动力指南。为了科学地培养小乖乖的积极情感和科学人格因素，应当在小乖乖3岁这一已具备较好的观察、理解成人许多话语、情绪、故事意义，动作技能表达方式等能力的时期，进行如下多项人格、情感和道德等认知的提前科学教育。

对于这一提前科学教育理论的提出，笔者自己有亲身经历可以作为科学证据供参考。笔者清楚记得自己处于学前关键期的时候，父母就经常告诫我，小孩不准抽烟喝酒，必须年满18岁经济独立之后才可以。碰巧在那一时期，我母亲因父亲咳喘，便指责他抽烟会引起更多的危害。我记忆最深刻的是我母亲说抽烟会将肺熏黑（我父母均为医师），当时我感到肺被熏黑的情境十分害怕，从此对抽烟产生了恐惧。我父亲是一个很有毅力的人，他居然在两个月内成功地戒了烟。父亲在谈到他戒烟的感受时说，当感到很难受时，他就用水果糖作为替代物。由于这几方面的原因，我就把父亲的告诫内化成一种自我承诺的价值观了。

我父亲有看《参考消息》的习惯。有一天，我在他的报纸上看到了一则标题醒目的文章，上面说美国青少年吸食毒品的现象严重。那时我第一次知道"大麻""海洛因""可卡因"这些从未听说过的新名词，尤其那些对吸食毒品后痛不欲生的临床病态描述，使我感到很害怕。记得当时我就心想，既然他们明知是"毒品"，为何还要去吸食它呢？难道这些人不想活了？当时我想不通，也理解不了吸毒行为，但从此更加讨厌吸烟行为了。

当我十四五岁时，许多同学朋友都开始学会抽烟，由于我已经具备对规定时间内不能学抽烟的自我承诺价值观，任凭他们如何讨论抽烟的种种快感和好处，并经常发烟给我时，我都坚决给予了拒绝。记得那时与朋友们在一起，他们谈论其精彩经历，当我听得津津有味时，讲述却突然因找不到打火机而中断。这使我进一步感觉到抽烟带来的麻烦真多，影响做事和学习，从而更加深我对抽烟的拒绝。等到我到了父亲规定的18岁时，心理认知还在不断地提醒我，要到我自己工作、经济独立后才能学习抽烟、喝酒。可是真正到了这个时候，我的同学、朋友和单位熟人都已习惯我不抽烟、喝酒的习惯了，他们也不劝我，我也因自己对抽烟、喝酒的反感和厌恶情绪，完全放弃了对抽烟、喝酒的学习动机。

现在想起来，自己不抽烟、不喝酒确实有许多好处。身体健康、清洁、环保，生活中还减少一定的经济开支和许多不必要的麻烦。尤其当我看到那些永远也无法戒掉毒瘾的个体，他们对家人、社会的种种危害，以及其人格上的许多劣根性表现时，我很庆幸，同时也非常感谢我慈爱而伟大的父母亲，是他们使我养成一个很好的习惯。事实上，我的哥哥因受同样的提前科学教育，也不抽烟、喝酒和吸毒，并对这些负面行为有强烈的反感、讨厌、抵触和拒绝情绪。

从上述我们哥俩的亲身经历，更进一步印证在学前关键期对小乖乖提前进行某种正性价值观的科学教育，可将这种教育内化成小乖乖自己对这种价值观坚定承诺的一种心理，再在以后的生活实践中不断强化，这些正性的社会价值观就会成为其比较稳固的自我价值观，就会持续驱使和指导小乖乖的思维与行为的倾向。显然，笔者现在要倡导的，是在小乖乖学前关键期，对小乖乖进行科学教育，要求小乖乖必须承诺和内化一系列有利于科学人格系统形成的多种价值观，并在持续的巩固发展中趋于稳固的行为倾向。

再则，这一时期也是皮亚杰幼儿道德理论的"他律阶段"。处于这一阶段的小乖乖，判断行为的好坏是根据后果的严重与否来决定，并且把惩罚看作天意，单方面尊重权威，把遵守成人标准和服从成人规则看成自己必须遵守的义务，由此，他们会对成人权威的价值观产生一种敬重而必须服从的心理。因此，笔者提出在2～6岁这段学前关键期，对小乖乖进行人格素质科学教育的理论。

该理论表述为：在2～6岁这段学前关键期内，幼儿的大脑正在经历一种生理与心理都能对人格价值观产生刻印般认知与应答的学习阶段，显然，适时地对小乖乖进行科学教育，能将多种建设性的价值观刻入其道德记忆里，它将使小乖乖从此打上在此期灌输的所有价值观的烙印，并在以后的行为强化与巩固中逐渐形成稳固的行为动力指南，一直持续到终生。根据这一提前的科学教育理论，我们可将如下系列的科学人格价值观逐渐输入小乖乖的大脑。

第一，要求小乖乖在18岁以前，在未来的上学过程中，不发生迟到、旷课、逃学、辍学、早恋等负性行为。

第二，在行为习惯方面，要求小乖乖终生不准抽烟、酗酒、吸毒、赌博、网瘾、游戏瘾、自伤、自残、自毁、自杀、违反交通规则和发生各种违法犯罪等；在人际关系方面，要求小乖乖禁止嫉妒、取笑、羞辱、侮辱、欺凌他人、说谎、骗人、说粗话、脏话、乱发脾气、使坏心眼、势利眼、背后对他人说三道四、骂人、打架、伤害他人自尊、吝啬抠门、借钱不还、斤斤计较、说大话、吹牛、离家出走等行为；在行事方面，要求小乖乖不能有大概、勉强、将就、马虎、弄虚作假、考试作弊、制造假冒伪劣产品、贪婪、贪腐、炫富的金钱观、铺张浪费、非公平竞争、阴险狡诈和窝里内斗等负面手段；在对待公共环境方面，要求小乖乖不准破坏公共设施、违反公共文明、在公共场所高声喧哗、插队、侵占他人私人空间、随地吐痰、乱扔垃圾杂物、随地大小便、伤害虐待动植物。

此外，要给小乖乖讲解科学的营养均衡的饮食习惯，避免各种可能造成对人体"三高"食品的过多摄食，不挑食，喜爱多种健康食品，从丰富多种健康食品中吸收各种有利于自己生理阶段的营养素，保证其健康积极的生理和心理发育成长，预防因长期不良饮食习惯导致的各种重大疾病的发生。还需教育小乖乖养成科学的个人卫生习惯，养成做家务、生活自理的良好习惯。还要针对男女性别的个性化、社会角色的自我认知进行科学教育。

在针对预防各种负性行为教育的同时,要运用诸如下面的正性行为教育来强化和巩固小乖乖的积极行为。

结合笔者规划的我们民族性科学人格各要素的要求,严格地对小乖乖进行一一培养,要求其做人讲究诚实、守信、宽容、大度、言行一致,尊重他人的人格、个性、自尊、尊严、爱好、兴趣、愿望、志向,对他人具有理解、谅解、同情、移情、共情等情感迁移,能与亲朋好友同欢乐、共甘苦,体验他人悲伤、痛苦等消极情感,培养小乖乖在人际关系中待人接物、为人处世的正确价值观和正性行为;要求小乖乖要善于敬爱父母、长辈,友爱兄弟姐妹、亲朋好友、邻居、同伴、同学,爱护他人、帮助他人,在与他人发生不愉快和冲突时,运用文明、正确和理智的建设性解决方法,使用文明礼貌用语,树立平等、公平、正义的社会竞争意识和价值观;为人慷慨大方,在金钱、财产的交换与借贷方面遵守承诺与信用,做事严谨、仔细,以科学发展观和科学思维看待事物,做事和完成各种任务要追求完美,精益求精;养成正确的金钱观、消费观、物质追求观、勤俭节约观、科学观、美学观、人生观、道德观、多种社会价值观和世界观;培养其爱环境、爱生物、爱资源、爱护公共设施,遵守公共文明、各种社会规范、准则、法律;培养珍爱自己和他人生命、亲社会和利他、爱国等建设性情感等,并把上述要求上升为潜意识。

在对上述行为进行培养时,理论的理解与实际行为的实践需要同步进行,并且作为幼儿监护人,应既懂得道德执行的理论,又能在实践中运用三维同步实践性的教育,让正性的价值观和行为标准及时注入小乖乖的生理和心理的同步发育之中,成为其人生的主流正性价值观,让其在发育成长中逐渐巩固与稳定,这样可使小乖乖对其他负性的种种反主流的价值观和行为,产生坚定的反感、讨厌、抵抗和拒绝的情感免疫能力。

在给小乖乖灌输和培养这些正性社会价值观的过程中,一方面要仔细分析上述每一项禁忌对个体和社会的危害程度。尤其要强调的是,如果小乖乖违反了它们,会造成各方面的利益损害,也会伤害父母家人和亲朋好友的种种善良情感。还需用相应的正性价值观与行为做对比教育,指出正性行为所带来的多种利益。在讲解的同时,应展示大量有关图片资料、新闻事例、社会教育活动(如禁毒日、"3·15"打假、道德模范颁奖大会)等作为经典条件刺激,还要求幼儿监护人为小乖乖做出积极的榜样和楷模表率,然后让小乖乖谈自己的感受,并鼓励小乖乖去实践这些正性行为。

当在生活中发现小乖乖做对了事情,要及时对其进行表扬、称赞和物质奖励,以此来鼓励并巩固小乖乖的这些行为。还需列举许多的正负性价值观与行为,让小乖乖进行判断,尤其在生活中他遇到正性与负性行为时,要小乖乖做出正确的评价,并给予正确的指导。就是在这种日积月累的行为—认知—再行为的反复循环和强化巩固的社会化进程中,促使小乖乖形成比较稳固的正性价值观和行为趋向,这种教育要持续到小乖乖青春期各方面都完全成熟与稳定为止。

第三节 幼儿期延迟满足能力的训练

这一期延迟满足能力的训练应在上一期的基础上,从时间上进一步延长和增加物品诱惑力这两个维度来进行,训练方法在上一期的基础上增加多一些的创造情境设计,并进一步延长时间,其目的是在这一期培养出小乖乖对他律的乐意服从和自我克制能力。

第四节 幼儿期中华雄狮精神的培养

这一时期的教育主要是自由平等、民主友善、公平公正、信仰法律、狮性生存等多种基本技能的培养和训练。第一,在自由平等、民主友善的教育上,主要是幼儿监护人或其他权威者,首先要树立与小乖乖平等地位的观念,不能以辈分高或成人权威自居,把小乖乖当成知心朋友来看待,允许相互批评,促进相互改错,共同进步;对于小乖乖民主友善品格的培养,主要是在帮助小乖乖在解决问题时,以理性思维的方式,平和地帮助小乖乖发现和找出其不足与错误,然后帮助其改正。在处理和解决生活中遇到的麻烦时,也用同样的方法来帮助小乖乖,使之感受到幼儿监护人平易近人,没有权威的批评压力,而是友善和可亲的感觉,这样有助于小乖乖在生活中形成自由平等和民主友善的观念,并将这种价值观念在对人对事的行为中一一体现出来。第二,在公平公正和信仰法律的教育上,主要在日常生活中遇到什么困难或解决什么问题时,幼儿监护人应该以公平公正、信仰法律的榜样来影响小乖乖。当小乖乖与其他小朋友发生争执、争吵甚至打架时,幼儿监护人一定秉持公平的原则办事,让小乖乖从中深切感受到公平公正的含义和实际行为表现。同时,坚持法律必须公平公正的原则和准绳。比如在游戏或游乐中,必须让小乖乖坚守游戏规则,以此培养小乖乖树立公平公正和信仰法律的意识倾向。第三,通过对小乖乖进行进一步的多种狮性基本生存技能的培养与训练,使其掌握越来越多的狮性基本生存技能,这有利于提升小乖乖的积极行为和坚持正义的力量与底气,为小乖乖增加坚强的身体技能与毅力。

第五节 幼儿期提前性教育的科学方法训练

一、幼儿期提前对小乖乖进行性教育的科学教育观点

弗洛伊德认为，人的心理包括意识和无意识现象，无意识现象又可以划分为前意识和潜意识。前意识是指能够进入意识中的经验；潜意识则是指不能进入或很难进入意识中的经验，它包括原始的本能冲动和欲望，特别是性的欲望。意识、前意识和潜意识的关系是：意识只是前意识的一部分，两者虽有界限，但不是不可逾越的；前意识位于意识和潜意识之间，扮演着"稽查者"的角色，严防潜意识中的本能欲望闯入意识中；潜意识则始终在积极活动着，当"稽查者"放松警惕时，就通过伪装伺机进入意识中。弗洛伊德还认为，潜意识的心理虽然不为人们所察觉，却支配着人的一生。

另一方面，弗洛伊德在其人格发展的论述中，认为个体通过自己或者父母在正常看护自己的过程中刺激个体的性感带可以得到性满足；在不同的发展阶段，性感带有所不同。按照性感带的阶段性不同，个体的成长可以划分为5个阶段：口唇期、肛门期、性器期、潜伏期和生殖期。口唇期是从出生到第二年，这个阶段对婴儿口腔的刺激，如吮吸、咬和吞咽等，是性满足的主要来源。肛门期是从1～3岁，这一阶段性敏感区转到肛门。性器期是从3～5岁，这个阶段生殖器成为性敏感区。这一阶段的性满足涉及对异性父母的性幻想，以及玩弄和展示生殖器。恋父情结和恋母情结正是在这一阶段产生的。前三个阶段是人格发展的重要阶段，为成人后的人格模式奠定了基础。潜伏期是5～12岁，这一阶段儿童力比多受到压抑，没有明显表现。生殖期是从12～20岁，这一阶段个体的性器官开始发育成熟，力比多压抑逐渐解除，生殖器成为主导的性敏感区，其他性敏感区成为辅助的性敏感区。

弗洛伊德的研究理论被批评者认为是性泛论，批评者认为他过分强调性的力比多对人的支配作用。但许多新的研究均表明，婴儿期的确存在性的潜意识。这些研究证明了弗洛伊德人格发展中的五个性感带阶段的存在，在3～5岁的性器期阶段，幼儿确实产生了性意识并伴有一定程度的"性冲动"现象。这是一种生理和心理上表现出的假性萌动现象。

性冲动现象是一种生理与心理的性潜意识现象，但它却是一种假象，即

"假性冲动"和"假性交行为"。这种现象很快在6～7岁时逐渐消失,在这一期,幼儿对"性"几乎不感兴趣,实际上进入了性休眠期,然后到青春期(约11～12岁开始)时再次萌发,出现第一性征和第二性征生理与心理的成人性成熟变化,直到18岁为止。这一次则是真正的生理与心理的萌发。

实际上,幼儿在这一时期确实理解成人性行为的意义,并潜意识里具有性交行为欲望的生理与心理特征。幼儿的这一性萌动意识与行为特征,构成了幼儿对性价值观接纳和人格形成的关键时期。然而,我国传统教育一直把"性"视为大忌,忽略了在这一关键期对幼儿的科学性教育,造成一些幼儿在这一关键期接受了不良的性价值观和负面的影响,从而形成在此方面的许多潜在性恶性行为与习惯,并在青春期逐渐表露出来,以至于发展成多种犯罪心理与行为。如果在这一关键期,让正在有一些性萌动的小乖乖们接受了正确的性价值观念,这些良性的性价值观念将烙印般地镶嵌在小乖乖的人格系统里,成为一种建设性的动力引擎,支配着他们的建设性积极行为。同时,又能使女性小乖乖较早掌握防止性侵害的方法,更好地保护自己,避害因受到伤害而对未来造成严重影响。因此,在这一关键期,对小乖乖进行提前的科学性教育则显得非常得必要和重要。

在这一性萌动时期,小乖乖会常常问爸爸、妈妈:"我是从哪里来的呢?"然后才会过渡到"假性冲动"和"假性交"的生理与心理阶段。鉴于此,笔者对目前国内外的教育理论与经验进行整理和总结,并加上自己的一些研究成果,对这一时期小乖乖的性教育内容提出以下方法与措施:

(1)结合人体解剖、生理学的知识和配图,科学地向小乖乖讲解爸爸妈妈相识、相恋和结婚的简要过程,同床性爱后产生受精卵、胚胎着床、发育、分娩和出生的自然生理过程。

(2)对于小乖乖提出的这方面的任何问题,都可以用科学的知识与理论来正面回答,不必担心这样对小乖乖会造成负面影响。因为这一关键期的小乖乖像白纸一样,只要正确引导,就可以将正确的性价值观刻印在其心灵与人格上,从而使其对其他负面的和犯罪的性价值观念产生终生免疫功能。

(3)告诉小乖乖不应该在18岁之前发生早恋和性行为。

(4)让小乖乖坚决抑制色情读物和视频对自己的侵害。

(5)利用各种性病、艾滋病的可怕结果进行图片、视频的展示,让小乖乖对随意和不洁性交产生的恶果产生恐惧,使之在其价值观里自行建构一个稳固的性行为标准与门槛的心理图式,从而成为自己在未来的人生发展中产生自律控制的人格约束机制。

(6)让男性小乖乖表现出小男子汉的骑士风度,懂得爱护、尊重和保护女性，勇于与对女性小乖乖进行性侵害的犯罪分子进行反抗，并训练其学会向可信任的成人或警察叔叔进行报警，以及如何在危急关头进行多种求助与自卫方法。

（7）训练小乖乖学会基本的性卫生知识，例如，大小便后要洗手，不可把任何物品塞入自己的生殖器中，并告诉他玩自己的生殖器非常不卫生，容易受感染生病，并要好好保护自己的生殖器，不能让除妈妈以外的人碰触，也不要让别人看到它。

二、幼儿期提前进行防止性侵害的科学方法训练

性侵害是指加害者以威胁、权力、暴力、金钱或甜言蜜语，引诱胁迫他人与其发生性关系，并在性方面造成对受害人的伤害的行为。

未成年人的体力、智力发育尚不成熟，认知能力、辨别能力以及反抗能力都比较差，有的甚至缺乏有效监护，因而容易受到伤害。近年来，犯罪分子对幼童实施性侵害的趋势日益上升，给幼童身心带来了极大伤害，这应当受到社会的关注。

某国内外专业未成年人保护机构，经过对未成年人受性侵害问题的长期关注，发现未成年人受性侵害案的一系列共性问题和特点，笔者经过整理，加入自己的创新想法总结如下：

易发生性侵害的家庭主要包括以下四类：再婚家庭、母亲缺位家庭、父亲服刑或父母有严重不良行为的家庭和收养家庭。对儿童的性侵害主要有以下几种：

1. 校园内遭性侵害

学校对于教职员工教育和管理的松散以及学校安全制度的不健全，是导致校园性侵害案频发的直接原因。

2. 对留守幼童的性侵害

大部分留守儿童由于得不到有效监护和全面保护，容易受到他人实施性侵害。

3. 熟人的性侵害

侵害人主要是父母的亲属、朋友、同事等，因与受害人熟悉，并有作案场所和机会而容易对儿童进行性侵害。

4. 继父或生父的性侵害

由于被侵害人受侵害人的监管和支配，具有充足的时间和固定的场所，因此此类对幼童的性侵害更为隐蔽和多见。

为防范这些情况，结合国内外这方面的教育理论与经验，笔者以国内外的一些资料为蓝本，经过修改，加入自己的研究内容，提出对这一时期的幼童进行科学防止性侵害的教育方法如下：

1. **认识自己的性器官和隐私部位并保护它们**

（1）做"我说你指"的游戏，使小乖乖认识自己身体的隐私部位。

（2）对于自己的性器官（阴部、乳房和嘴等），绝对不许别人碰和触摸，尤其是异性，包括异性老师；也绝不允许异性解开和脱下自己的裤衩（除了爸爸、妈妈帮助洗澡，在爸妈陪同下让医生检查身体外）。

2. **了解坏人进行性侵时所使用的花招与伎俩**

（1）跟踪、强拉入室或上车，送玩具、娃娃、糖果、饮料等引诱。

（2）假借玩耍、游戏形式，借口问路、带路、找东西等，请儿童帮忙。

（3）冒充维修工、快递员或是父母的同事、朋友进入家中。

（4）一些熟人或亲戚借照料之名。

（5）利用权威形象进行威逼。

幼儿监护人应把上述几种情况设置成实际情境的演练，让小乖乖发挥自己的创造性来应对这些突发的情况，并给予更多的解决方法予以指导。

3. **总结防性侵要点**

（1）教育小乖乖做到：不吃、不要陌生人的各类食物、饮料、玩具和财物等，不坐陌生人的车，不给陌生人带路，不和陌生人玩，也不跟陌生人到任何好玩的地方去玩，找不到爸妈时要找警察，不能让陌生人带路等。

（2）独自一人在家时，注意关好门，不许陌生人进屋；发觉有陌生人进入应果断打电话或向门外呼喊求救。

（3）外出时应了解环境，尽量在安全路线上行走，避开荒僻陌生的地方。

（4）外出时，应结伴而行，尤其是女性小乖乖，家长一定要接送。

（5）若外出，要随时与家长联系，未得家长许可，不可在别人家夜宿。

（6）女性小乖乖不要单独和男子在家中或宁静、封闭的环境中会面，尤其是男子的家中。

（7）任何人的任何行为，小乖乖只要感到痛或不舒服，就立刻反抗，即使是老师或其他有权威的人，也要敢于说"不"。

（8）女性小乖乖外出时要注意周围动静，不要和陌生人搭腔，如有人盯梢或纠缠，尽快向人多处靠近，必要时要呼叫。

4. **课堂训练**

设置一些问答题，让小乖乖们回答这样的做法是否正确，并说出理由。

（1）有人敲门，对方说是父母的亲戚、同事、朋友，或者是水、电、煤、气、电话网线等的安装工，收废品的，物业来检查的，警察叔叔等，可以开门让对方进屋。

（2）如果陌生人向我们问路，要求我们带路，我们可以给他们带路。

（3）女性小乖乖应该避免单独去村里或隔壁的熟人如伯伯、叔叔的家。不要单独与男子待在房间里。

5. 遇到性侵害的处理方法

（1）小组讨论：如果遇到性侵害怎么办？

（2）举出一些受害的事例，让小乖乖相互交流讨论，并把讨论结果汇报给老师。

（3）老师针对各种情况，教给小乖乖们及时应对的方法：如一定要勇敢、冷静、开动脑筋，想办法逃跑等；如果受到性侵犯，要马上告诉大人，要保存证据，及时报警。

（4）家长或监护者对小乖乖的防拐骗责任与教育。

上述防止性侵害的各种警惕性辨别与训练方法，也可以用作对人口拐卖犯罪的防范。此外，还应该时刻警惕并做好以下防范工作：

（1）注意小乖乖身上一些明显的体表特征，如黑痣、胎记、伤疤等。

（2）如需聘请保姆，请到正规有担保的保姆机构聘请保姆，保留好保姆的身份证复印件和清晰的生活近照。

（3）时常提醒教育保姆和家庭成员提高防范意识。

（4）严禁让小乖乖离开家长的视线范围。

（5）严禁将小乖乖单独留在家中或店铺里。

（6）严禁将小乖乖交给陌生人看管或带走，无暇照顾小乖乖时，应把小乖乖交给可信赖的亲朋好友。

（7）严禁让小乖乖独自在门外玩耍。

（8）严禁让小乖乖在没有可靠成人看护的情况下与其他小乖乖外出玩耍。

（9）与邻居建立起和睦朋友或邻里关系，互相间彼此照应，对任何让小乖乖疏于管理给予提醒并消除隐患。

（10）带小乖乖外出时，随时保持警惕，避免小乖乖走失；并注意遵守交通规则，确保交通安全。

（11）给小乖乖佩戴含有家庭相关信息的物品（父母电话号码、家庭地址等）。

（12）不要带小乖乖到偏僻人少的地方。

（13）教会小乖乖遇紧急情况时学会拨打110求助电话。

（14）教会小乖乖辨认警察、军人、保安等穿制服的人员。

（15）教育小乖乖一旦在商场、超市、公园等公共场所与父母走失，马上找穿制服的工作人员或警察叔叔帮助。

上述给小乖乖进行的提前性教育，能有效防止小乖乖受到性侵害和被拐骗等。这一时期的教育在上述各项具体方法训练的基础上，还应时常用一些现实中发生的被性侵害和被拐骗的悲剧例子，给小乖乖进行实例分析，让小乖乖找出被害者为什么会被害，如果这样的事情发生在小乖乖自己身上时，在没有保护者的情况下应该如何应对，让他们尽量多地发挥创造性来解决这一问题，并且还需要给小乖乖提供最佳解决方案，并设置一定的"实际情境"，让小乖乖进行自我应变和解决的训练。这一时期这几方面的科学教育应从2岁持续到7岁，在不断的反复训练中，使小乖乖具备自我保护意识与能力，并具备对突发性事情的应变能力和在危境里安全逃生的能力。

第六节 幼儿期人际关系和领导能力的培养

人际关系指人与人在相互交往过程中所形成的关系，包括亲属关系、朋友关系、学友（同学）关系、师生关系、雇佣关系、战友关系、同事及领导与被领导关系等。

卡耐基说过：一个人获得成功的因素中，85%决定于人际关系，而知识、技术、经验等因素仅占15%。据统计资料表明，世界顶尖级激励大师——安东尼·罗宾也说过：人生最大的财富便是人脉关系，因为它能为你开启所需能力的第一道门，让你不断地成长，不断地为社会做贡献。良好的人际关系，可使工作成功率与个人幸福达成率达85%以上；某地被解雇的4000人中，人际关系不好者占90%；大学毕业生中人际关系处理得好的人平均年薪比优等生高15%，比普通生高出33%。

的确，人际关系对于我们每一个人在社会生活中的生存、学习和发展关系重大。科学种子教育应该将这一课程提早到婴儿期，从塑造人格价值观开始，让小乖乖从小就正确处理和发展好自己的朋友圈。

对于如何发展人际关系这一问题，一般需遵守以下几个原则：

一、平等原则

在人际交往中总要有一定的付出或投入，交往双方的需要和这种需要的满足程度必须是平等的，平等是建立人际关系的前提。人际交往作为人们之间的心理沟通，是主动的、相互的、有来有往的。人人都有友爱和受人尊敬的需要，都希望得到别人的平等对待。

二、相容原则

相容是指人际交往中的心理相容，即人与人之间的融洽关系，与人相处时的容纳、包涵、宽容及忍让。要做到心理相容，应注意增加交往频率，寻找共同点，学会谦虚和宽容；为人处世要心胸开阔，宽以待人；要体谅他人，遇事多为别人着想，即使别人犯了错误，或冒犯了自己，也不要斤斤计较，以免因小失大，伤害相互之间的感情。为了干事业、团结有力，做出一些让步是值得的。

三、信用原则

信用指一个人诚实、不欺骗、遵守诺言，从而取得他人的信任。人离不开交往，交往离不开信用。要做到说话算数，不轻许诺言。与人交往时要热情友好，以诚相待，不卑不亢，端庄而不过于矜持，谦逊而不矫饰造作，要充分显示自己的自信心。一个有自信心的人，才可能取得别人的信赖。处事果断、富有主见、精神饱满、充满自信的人就容易激发别人的交往动机，博取别人的信任。

四、理解原则

理解主要指体察了解别人的需要，明了他人言行的动机和意义，并帮助和促成他人合理需要的满足，对他人生活和言行的有价值部分给予鼓励、支持和认可。上述这些人际交往的基本原则，是处理人际关系不可分割的几个方面。运用和掌握这些原则，是处理好人际关系的基本条件。①

根据这四条原则，我们就可以创造性地加以利用，让小乖乖在实际交际过程中去学习和遵守，并学好口才、沟通方式、与他人相处的态度和做事方法等，具体培养方法主要应该参照卡耐基培训机构的优质方法，并根据小乖乖的个性特点、生活环境等，制定不同的培训方法来进行科学教育，这样才能发展

---

① 曾仕强、杨丹：《人际关系学》，武汉大学出版社2013年版，第66页。

好他们的人脉关系。

在培养小乖乖的人际关系能力这一教育过程中，我们还需同步培养其社会性领导能力。

领导力指一个人（或者一个领导群体）通过说服或者做出榜样，推动一个团体追求目标或者达成领导者与追随者共同目标的过程。作为领导，应具备以下能力：

（1）包括领导的学习能力、做事能力、亲和能力、沟通能力、协调能力、决策能力、分析判断能力、激励能力、指挥能力和领导威信。

（2）领导者用权力的艺术，能有效把握放权与集权的合理度。

（3）领导者风格。一个领导者必须通过其领导风格把自己的战略意图以及所在组织价值体系向人们传播，以达到领导目标。①

要培养小乖乖的领导能力，首先应当培养好小乖乖的人际关系能力，这是培养其领导能力的重要基础。在培养领导能力这一过程中，其实就是培养小乖乖的上述多种能力，而现实中，还需按小乖乖的天赋优势去培养他的这些能力。小乖乖掌握的能力越多，他越能在小团体中获得尊重，由此树立起自己的权威形象。然后培养其对群体成员的管理能力，再根据其个性、所在的朋友群体以及微社会环境等因素，定制个性化的培训方案，这样才有助于小乖乖领导能力迅速提升。

当小乖乖具有良好的人际关系和一定的领导能力时，其自信心会得到显著的提高，它对于小乖乖的积极建设性与科学人格的培养有重要的支撑作用，尤其是对于当今校园暴力的防范更是具有现实意义。因为当小乖乖具有这些能力后，他在小团体里面就具备了社会达尔主义生态中的高级地位，具备这一高等级地位自然就不会受到来自以强凌弱规律式的威胁。

第七节　幼儿期科学实验室的设置

这一期的科学实验仍然是继续熟练掌握上一期的各种实验设备与器材，适当增加初中物理学中的初级光学、力学和电学，以及初级生物学、体育、音乐和绘等方面的实验设备、多种工具和原料等。目的是要让小乖乖们在老师的指导和帮助下，学习与练习种种科学实验活动，使小乖乖打好各种实验操作的基础。

---

① 于保政：《领导的艺术》，中国物质出版社2005年版，第58页。

第八节 游戏期认知的科学教育理论

一、游戏期社会学习的生理和心理特征

游戏在这一阶段起着重要的作用,所以这阶段也称游戏期。艾里克森认为游戏是自我的一种重要功能。游戏时,儿童可以利用空间、时间和现实作自我教育和自我治疗作用。艾里克森说,可以利用游戏来弥补失败、受苦和挫折的体验。游戏在这个阶段主要表现为两种形式:一是独角游戏或做白日梦,二是寻求同伴共同游戏,演出内心矛盾,从而使危机得到缓和或解决先前遗留下来的某些问题。

在学前期之初,儿童开始进行功能性游戏。功能性游戏可能涉及物体,如布娃娃或汽车,或涉及重复性的肌肉活动,如蹦、跳,或卷起或推开一块黏土。在功能游戏中,参与者的目的是保持活跃,而不是创造出什么物品(Rubim, Fein & Vandenberg, 1983; Bober, Humphvy & Carswell, 2001)。

儿童4岁时,功能性游戏逐少,他们开始进行一种更为复杂的游戏形式。在建构性游戏中,儿童操控物体来生成或建造某物,如用积木建造一栋房子或完成一幅拼图就是建构性游戏,他们有一个最终目标——造出某物,但并非一定要创造出新鲜的实物。儿童可能重复地建起一座积木房子,然后推倒再重建。

假装游戏的性质在学前期也会发生变化。在某些方面,假装游戏变得更加脱离实际,并更具想象力,即儿童从知识使用真实物体到借助不具体的实物。因此,在学前期初,儿童只有在拥有一个看起来很像收音机的塑料收音机时才能够假装听广播;而后来,他们则更有可能使用一个完全不同的物体,如一个大纸盒来比作收音机(Bonnstein et. al, 1996)。

维果斯基认为,假装游戏,尤其当它涉及社会性游戏成分时,是学前期儿童扩展认知技能的重要途径。通过假装游戏,儿童能够"练习"那些作为他们特定文化一部分的活动。[①]

[①] [加]居伊·勒弗朗索瓦:《孩子们——儿童心理发展》,王全志译,北京大学出版社2004年版,第368-374页。

二、游戏期社会学习的科学教育理论的提出

儿童期的假装游戏,是指儿童为获得成人的各种社会生活经验和技能,借助玩具作为真实事物的代替物来假装完成社会学习阶段的实践活动。儿童在准确感知到实际情况下,有意设想出非真实的情境,并根据这种想法有意公开做出非真实的行为。假装游戏体现着个体走向现实进程中的认知成长状态,是假装者根据想象,有意识、有目的地用模仿的方式进行的智力行为。学前阶段是游戏倾向的发展和峰值期,这一时期儿童主要依据这种活动来模仿学习成人的社会经验和技能。

笔者认为,现今传统的幼儿教育中,普遍的教育内容仍然以大量的玩具、童话、寓言、拟人化的故事来开发小乖乖的智力,但这一教育模式有碍于小乖乖的科学观察、科学认知、科学知识与科学思维的建构。

玩具只是对某一客体实物外观的粗略仿制,它无论从诸多外观物理性质、运动现象、生态特征、内在结构和本质规律等,都不能代替真实物体。比如玩具狗与真实狗在皮毛颜色、气味、皮肉质地和触摸感、温度感、器官及功能、叫声、生物形态、运动特征、生态习性、内部结构和本质规律,以及它与大自然中其他物种间的生态链关系等,都有根本性的区别。作为正在认知事物并构建真正的知识结构体系关键期的小乖乖来说,理所当然是应当认知真实的事物对象,这样才能认知一个具有自然属性的自然物以及其生态习惯和生存的规律。不言而喻,小乖乖所构建的知识结构体系就是符合科学规律的。如果这个关键期所认知的是真实自然物的替代物,那么小乖乖所构建的知识结构体系就是一个非自然界事物的本质世界,这与真正的大自然是截然不同的,它显然与科学的认知相悖。所以,在小乖乖对事物的概念思维开始形成的这一关键期,我们传统教育如果仍用仿制的东西来替代实物,那么,小乖乖对仿真物的观察、认知与获得的概念,将与实物所表现的物理特征与内存本质差别太大,这将影响小乖乖对事物的科学观察、科学认知、科学知识与科学思维的建构形成。

在童话、寓言和拟人观的故事方面。童话是运用臆想、夸张来塑造艺术形象,对自然物的描述采用拟人化手法,以故事情节神奇曲折来夸大现实生活的一种儿童文学表现形式。寓言是一种文学体裁,以散文或韵诗的形式,讲述带有劝谕或讽刺意味的故事。结构大多短小,主人公多以动物为寄托,意在惩恶扬善,并充满智慧与哲理,也可以是人或非生物。拟人观是把人类的特性、特点驾驭于外界事物上,使之人格化。如原始社会的人把自然现象人格化或精灵

化，创造出各种各样的神。

传统教育很喜欢用童话和夸张美术形象来反映真实的自然物和自然规律，童话往往顺应了小乖乖们在成长期存在的臆想哲学思维图式发展阶段。在臆想哲学思维图式阶段，小乖乖们善于以自我为中心，并以自我的价值为认知自然物的尺度，即我认为自然物的意识就是我的意识。童话、寓言和拟人观的滥用，使得被描述的事物与真实的自然规律、社会规律、科学逻辑推理、价值取向等差距甚远，容易对客观事物本质和规律产生程度不同的歪曲，从而使小乖乖对客观事物产生认知失真和扭曲。如狼和羊的童话故事，这个童话的内容实际上给小乖乖所灌输的只是道德观，但科学认知与道德观无关。事实上，狼和羊的故事，让小乖乖对狼形成害怕、畏惧、逃避的消极心理。这种消极情绪的产生，会导致小乖乖因害怕和仇恨而拒绝对狼的外部特征和本质规律进行深入仔细的科学认知。它还会引发小乖乖将对狼的恐惧与逃避的消极心理泛化成道德判断的认知模式，即狼是坏的，对自己有极大的伤害，所以我必须躲避它，由此，使得小乖乖对事物的归类性认知也变成用道德好坏来判断。事实上，我们民族几千年来普遍用道德判断的认知模式作为主导的非科学认知模式。当然，一些国外的经典童话故事比较符合科学和现实逻辑的，如安徒生和格林童话集中的许多故事等，都可以用来教育儿童。

拟人观助长了小乖乖的自我中心主义认知图式的发展。传统教育喜欢将各种动植物以拟人观的手法展示在儿童文学上，如兔子像人类一样，有一栋房子，有床、枕头、被子等生活物品，有洗脸、漱口等人类的生活习惯。小乖乖们当然喜欢这类拟人化的故事，因为这些主人公的生活习惯与人类相同相似，而且它们的许多想法与小乖乖也相同，这样顺应了小乖乖主观臆想的自我中心主义认知图式，阻断了小乖乖朝着科学的认知思维图式方向发展。笔者记得自己在此阶段的一则亲身经历：有一次，我在小山上意外捕获一只不知名的山雀，我用纸壳给它建了一栋房子，给它提供床、杯子、水，还给它米饭、鸡蛋等好吃的食物，可它却绝食，过了几天，它竟然死了，我为此很难过。我当时是这样想的：我对它这么好，按自己的生活习性给予了它一切，并没有丁点想伤害它的意思，可它却不领情，就是不吃东西，好几次我急得强行掰开它的嘴喂米饭，可它却吐了出来……现在才知道，山雀对本人给予的贵宾待遇毫不领情的原因是它的需求与我当时被童话拟人化的爱与照顾格格不入，或许它在食物链中只捕捉树上和草丛中的小虫而已。总之，是我的拟人观剥夺了它可爱的生命。

另一方面，夸张的美术形象一般表现在针对儿童的美术画，艺术家们为了顺应儿童的自我臆想特征，采用夸张手法来描绘自然物。比如，普遍的儿童读物中，儿童的头都是身体比例的一半长度和超过身体的宽度。当小乖乖最初进行审美体验时，这种错误的比例就是其错误认知的肇始，并且在夸张的美术形象中，人的五官、肢体比例和形状都同样失真，再加上"他们"行为、行事及种种生活常理逻辑都与现实格格不入，推动了小乖乖们的自我臆想哲学思维图式的建构。虽然在小乖乖大一些的时候，这些假装的、童话的和夸张的美术形象会被一些真实的认知替代而被重塑，但小乖乖们仍然在认知图式上产生许多价值观的冲突，甚至有些价值观会持续其终生。

科学的认知需要让孩子尽早脱离自我臆想的主观自我中心的哲学思维图式，让小乖乖尽早建构起科学理性的认知观和价值体系，这样才能使小乖乖具有科学思维。显然，传统的假装游戏、童话、寓言、拟人化和夸张的美术形象等，对于科学思维形成关键期的小乖乖来说，不但让他们在认知上走了一个大大的弯路，而且还对科学思维形成这个关键期有毁灭性影响。它恰恰助长了小乖乖本身主观自我中心的唯心哲学逻辑思维模式的发展，使小乖乖很难从前概念、中心化、不守恒、自我中心思维、非科学的直觉思维中，提前过渡发展成理性的、唯物辩证的科学逻辑推理的科学思维模式中来。

因此，考查国外科学家的成长过程，他们往往在其少年时代就开始做科学实验和观察动植物生活习惯。笔者据此提出，在小乖乖处于假装游戏的生理与心理发展的认知阶段，应该以认知真实的自然物来进行社会学习，以真实的自然物替代玩具的科学教育理论，让小乖乖们的假装游戏变成真实的科学实验和有意义的体育运动。

该理论表述为：传统教育在小乖乖科学思维形成的关键期，以假装游戏、玩具、童话、寓言、拟人化和夸张的美术形象来代替模仿学习成人社会经验与技能，并顺应儿童期本身存在的自我臆想哲学思维图式倾向。这样的教育模式严重阻碍了小乖乖科学认知和科学思维的形成与发展。为了彻底扭转这一错误的教育模式，笔者认为应以真实的大量动植物、科学技术产品及科学实验操作来替代大部分玩具教育模式，以真实的具有科学逻辑推理的自然规律和社会规律故事来替代童话、语言和拟人化的教育内容，让小乖乖在直觉思维和科学思维的萌动关键期，一开始就受到科学观察、认知、逻辑推理、分析和科学实验的提前科学教育，使小乖乖提早形成科学认知和科学思维的习惯模式。

三、具体培养方法

小乖乖经过前一年龄阶段跨学背景科知识与简单的科学实验的训练，已经认知许多自然现象、动植物和家用物品的外部物理性质及简单原理，也学会了一些科学的观察分析经验和方法，以及一些操作技能，并对它们产生了一定的兴趣。到了学前期阶段，小乖乖已经学会了更多的生存技能，显得更有控制能力和创造性了。这些综合素质的形成为小乖乖进一步的科学实验打下了扎实的基础。

小乖乖在前期操作一些科学实验仪器的基础上，再了解更多的科学实验仪器，进一步对目标对象进行科学观察、认知，扩展到再观察、分析、思考、提出疑问、寻求解释，达到进一步的科学认知，还需逐渐扩大科学实验范围，进一步观察事物的外部现象、属性和内部结构，以及两者的联系规律及与其他事物的联系规律。4岁以后，还应带他们走出家庭实验室，到大自然中去实地观察、考察多种动植物在自然生态中的生活状态、行为习性和生态规律，拍摄它们的这些活动状态，学会采集一些动植物标本，尤其昆虫、矿石和土壤的标本，以便观察、分析和对比，帮助小乖乖对它们的进一步认知和研究。

同时，还要让小乖乖饲养尽量多的动物，让小乖乖扩大自己的实验室，零距离观察这些动物的外观颜色、属性、各种生理器官的功能、生活习性、繁殖情况、养育幼崽及与同伴、同类以及跨物种的社会关系、规律和特性，以及如何进行分类、区分等。在这些认知的基础上，还需让小乖乖懂得从生理器官的外形、食物链、攻击行为特性、生活地域等因素来区分食肉动物和食草动物，以及简单介绍它们之间与植物能量循环的基础生态规律。培养小乖乖对每一种生物的喜爱，对其个性和生活习惯、长相的尊重，产生对生态环境的爱护、保护的意识和价值观，并与生物建立起亲密的伙伴关系的情感，以及与它们和谐相处的处事态度和行为习惯，这有助于对小乖乖的道德培养。此外，还需注意介绍猛禽猛兽对小乖乖可能造成的身体伤害，要小乖乖勇敢采取必要的防护措施，进一步观察、研究、认知它们。

在了解植物方面，让小乖乖亲自种植各种植物，使其初步认识各种植物需要不同的物理环境，如阳光、温湿度、雨水、土壤各种营养、各种矿物质常量和微量元素等的原理和关系，并对雌雄两株植物的特征、花粉受精原理、种子发育、胚芽形成、植株长成、科学护理、开花、结果等生理周期循环过程有初步的了解。同时，还要在显微镜下观察植物的微观生理构造，并与动物的微观生物构造进行对比和区分。还需让小乖乖模仿和表演多种生物的行为特征，并在小乖乖进行模仿表演中鼓励和启发他想象、发散逻辑推理思维的展开。

此外，还要让小乖乖观察常见的自然现象，如雨、雪、雾、冰雹、凝冻、晴天、阴天、云彩、虹、刮风、雷鸣、闪电和火山、地震等常见地质灾害现象，了解其生成原因、后果及其之间的相互关系。

最后，还需让小乖乖对感兴趣的一些机械玩具和报废技术产品等进行拆卸,观察其内部结构,了解诸如齿轮、轮轴、电源、电路、电脑控制、能源供给及其原理。并给小乖乖介绍操作中的各种安全防范,让小乖乖大胆自由探索,并给予原理解释和解决问题的帮助。

总之,要让科学实验和操作活动取代大部分功能游戏、建构游戏,留下极少部分的社会性游戏给小乖乖,让小乖乖在科学实验中早早进入科学认知的正规模式,这有助于小乖乖从反复实践中形成科学人格的思维和行为习惯模式。同时,也可培养小乖乖积极探究外界事物的情感、兴趣和爱好,并与科学实验对象形成亲密的伙伴关系。

第九节 幼儿期智力发展和创造创新思维与能力的科学教育

一、幼儿期语言学习与发展特征

该年龄段的儿童把单词、短语组成句子的方式称为句法,每月增长一倍。到了3岁时,各种组合达到了上千种(Pinker,1994;Wheeldon,1999)。

到6岁时,幼儿使用句子的复杂性和词语数量都有巨大飞跃。这时,幼儿的平均词汇量是14000个单词左右。幼儿在这一时期基本上是两小时就学会一个新单词(Clark,1983),他们通过一个称谓快速映射的过程达到这一创举。在这个过程中,对新的单词有短暂接触就与其意思联系在一起(Fenson et. al, 1994)。

这一阶段的幼儿在对普通名词方面,对词的使用范围进行扩张和缩小这一现象都普遍存在,在形容词的运用和发展上,具有以下特点:

(1)从物体特征的描述发展到时间情况的描述。幼儿最早使用的是描述物体特征的形容词。颜色词出现较早,其顺序大致为:红、黑、白、绿、黄、紫、灰、棕。其次是描述味觉、温度和机体的形容词,出现次序为:甜、咸、苦、酸、辣、烫、热、冷、凉、痛、饱、饿、痒、馋。描述动作的是快、慢、轻等和人体外形的胖、瘦、老、小、高、矮。最迟使用的是描述情感及个性品质的词,如高兴、快乐、好、凶、坏、认真、勇敢和描述情况的词,如危险、难。

(2)对空间维度的形容词,其使用顺序为:大小、高矮、长短、粗细、高低、厚薄、宽窄等。

(3) 在时间方面：①表示时间阶段的词的顺序是：今天、昨天、明天、上午、下午、晚上、上午x时、下午x时、晚上x时、今年、去年、明年等；②表示时间次序的词是正在、已经、就要等常用副词。

　　(4) 在空间方位词方面，其顺序为：里、上、下、后、前、外、中、旁、左、右等。

　　(5) 在指示代词方面，包括这、这里、那、那里。

　　(6) 在人称代词方面，包括我、你、他以及与之相应的物主代词，如我的、你的、他的。

　　(7) 在量词方面，一般5岁以后开始懂得将量词与名词搭配，从不太难到准确。如"一辆自行车""一只狗""一桶水""一个人""一列火车""一筐菜"等。①

二、幼儿期语言学习的科学教育

　　笔者认为，针对小乖乖的这一语言成长与发展规律，科学教育的方法是，将上一阶段的对各类物品的认知学习进一步深入，即在给小乖乖讲解与分析中逐步加入相匹配的颜色词的细分、方位词的细分、时间词的细分、空间方位词的细分、人称代词、数词和量词等。同时，适当给予其一些简单句型与语法的介绍。

　　小乖乖们在这个阶段已经进入从物体特征的描述发展到对时间、空间的描述，以及对人物称谓代词、量词等方面的界定。实际上，这是小乖乖对事物的概念形成阶段。为了使小乖乖准确地对事物进行科学的描述，我们应该从上述对事物的外部特征性质，到其空间位置，再到时间变化的四维认知来对小乖乖进行准确的训练。四维认知训练过程中最重要的仍然是理论方面的发音、概念界定和科学实验及实践操作的同步学习，这种联合性的理论与实践互动刺激，一方面刺激了小乖乖的大脑神经联系，另一方面在实践中加深了小乖乖对认知对象的自然性记忆，这种自然性记忆是因为小乖乖在玩耍中对认知对象产生喜爱的情感，由于情感使其对认知对象产生了注意力的关注，进而才发生了对认知对象的工作性记忆，也称操作性记忆。这种记忆是长时性的，甚至会成为永久性的记忆。

---

① [加] 居伊·勒弗朗索瓦：《孩子们——儿童心理发展》，王全志译，北京大学出版社2004年版，第339-353页。

三、自言自语现象与奇异想象思维

学龄前的小乖乖，还普遍具有"自言自语"的现象。一些发展心理学家认为，儿童这期间表现出自言自语，其语言是用来指向他自己，并有重要作用。如苏联心理学家维果斯基认为，这些语言用于指导行为和思维。他们通过自言自语与自身交流，能够尝试想法，充当自己的回响板。从这个角度来看，自言自语可促进儿童思维并有助于他们控制自己的行为（当你试图在某些情况下控制自己的愤怒情绪时，你是否曾经对自己说"不要着急"或"冷静下来"之类的话语）。根据维果斯基的观点，自言自语最终起着重要的社会功能，使得儿童能够解决和思考他们遇到的难题。他还认为我们思考时进行自我推理会使用内部对话，而自言自语正是内部对话的先兆。

另外，自言自语可能是小乖乖用来练习交谈中所需实践技能的一种方式，它被称为语用论。在和他人进行有效和适当交流有关的语言方面，语用能力的发展使小乖乖能够明白交流的基础——轮流表达、探讨话题，以及根据社会习俗什么该说什么不该说。当教给小乖乖在收到礼物时适当的回答是"谢谢"时，或者在不同场合下使用的语言，他们就是在学习语言的语用论。

自言自语还存在一个更为重要的作用，即小乖乖在社会化成长中具有习得经验和习惯思维。在自言自语时，小乖乖把回忆那些习得经验和习惯思维作为一种思维基础，并在此基础上进行扩大和发散性的逻辑想想。如，笔者的外甥小琪琪在这个阶段的时候，常会跪在地板上用手操作一种无动力的玩具车。他在用自己的嗓音代替汽车轰鸣声的同时，拿着车的小手向前移动，他自言自语说道："看，这辆车正在转弯，然后爬坡，它又来到一条小河，然后在河边装上沙子，把它运到外公外婆家……"记得那时笔者在旁边听到他在自言自语，便随意逗他玩："你说的不对。"外甥马上反驳说："人家就是这样的嘛。你看，它现在装了很多沙子，现在是上坡，所以跑得很慢……"

笔者认为自言自语与逻辑想象有很大的关联。实际上小乖乖在用玩具车把平时听到和看到的逻辑经验，通过记忆用语言来复述，并能发展和创新一些环节。在复述过程中，由于其抽象地把他想表达的逻辑顺序表达出来，这就会激发他的想象思维，这种想象思维是建立在逻辑推理的基础之上的。小乖乖在这种自由的抽象的逻辑推理过程中，往往用手做比画性的抽象操作实验，有时小乖乖在用手开车的时候，会把汽车的行驶突然变成在空中飞行的动作，在他们的想象中，汽车已经长出了翅膀，小乖乖的创造力与想象力结合的奇迹发生了……

事实上，这个阶段的小乖乖还会经常做一些关于自己在天空飞翔的梦。笔者记得自己在学前期就多次做过这样的梦，梦见自己能飞，自由地飞翔在起伏的山谷间，并且能熟练控制飞行高度与方向，无论是爬升、俯冲还是转向，都能自己灵活掌握。如今，这个记忆还十分清晰地留在脑海中，还记得自己飞翔的动力是用脚蹬，并且连续三个晚上都做这样的梦。

根据神经心理学大脑发育的情况以及弗洛伊德有关梦的解释推论，笔者提出一个假设，这种梦境的出现，应该是小乖乖学前期大脑神经联结中，有关逻辑推理方面的神经系统的发育和联结正在进行的过程。这个时期也正是小乖乖喜欢听故事的时期，当听了关于一些自己十分羡慕的英雄的特殊技能后，小乖乖就一直在努力地模仿学习。另一方面，对于那些精彩的故事情节，小乖乖们会在睡觉前对它进行复述回忆，在这种自我描述中，靠的就是逻辑与推理在实现。皮亚杰的前运算阶段也正是指这一时期，它是小乖乖处于感知运动表征和完全使用逻辑规则来进行思维之间的阶段，虽然这种逻辑思维与推理还很不成熟，但它的形成也是小乖乖即将形成直觉思维的基础。

四、自言自语现象和奇异想象思维的科学教育

根据这些研究，笔者提出的跨学科背景知识的教育再次得到科学研究的印证，是符合幼儿个体生长发育的生理和心理需求的。因此，在这个阶段对小乖乖的语言科学教育，除继续这种教育之外，同时还应教育以下内容。

（一）幼儿监护人应注重给小乖乖阅读科学家、名人简略传记和儿童科幻读物

我们知道，科学家经典的成长经历以及发明创造过程的故事，往往都具有传奇的色彩，能使小乖乖们产生对英雄的崇拜和模仿行为。另一方面，由于这一阶段的小乖乖存在着"奇异思维"，这时的思维是充满希望和令人惊奇的，在某种程度上假定现实可被一个想法所改变。于是，一个魔咒可以产生一个巫婆和公主、一条银线和一罐金子；一个梦想可以是真实的，也许现实可能是一个梦想；一个愿望可以使一块石头变成一辆跑车；一个小角落成为一个山洞；一个废弃的表盒可以成为一艘航船（Pearce，1997）。小乖乖这些正面的崇拜、模仿冲动和奇异思维是非常富有建设性的，它正是小乖乖们创造思维的启蒙关键期，切不可错过。幼儿监护人在这个关键期应做的教育，就是在给小乖乖阅读科学家传记和科幻读物时，特别在介绍科学家发明创造结果和科学幻想时，要运用科学概念、科学原理和理论来解释科学发明创造和科幻结果的因果关系

和逻辑推理，帮助小乖乖形成科学原理思维、科学理论创造思维、幻想思维和梦想思维。同时，在给其解释词义时，要告诉该词的词性类型与其他词搭配的规则等。更为重要的，当小乖乖有模仿科学英雄，需要做某种科学实验或进行发明创造时，幼儿监护人应及时给予热情的认可、支持、指导、启发与帮助，帮助小乖乖成功，因为成功对于他们继续与重复这种正面模仿的行为有至关重要的激励作用。如果失败，要加倍关心、支持与鼓励，劝告其不要畏惧失败，如何越挫越勇，并分析原因，然后找出原因，或找另外的技能高手给予帮助，争取成功。

（二）在小乖乖正在自言自语时进行引导与科学教育

幼儿监护人应及时参与到小乖乖的逻辑推理想象、联想思绪和情感发散中来，同时要修正他的逻辑思维错误，以及用词不当和句法不当的问题，启发他更丰富的发散性想象与联想思维。如在这一教学过程中，尤其注意用仿生学的原理来启发小乖乖的这种发散创造性思维。因为这一时期小乖乖在以前的学习中，已经认知了许多动植物和社会生活中的一些科学发明、创造的技术知识，因而，这时训练他们把动植物的生活习性与特点总结成科学原理思维，结合实用技术的创造发明，将有利于早期培养小乖乖的发散创造性思维的形成。

（三）对于小乖乖爱提问的科学教育

小乖乖在这一时期还有爱问为什么的倾向，校园歌曲《童年》中唱到："没有人能够告诉我太阳总下到山的另一边；没有人能够告诉我山里面有没有住着神仙……"这首歌给我们揭示了一个十分悲哀的事实，那就是在小乖乖处于提问关键期，非常希望探究更多的大自然事物的现象、原理、规律时，家长或教育者大都没能给予及时和科学的解答，以此来满足小乖乖们这一强烈的认知需要。有一些幼儿监护人为了应付小乖乖的疑问，往往用非科学的回答来搪塞。如，小乖乖问："晚上为什么看不见太阳？"答："太阳回家睡觉了。"这种拟人化回答不但与现实自然规律相违背，同时还会阻止小乖乖对"晚上看不见太阳"的奥秘失去探究动力，因为太阳睡觉了，这与小乖乖自己的生活规律一样啊，还会有什么精彩的奥秘可以吸引小乖乖再追问呢？现实就这样无情地扼杀了小乖乖对客观世界的种种好奇和冲动，导致他们错过了认知成长和发展的关键期。相反，如果幼儿监护人懂得跨学科背景知识，在这时候给予科学的解释，那么，科学的奥秘就会引发小乖乖追根究底去探索的欲望与兴趣，小乖乖就会在自己对这一问题的探索中，理解这一现象的逻辑发展过程，以及现象的逻辑原理，同时又启迪了小乖乖将这一科学原理进行发散性思维，使其运用科学原理思维来认知、分析与解释其他的自然现象,这便是小乖乖创造性科学思维形成的基础。

五、幼儿期记忆能力的生理与心理特征

从出生到 6 岁左右,一般儿童已经能记住多种多样的事物:人和动物的名称,对象的位置、数字、序号、字母以及一些歌曲、成千上万的词语和各种各样把它们联想起来的复杂规则。

学前儿童的记忆策略。在婴儿期,婴儿不能有意地、系统地组织、分类、加工记忆的材料(这三类活动是年长儿童和成年人最重要的记忆策略)。学前儿童记忆的信息大多是 Wellman 1988 年提出的称谓的无意识记忆的内容,"无意识"不是有意使用的策略,因此并不是真正的记忆策略。当我们不论何种原因注意某物后又能回忆起来时,或者由于同一事物经常地呈现在某人面前,使该事物变得非常熟悉时,无意识记忆就发生了。这些记忆并不是系统的努力加工和重述的结果,在某种程度上是非自愿的(或偶然的)。

自传体记忆,即自己生活中特定条件中的记忆,直到 3 岁以后才比较准确,记忆的准确性在整个学前期阶段逐渐缓慢地提高(Gathercole, 1998; Sueton, 2002; De. Roten, Faver & Dropean, 2003; Nelson, & Fivush, 2004)。

学龄前儿童对时间的会意有时是准确的,但并不都是准确的。如 3 岁儿童能够清楚地记得一些日常事件的核心特征,比如涉及餐厅进食的事件。此外,学龄前儿童在回答开放性的问题时一般都很准确,如在游乐园里你最喜欢玩什么?(Price & Goodman, 1990)

记忆策略的发展。学前儿童记忆能力的提高,部分原因是对事物和时间更加熟悉。Samnio 1993 年指出,对特定情境更加熟悉的学前儿童,能更好地记起该情境中的物体。

记忆技能的发展也可能是社会交往能力的发展,也有认为儿童的学习过程受成人和发展水平更高的同伴的指引。年长儿童和学前儿童的一个重要区别是年长儿童对学习和记忆过程有了一些了解,他们发展了对自己作为一个信息加工者的直觉认知,能够运用记忆策略以及根据需要进行监控和改变。用现在的术语说,他们发展了"元记忆",即儿童关于自己记忆过程的认知。[1]

---

[1] [加]居伊·勒弗朗索瓦:《孩子们——儿童心理发展》,王全志译,北京大学出版社 2004 年版,第 320 - 324 页。

六、幼儿期记忆能力的提前科学教育理论

根据科学前辈的研究，学前小乖乖的记忆具有如下特点：①无意识和元记忆策略；②是在多次反复、重复的接触感知中，对客体对象的逐渐熟悉而产生的记忆；③善于借助情境背景作为记忆的辅助。

上述有一项研究指出，小乖乖在自然环境（如家庭、幼儿园）的记忆好于实验室环境中的记忆。我们知道，小乖乖的记忆特点倾向于在熟悉环境和以情境辅助中产生记忆。上述研究中的实验室是小乖乖很少去的陌生环境，他们无法在很短的时间内将陌生的实验室环境与现实事物联系起来以形成有效的记忆，因此，这一研究不但没有否定笔者关于在婴儿期建立家庭实验室的提前科学教育理论，反而还支持了这一理论的成立。

这是因为在婴儿期给小乖乖建立一个家庭式的科学实验室，小乖乖会一直在这个观察与实际操作程序的环境中，深受该环境的各种丰富刺激而发育成长，小乖乖会对这一环境逐渐产生习惯化的生理和心理认同，这将使小乖乖对此环境越来越熟悉。再加上幼儿监护人以跨学科背景知识的声波对小乖乖进行不断重复的刺激，同时又与自然界中的动植物、科学技术产品等实物刺激匹配，让小乖乖进行多种器官的功能性感官认知，从而使小乖乖获得无意识的自然记忆，或者是程序操作过程中的自然记忆。

如果没有进行过提前跨学科背景知识与同步的实物刺激匹配，那么，其认知是盲目而杂乱的。这样，小乖乖的大脑记忆神经皮层的发育也是杂乱的，小乖乖在这样的环境下是无法获得科学认知的。相反，经过跨学科背景知识与同步实物刺激匹配科学教育的小乖乖，其记忆就会变得系统化。

提前给小乖乖们建立家庭科学实验室理论的科学意义还存在于，随着小乖乖年龄的增大，实验室的规模、深度和广度也在增加，它还会从家庭微观实验室走向大自然宏观实验室，并在这两种之间反复往来、转换。同时，对于每一客体对象的认知，还会从自然生态宏观观察转入到生理微观的细胞结构和物质分子、原子构成的微观观察与实验程序操作，它们之间的反复往来帮助小乖乖形成学习、分析、判断、思维等的进一步认知技巧等，这种多维的科学认知模式的综合，会使小乖乖从陌生环境逐渐转变到熟悉环境，小乖乖的记忆就会达到深度与广度上更进一步的记忆。

在这里，我们还必须讨论图式论、脚本的表征记忆信息的概念及特点。图式论的观点是，重建信息就是让其契合头脑中已有的信息。图式即信息——已经存在于某位个体头脑中的概念、知识以及关于事件的信息。皮亚杰认为来自

以往的经验图式会影响个体编码、推理和提取信息的方式。

记忆图式论始于 Frederick Bartlett 1932 年关于人们如何记忆故事的研究。他关心的是已经编码在图式中的个人背景如何在个人对故事内容的重建（修改或歪曲）中提取出来。他所使用的故事中有一则名为"幽灵之战"，它是美洲印第安人民间故事的英译本，故事情节与那些来自英国中上社会阶层被试的经历迥异，实验者要求被试阅读者故事 2 遍，15 分钟后，尽可能地将记忆中的故事内容写出来。

令 Bartlett 感到困惑的是，被试在复述这则故事时和其他故事之间存在巨大差异。英国被试在复述"幽灵之战"时，运用了他们一般图式和日常经验，特别是他们自身关于惊险鬼怪故事的图式，故事中"符合"被试图式的熟悉情节被成功回忆出来，但是与他们固有图式相去甚远的细节往往遭到严重歪曲。如，印第安人嘴里流出"黑色物体"在某个被试的复述中变成了玄幻学，在另外一个人的复述中则变成了凝结的空气。在其中某个被试看来，故事中两位年轻人捕杀的不是海豹而是海狸；另一人则称，故事结尾的死亡是由于发烧所致（故事中没有提及这一点）。

我们拥有各种信息的图式，如果你给学生讲一个故事，如"幽灵之战"或其他任何故事，然后要求他们写出故事内容，你可能会得到五花八门的版本。即是说，你的学生无法记住你所述故事中的所有细节，经他们改造后的故事就会留下他们特有的印记。假设你给学生讲的是一个关于法国火车相撞事件中两男两女的故事。某一个学生在复述时也许会说这主人公死于飞机坠毁，另一名学生可能将主人公改为三男三女，还有一个则可能称火车相撞事件发生在德国，等等。记忆的更改和歪曲在法庭证言中最为明显。在率普廉（法国橄榄球明星）杀妻案等刑事诉讼中，人们对事情经过的不同记忆使我们注意到人们是如何重建过去而不是对过去的准确复述。

总之，图式论准确地预测，人们不会始终像计算机一样冷静地存储和提取数据（Chen & Mo，2004；Schacter，2001），人的意识在对显示印象进行编码和存储时会歪曲事实。

脚本是关于某个事件的图式。脚本往往包含关于物理特征、人和典型事件的信息。在教师和学生理解遭遇发生的事件时，此类信息很有帮助。在关于艺术活动的脚本中，学生可能会记得你告诉过他们画什么，告诉过他们应当在衣服外面绘上工作服，告诉他们必须使用橱柜里的画纸和颜料，以及结束后必须清洗画笔，等等。如在艺术活动中迟到的学生因为具有参加技术活动的脚本而清楚要做的大部分事情。

根据图式论、脚本的概念与特点，笔者发现，有效记忆在于对记忆客体对象的多次反复倾听他述与自我复述，从而使客体对象的多维度表征信息对于记忆个体变得越来越熟悉。更由于记忆个体对于客体对象所处的空间位置，需要有一种和系列的客体社会参照作为其性质特点区分的参照。因而，各种情境脚本就成了记忆的十分有效而典型的社会客体参照对象。情境脚本就像一种连续动态影像一般，它可以以电影式的连续画面重现在人的脑海里，成为记忆个体随时提取的，引发和帮助记忆个体对客体记忆对象的记忆发生。同时，情境在人脑中的再现往往与深刻程度的个体情绪体验有关。重大和深刻的个人情绪的积极和消极体验，都容易使个体产生长时记忆。

因此，笔者提出对学前期小乖乖进行记忆训练的科学理论如下：要求小乖乖对各种客体对象的认知从科学认知的外部到内部的次序观察开始，并使用情绪丰富的情境联系与科学实验操作的联合刺激，使小乖乖形成自传体式的情境脚本，作为逻辑顺序与发展的记忆辅助，以重复和多维度感知来相互作用，从而使小乖乖对自传体情境脚本的熟悉，以此来增加各种细节脚本并得到编码和存储，最终使小乖乖形成无意识地、自然顺序地记忆丰富的客体对象事件和与其他事物相互作用的多种联系。

具体培训方法：设置一系列具有令小乖乖情绪起伏的科学实验操作情境，让小乖乖在这个情境中去实际操作。同步的，运用引导语来加深小乖乖对那些令其情绪起伏的操作过程感知，使小乖乖事后可通过所经历的操作过程中留下的脚本图像进行顺序化的回忆，从而使小乖乖对这些经历的事件产生巩固性的记忆。

七、幼儿期认知发展规律的生理与心理特征

根据儿童个人自身能力的偏好方式，儿童的学习动机思维风格可分为冲动型/思索型、深层型/表层型两种类型：

冲动型/思索型，亦称为概念速度，是指学生的反应倾向：或是行动迅速且冲动，或是考虑再三，追求答案的准确性（Kagam，1965）。与思索型学生相比，冲动型学生往往出错较多，并能完成以下任务：记准结构性信息；思索型的学生通常阅读理解及深入解决问题和决策，而且更有可能确立个人学习目标并关注相关信息，对自己的表现有更高标准，其学习焦虑及效果优于冲动型学生。

深层型/表层型，指学生处理学习材料的程度，以有助于理解的方式（深层型）或仅仅设计所需学习的内容（表层型）（Marton Hounsell & Erewisele，1984）。采用表层型学习方法的学生，不能将正在学习的知识和概念框架联系

起来,他们倾向于被动学习,往往机械记忆信息;深层次学习者会想象与主动建构所学习内容兼使记忆内容具有意义。因而,深层型学习者采取的是建构主义学习方法。而且,深层型学习者更有可能主动自发学习,而表层型学习者更有可能因好成绩和教师的表扬等外部奖励而驱动学习(Sonaw, Camo &Tackson, 1996)。

按照皮亚杰的观点,前运算阶段(2~7岁)又可分为两个阶段:2~4岁为前概念阶段;4~7岁为直觉思维阶段。在前运算阶段,儿童更多地使用象征性符号思维,心理推理开始出现,概念的使用也有所增加。孩子看到妈妈的车钥匙可能会想到"去商店吗?"这个问题,因为他们开始将钥匙看作开车的象征。用这种方法,儿童开始更善于在内部表征时间,更少依赖直接的感觉运动来理解周围的世界。但他们现在还不能进行运算,即有组织的、形式的、逻辑性的心理过程,这些是学龄儿童的特征,只有在前运算阶段结束的时候,他们才开始具备运算能力。

按照皮亚杰的观点,在学前期,儿童的思维有三个明显特征,即转换推理、类别推理和泛灵论。

(一)转换推理、逻辑推理有两种主要的类型:归纳和演绎

演绎是指从一般到具体,如,如果你知道鸟有羽毛,你就可以这样来演绎,啄木鸟是一种鸟,所以啄木鸟有羽毛。相反,归纳是从具体的实例到一个更广的范围。如,你观察到所见的鸟都有羽毛,你会归纳出所有的鸟都有羽毛——直到有一天你碰到了没有羽毛的鸟。

转换推理既不是从一般到特殊,也不是从特殊到一般,而是从特殊到特殊,即从一个实例到另一个实例,仅仅是因为表面上的相似性,它就像单一实例的归纳推理,如果有人发现一个满头红发的人有着一种特别的人格魅力,就可能推理出所有红头发的人都是迷人的。特定物之间的推理偶尔有点碰巧,也会得出正确的结论,它也可能导致完全错误的结论。

(二)类别推理

类别推理是根据个人和非常不稳定的规则对客体进行分类,如,把一个2岁儿童放在一张桌子前面,桌上有不同种类和不同颜色的物体,接着让这个儿童把属于同一类的物体放在一块儿,孩子可能这样来推理:蓝卡车应该与红卡车放在一块儿,因为它们都是卡车;大理石和球应该放在一块儿,有一只颜色与球相同的黄蜡笔,所以黄蜡笔也应该和它们放在一起。重要的是,学前儿童的分类规则不断改变,他们认为没有什么理由要始终如一地使用相同的规则,

而我们成人的思维却不会这样奇异，一般不会这样来推理。

（三）泛灵论（万物有灵论）

把无生命的物体看成是活的，可以用来描述学前儿童的泛灵论思维，泛灵论思维使得2～3岁的儿童去争论月亮和风都是活着的。假如要求他们把其概念具体化，让其解释他们是怎样知道这些事物是活着的，有时他们会这样辩道，因为它们会动，所以它们是活着的。

（四）语言和思维的关系

学龄前儿童有时能够通过详细描述的幻想和白日梦这种语言形式来想象未来的可能性，而不局限于当前或眼下，认知能力的持续增长又为语言能力的发展提供了基础。

（五）中心化的所见即所想

学龄前儿童不能考虑有关刺激物的全部可用信息。相反，他们关注的是可见的、表面的、明显的部分。这些外在的成分在学龄前儿童的思维中占主导地位，导致思维的不准确性。如将一个小狗面具戴在一只猫的头上会得到什么？三四岁儿童的答案是一只狗。对于他们而言，一直戴着狗面具的猫应该像狗一样地叫，像狗一样摇尾巴，而且吃狗粮（deVries，1996）。

（六）守恒

守恒是物体的数量和排列与外在形状无关的知识。学龄前儿童不理解一个维度的变化（如外形的变化）并不一定意味着另一个维度的变化（如数量）。如，不了解守恒原则的儿童自然地认为液体倒在不同形状的杯子中会改变它们的数量，他们不能意识到外在形状的改变并不意味着数量的变化。

（七）对转换的不完全理解

一个前运算阶段的学龄前儿童走在树林中看到一些虫子，可能会认为它们是同一只虫子。原因是他孤立地看待每个情境，他不能理解一个虫子能够从一个地方快速地挪到另一个地方，转变是必不可少的。

（八）自我中心

自我中心思维是不能考虑其他人观点的思维，学龄前儿童不明白其他人有着和自己不同的视角。自我中心思维有两种形式：缺乏对他人从不同物理视角看待事物的意识，以及不能意识到他人或许持有和自己不同的想法、感受和观点（注意：自我中心思维并不意味着前运算阶段的儿童故意以自私或不考虑他人的方式思考问题）。

在捉迷藏的游戏中，3岁儿童可能用枕头将脸盖着，以为这样就能把自己藏起来，其实他的身体其他部位仍然能够被别人看到。他的理由是：如果他看不到别人，别人也看不到他，他认为别人和他的想法一样。

（九）直觉思维的出现

直觉思维指学龄期儿童利用简单的推理来获取世界的知识。从4～7岁，儿童的好奇心非常强，他们总是对广泛范围内的各种问题问个不停，几乎每件事都要问"为什么"。同时，儿童可能表现得好像是某个话题的权威，觉得自己对问题有正确的（并最终的）的解释。如果进一步询问，他们不能解释他们是如何知道自己所知道的知识的。换言之，他们的直觉思维使得他们认为自己知道各种各样问题的答案，但他们对于了解世界运转方式所持的信心几乎没有逻辑基础。这可能会使得一个学龄前儿童颇为专业地说飞机能飞是因为它像鸟一样上下挥动翅膀，即使他们从来没看到过一架飞机以那种方式飞翔。[1]

八、幼儿期认知发展各阶段科学教育观点的提出

综合与借鉴上述科学前辈的研究和理论，笔者运用发散性创造思维，提出小乖乖在学前各阶段的提前科学教育观点。

（一）前概念思维阶段（2～4岁）的提前科学教育观点

在这一阶段，小乖乖表现出前概念、转换推理、类别推理、泛灵论四种幼稚、不成熟的思维方式。在前概念中，小乖乖还无法对相似和相近的客体对象做出区分；在转换推理中，小乖乖还只是表现在现象的相似性上对客体对象做出简单的推理；在类别推理中，小乖乖由于不具备更多的逻辑认知，所以他们对事物的属性归类还不能准确掌握；在认知事物本质和规律上，缺乏更多的科学基础的经验与常识等。

由于他们缺乏这些知识，所以他们对于客观世界的种种客观对象，还不具备一定的认知、控制和支配能力，因此，这时的小乖乖会自然地表现出与人类

---

[1] [加]居伊·勒弗朗索瓦：《孩子们——儿童心理发展》，王全志译，北京大学出版社2004年版，第325-332页。

远古时期，同样因对大自然缺乏经验认知，而无法理解和克服许多自然现象带给人类种种弊端、灾难时，所产生的一样的主观唯心主义的泛灵论思维。

回顾人类科学发展历程，我们发现，人类科学思维起源于理性思维和逻辑思维，只因有它们才能产生辩证法，才能产生科学思维、科学实验和科学理论。显然，我们对于小乖乖的提前科学教育就应该从培养他们的理性思维和逻辑思维开始。

小乖乖之所以先天存在着种种主观臆想式的唯心主义思维，是因为他们缺乏对客观世界的科学观察、认知经验、方式与能力。他们不仅存在着认知的主观唯心主义，而且多数成人也同样存在着普遍的认知主观唯心主义的思维惯式。英国哲学家弗兰西斯·培根运用"四假象说"，探究了人类认知上产生错误的根源。培根把这些虚幻的成分分为四种，即"种族""洞穴""市场"和"剧场"，并从而形成了这四种假象，即"种族假象""洞穴假象""市场假象"和"剧场假象"。

"种族假象"存在于人的天性之中，存在于人类的种族之中。培根指出，人的感觉是事物的尺度，乃是一种错误的论断。相反，一切感觉，不论是感官的知觉还是心灵的知觉，都是以个人的尺度，而不是以宇宙的尺度为根据的。这就意味着，人们对外部事物的感知，不是事物的自然标准，也不是感官的客观标准，而只是个人主观的、自我的标准。

如果说"种族假象"是一种集体假象，那么，"洞穴假象"则是一种个人假象。培根认为，每个人都有他"自己的洞穴"。正是由于这种洞穴的作用和影响，"使自然之光发生曲折和改变颜色"。他所做的这一比喻在于表明，由于每个人都有他自己所特有的天性，或者是由于他所受的教育和与别人的交往，或者是由于读书和他所崇拜的权威，或者是由于对具有成见的人或对无动于衷的人的印象不同而有所不同，如此等等所造成的，便不仅仅是每个人的精神各不相同，而且还变幻不定。这样，就形成了每个人的不同的假象。正是基于这一观点，他认为："洞穴假象"的产生是由于每个人的心理或身体上的特殊结构；也是由于教育、习惯和偶然的原因。这种假象是各式各样的。

正如我们所知道的，不仅个人的人格建构，而且个人的知识建构，都是既要受到先天性因素（本能、集体无意识尤其是性格）的作用，也要受到后天性因素（家庭、教育、社会环境、生活经验）的影响。

由人们彼此交往、互通信息的活动中形成的假象，培根称为"市场假象"。不言而喻，不仅信息的交流，而且相互的交往，都是借助于语言来进行的；之所以会形成这种假象，根源也就恰恰在语言上。因为语言的意义是根据普通人的理解来确定的，如果用语选择得不恰当，就会阻碍人们的理解。尽管人们相信他们的理智能够正确地使用语言，但实际上语言也会反作用于理智，并且正是由于这种情况而使哲学和科学流于诡辩和无能为力。他指出："语言加于理智之上的假象有两种。它们或者是不存在的事物的名称（因为正如有由于缺乏观察而没有命名的东西一样，也有由于幻觉的假设而产生的、在实际上没有东西与之相应的名称），或者是它们是存在的，但是混乱而没有明确定义的、匆匆忙忙和随便从实际引申出来的东西的名称。"他断言："语词显然是强制和统治人的理智的，它使一切陷于混乱，并且使人陷于无数空洞的争辩和无聊的幻想。"

最后是"剧场假象"。培根指出，这是从各种哲学教条以及从证明法则移植到人们心中的假象。因为在他看来，"一切流行的体系都不过是许多舞台上的戏剧，根据一种不真实的布景方式来表现它们所创造的世界罢了"。所以，他把这种假象称为"体系的假象"。他认为，这种假象不是天赋的，也不是暗中潜入理智中的，而是"从哲学体系的剧本和荒谬的证明规则到人的心里上面来的"。由此表明，"剧场假象"的形成，正如我们看戏一样，虽然目的在于娱乐，却在不知不觉中受到了剧中故事情节的感染，而使剧中所流露出的感情、思想、价值观念等，被我们所受纳、所汲取。

培根的四种假象说，长期以来，在我国似乎没有受到哲学界和思想界应有的重视。其实，就其实际意义而言，它不仅解决了认识论上的一个根本问题；这个问题并不在于世界是物质的还是精神的，因为它对于人们求得真知并没有实质性意义；也不在于认识的本原是精神还是物质，因为它对于人们求得真知也没有实质性意义。要求得真知，根本在于消除妨碍认识的因素；而培根所提出的四种假象则正是人们通向真理的重大障碍。其所以如此，便在于这些假象的作用和影响，蒙蔽、扭曲了人们的理智，使人们的思想变得狭隘，囿于成见，受感情的左右，受偏见的支配，以致主观的意愿操纵着客观的事实。在这种情形下，人们当然难以把握事物的真相，所看见的大抵都是假象而已。以假作真，以假乱真，当然不能深入事物的内部，以求得对事物的真相的认识。

因此，只有破除假象的屏障，人们才可能走向真理。培根对四种假象所做的分析，使我们知道了人们仅凭感官去感知事物是不够的，因为感官是不可靠的。但同样清楚的是，人们仅凭理性思维、运用三段论进行推理也是不够的，因为理智也会受到假象的欺骗。诚然，逻辑推理的三段论及其四定律，可以使人们思维清晰，不自相矛盾，因而理性思维是不可缺少的认识工具。但是，如果我们立论基础是建立在假象之上的，那么，我们就只能得出错误的结论。事实上，历史上的许多悲剧，正是三段论所导致的。所以，培根的观点不仅有助于消除人们对于三段论的盲目迷信，他所提倡的分析与综合的方法，还有助于人们从根本上去揭示事物的真相。无疑，这又从方法论上为人们走向真理铺平了道路。

培根强调必须破除这四种扰乱人心的假象，才能获得真正的科学知识。其实，培根把前面四种假象定位为天生的，是因为人类早期，人们因缺乏系统而具体的科学知识结构，一直拒绝科学对理性认知模式的入侵，从而长期形成主观唯心认知模式，导致人们的种种认知谬误。因此，为了彻底解决人类这几千年存在的认知弊端，笔者曾提出跨学科背景知识的科学胎教理论以及终身延续式的教育，看来是非常正确的科学教育观点。科学认知的培养，应该从小就开始，从科学观察、科学探索的认知经验开始，从每一种客体对象的外部特征、颜色、形状、大小、轻重、质感度、运动现象和内部结构的解剖结构、微观结构、属性、本质、规律以及它与其他客体的相互作用，与整个自然环境的种种联系等，这才是对客体对象的科学观察与认知要求。同时，还需要反复用皮亚杰等科学前辈的实验来训练小乖乖的科学认知能力。

（二）幼儿期中心化特点的提前科学教育观点

小乖乖在此阶段表现出的中心化特点，主要是他们在观察客体对象时，只注意客体对象的一个维度，而忽视其多维度的观察，因而他们会犯以偏概全的形而上学唯心主义思维的错误。针对这一问题，笔者提出的提前科学教育观点是，在小乖乖2岁时，利用数量不等的小物体，排列成多种形状让小乖乖区别辨认。

数数教育在先小乖乖刚学会说话时就已奠定了基础，现在应该进行下面的图形变化以加强他们对数的灵活认知了。如：

先让其区分这两组图形中的小物体的数量是否一样，或让其区分同一组图形中小物体的数量是否一样，当小乖乖出错时，应用数量多少解剖结构的对比法，让小乖乖逐渐理解其中数量与不同图形结构之间的现象与本质及规律。让小乖乖自己操作，提出自己的多种想象，并给予正确引导。小乖乖获得的每一种正确认知技能，都是其科学认知的积累，都会使他们的臆想式主观唯心主义思维逐一减少，科学理性思维逐一增加，这就是我们要提前进行科学教育的目的。

（三） 幼儿期缺乏守恒的提前科学教育的观点

此阶段小乖乖不懂得守恒，这是他们的中心化特点，因为他们逻辑推理思维能力不足。我们可以在小乖乖3岁时对其进行提前的科学教育，因为我们在小乖乖2岁时开始了去中心化的科学观察与认知训练。到3岁时，小乖乖已具备一定程度的简单逻辑推理能力，同时它也符合皮亚杰批评者认为皮亚杰低估了小乖乖这些能力的多项研究结果。

其教育内容是设置多种形式的物体质量、数量不变而形状变化的实验呈现给小乖乖。当他们出错时，给予讲解、展示物质质量、数量没有随形状变化而产生变化的实际原因，尤其让小乖乖自己操作、提问和提出自己的多种想象，并给予其正确引导、启发。还需要重复皮亚杰为6～7岁幼儿设计的典型实验，提前到小乖乖3岁来进行守恒认知能力的训练。如图：

1. 长度守恒

（1）把两条棍棒摆齐呈现在实验对象前面，初试承认它们为等长。

———————

图1：两条同样长的平行棍棒

（2）把两条棍棒摆齐呈现在实验对象前面，把其中一条向右移，问被试，它们是否仍等长。

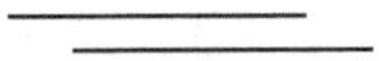

图2：其中一条平行右移

2. 数量守恒

（1）两排算珠一对一摆放，被试承认它们数目相等。

●●●●●
●●●●●

图3：两排为5个算珠的同样排列

（2）其中的一排拉长排放（或缩短排放）。问被试，它们的数目是否仍相等。

图4：5个算珠一排拉开放，另一排缩短放

3. 液体守恒

（1）两只量杯被注入等高水平的水，被试看到它们是一样多的。

图5：两只一样的水杯

（2）其中一个容器的水被倒进一个高细杯子里（或一个扁平的杯子），问被试两只杯子是否装有同等量的水。

图6：一短（粗）一高（细）的不同杯子

4. 幼儿期摆脱以自我为中心主义思维的提前科学教育的观点

事实上，小乖乖一出生就是以自我为中心、主观唯心主义思维作为主导的自我思维模式出现和发展的，如果没有科学理性思维训练，绝大多数个体会持续一生具有主观唯心主义这一认知和思维模式。实际上，由于我国封建传统文化价值观和习惯体系的严重干扰，再加上我国对西方自然哲学体系的正式教育不够普及，它使得我们民族现今所形成的社会文化主流价值取向，仍然表现出主观唯心主义思想，而缺乏较多的科学理性主义思想价值观因素，这使得我们民族总体上不具备科学思维的普遍性。

小乖乖在此阶段所表现的自我中心主义主要体现在对客体对象而不是整体的认知，也不是从多角度观察看待客体对象意识，同时还往往以自己主观的臆想替代别人不同的感受、想法和观点，这种自我中心主义、形而上学观点的形成，是因为小乖乖既看不到客体对象表面、局部、平面、点的外部特征，又不能看到客体对象内部、立体、整体、本质、属性等内部特征的唯物和辩证的联系，更不具备理性评价自己的主观与客观之间的合理关系和理解事物反转至最初状态的转变过程。同时，也不具备换位思考、将心比心，以至于不能从他人的心理感受、想法和观点来合理思考、推理其态度、价值和行为取向的立场，它具有掩耳盗铃的唯心哲学逻辑思维模式。最后，由于小乖乖的空间方位知觉能力还未被训练起来，造成了去自我中心唯心哲学逻辑思维模式。

为了在早期扭转这种掩耳盗铃式的唯心哲学逻辑思维模式，在有了3岁以前对其进行的前概念、中心化、守恒等科学观察和科学认知的基础上，对于4

岁的小乖乖，应进行多角度、多方位、多维度、换位思考、将心比心等方面的科学观察、认知、实际操作来进行提前科学教育。如，以皮亚杰典型实验"看山"来正确引导小乖乖的唯物辩证的科学理性与逻辑思维。

儿童观看一张桌子上摆着三座高低不同的"大山"，允许他们绕着展示物一圈来熟悉"山"的各个侧面，然后，让他们坐在桌子的一面，一个木偶放在另一面，要求他们选取代表木偶看到的"大山"的照片，皮亚杰发现处在前运算阶段的儿童常常用他们自己看到的景物来表示木偶看到的景物，皮亚杰用这个发现结果来证明儿童在认知上的以自我为中心。

根据这个实验，对于小乖乖在空间知觉认知训练方面，可在这一实验的基础上，再变换花样地设计一种儿童转盘式在空中旋转的飞机模型，该模型可以在空中以平视、仰视、俯瞰多角度观察客体对象的不同体位形状。当小乖乖在这些角度观察某一客体对象的时候，马上又要小乖乖与这一客体对象互换位置进行观察，这样可以让小乖乖在不同的空间位置和角度观察某一客体对象。也可以站在这一客体对象的空间位置反过来观察自己先前所处的空间位置的形态，从而走出这一方面的自我中心、主观唯心哲学逻辑的思维模式。

在将心比心的认知教育方面，可用捉迷藏的方法来进行训练。当小乖乖用手蒙住自己的眼睛时，他以为别人看不见他。这时，教育者或其他同伴也用同样的方式展示给小乖乖看，问他是否能看见这些用手蒙住自己眼睛的人，并明确指出，只蒙住眼睛，但身体其他部位仍然会暴露，然后引导小乖乖做全身藏匿的迷藏实验。同时，还可以用对冷热等的感知来询问小乖乖和其同伴的感受，再以将心比心的类似实验来强化小乖乖理解他人的感受、想法和观点，使其把自己与他人的这些表现特征加以想象、比较、区分、推理和理解。

（四）直觉思维的培养

直觉思维指对一个问题未经逐步分析，仅依据内因的感知迅速地对问题答案做出判断、猜想、设想，或者在对疑难百思不得其解之时，突然对问题有"灵感"和"顿悟"，甚至对未来事物的结果有"预感""预言"等都是直觉思维。

直觉思维是一种心理现象，它不仅在创造性思维活动的关键阶段起着极为重要的作用，还是生命活动、延缓衰老的重要保证。直觉思维具有自由性、灵活性、自发性、偶然性等特点。

直觉思维主要有三个特点：简约性、创造性、自信力。直觉在创造活动中有着非常积极的作用，其体现在两个方面：一是帮助人们迅速做出优化选择；二是帮助人们做出创造性的预见。当看到一个人，马上就可以概括出他的基本特征：高矮、胖瘦、美丑、性格，等等，这就是直觉，是人的思维特征之一。除此之外，多数人们无须任何思维，就可以唱出其孩童时代一首非常熟悉的歌，也可以轻松辨别狗和猫，这些都是直觉思维。

在简约性方面，直觉思维是对思维对象整体上的考察，调动自己全部的知识背景经验，通过丰富的想象做出敏锐而迅速的假设、猜想或判断，它省去了分析推理的中间环节，而是采取"跳跃式"的思维形式。它是瞬时的思维火花，是长期知识经验积累的一种升华，是思维者的灵感和顿悟，是思维过程的高度简化，但它却能轻易触及事物的"本质"。

在创造性方面，由于思维的无意识性，直觉想象才显示出丰富和发散性的特征，使人的认知结构向外无限扩展，因而具有反常规律的独创性。许多重大的发现都是基于直觉。欧几里得几何学的五个公设都是基于直觉，从而建立起欧几里得几何学"这栋辉煌的大厦"；哈密顿在散步的路上迸发了构造四元素的火花；阿基米德在浴室里发现了浮力现象而找到了辨别王冠真假的方法；凯库勒因梦见蛇而发现苯分子环状结构更是一个直觉思维的成功典范。

在自信力方面，直觉发现伴随着很强的"自信心"，相比其他的物质奖励和情感激励，这种自信更稳定、更持久。当一个问题不用通过逻辑证明的形式而是通过自己的直觉获得，那么成功使他的内心产生一种强大的学习钻研动力，从而建立起更大的自信心与自信力。

直觉思维与逻辑思维同等重要，偏离任何一方都会制约一个人思维能力的发展，伊思·斯图尔特曾经说过这样一句话，"数学的全部力量就在于直觉和严格性巧妙地结合在一起，受控制的精神和富有灵感的逻辑"。受控制的精神和富有灵感的逻辑正是数学的魅力所在，也是数学教育者努力的方向……

如何培养小乖乖的直觉思维？我们已经知道，直觉思维形成的深度背景知识是由个体的跨学科知识结构的程度性建构而定。因此，在直觉思维的科学教育上，笔者认为主要培养小乖乖从多角度、多维度、多层次去观察客观事物，理解其现象、本质属性和规律的原理思维、理性思维和逻辑思维的综合思维能力，从而用自己的语言进行理解式描述、判断、归因，并在理解其发生原理的基础上，出现科学创造思维。让我们从以下几个方面来对小乖乖的直觉思维进行培养：

1. 扎实的基础是产生直觉的源泉

直觉不是靠"机遇"，直觉的获得虽然具有偶然性，但绝不是无缘无故的凭空臆想，而是以扎实的知识为基础。若没有深厚的功底，是不会迸发出思维的火花的。阿提雅说："一旦你真正感到弄懂一样东西，而且你通过大量例子以及通过与其他东西的联系取得了处理那个问题的足够多的经验，对此你就会产生一种关于正在发展的过程是怎么回事以及什么结论应该是正确的直觉。"可见，终生跨学科背景知识体系的建构，原理思维、逻辑思维和理性思维的综合运用，对于培养小乖乖的直觉思维，显得十分重要。

2. 渗透哲学观点及审美观念

直觉的产生是基于对研究对象整体的把握，而哲学观点有利于高度把握事物的本质。这些哲学观点包括普遍存在的对立统一、运动变化、相互转化、对称性等。

美感和美的意识是直觉的本质，提高审美能力有利于培养与事物间所有存在着的和谐关系及秩序的直觉意识，审美能力越强，则直觉能力也越强。

笔者通过中西历史文化对比，总结出哲学思维对于个体科学思维形成起着关键性的作用，由此把培养个体的哲学思维放在重要位置。对于小乖乖在哲学思维的培养上，应当重视其对西方大哲学家们的哲学典故与科学发明以及名言的教育。

3. 设置直觉思维的场景和动机诱导

提出问题，鼓励小乖乖从多渠道去设法解决问题。对于小乖乖的大胆设想给予充分肯定，不论其是否合理；对于不合理的东西，应加以诱导，及时给予鼓励、爱护和情感安慰与支持，以免挫伤小乖乖直觉思维的积极性和直觉思维的悟性，并通过引导与帮助，使小乖乖对自己的直觉产生成功的喜悦感。

4. 想象

让小乖乖根据自己的心愿去想象所希望的未来前景。在此想象中，鼓励小乖乖尽量用逻辑思维去判断自己想象事物存在的每一环节合理性。通过自己在全班描绘，然后让其他小乖乖们讨论并提出自己的看法，找出其不对的地方，可以用实验方法来验证说明以支撑自己的观点，最后老师提出修补办法，以便完善小乖乖的想象活动。此类学术交流活动应每半个月开展一次。

5. 音乐、绘画与联想并存的诱导法

给小乖乖聆听一些熟悉美妙的音乐或歌曲，让其把音乐或歌曲背景的旋律与自己经历的某些愉快的事件联系在一起。也可以在欣赏绘画的时候，根据绘画中的意境进行联想。这些联想往往能提高逻辑思维和发散性思维的能力。

第十节　幼儿期形体美的提前训练

形体美是指身体外部的形象和身体姿态的美，也称为体型与体态美。它包含个体的外与内、身与心的结合，并反映出个体身体状况、精神面貌和文化素

养等。

人体美由三个层面构成：①个体的自然身体的形式美，即人体的构造状况，包括人体合乎发育的形式美规律，表现出健康状态的美；②个体修塑自身的装饰美，借助外在的运动健身、化妆美容、服饰搭配等手段弥补不足或是丰富个体的装扮风格；③体内蕴涵的精神美，是气质美、心灵美、性格美、道德美的综合，从个体内在一切精神——情感、性格、品质、情操等的综合。

从美学的审美角度看形体美的标准，形体美有六个基本要素：均衡、对称、比例、轮廓、曲线和韵律；从体育审美看形体美的标准，包括身体成分、体格、体型和姿态。

个体的整体形体美则由所有的综合素质集中反映到个体的外在气质和行为结果上。外在气质指个体典型而稳定的个性特点、风格和气度，包括：站姿、坐姿、行姿、礼仪、仪容、仪表、仪态和外在语言表达等，加上内在精神、内在情感、内在能力的外在显露等的综合表现。

对于男性来说，第一，肌肉发达，体魄健壮。肌肉是人体力量的源泉，同时也是力的象征，因此，健美的体型、健壮的体魄是和发达的肌肉密切相关的。在艺术家、人类学家和体育家的眼里，发达的肌肉和健壮的体魄是人体美的重要因素。

发达的颈肌能使人颈部挺直，强壮有力。发达的胸肌（胸大肌、胸小肌）能使男性的胸部变得坚实而挺拔；发达的肱二头肌、肱三头肌及前臂肌群，可使手臂线条鲜明，粗壮有力；覆盖在肩部的三角肌可使肩部增宽，加上发达的背阔肌，就会使躯干呈美丽的V形；有力的骶棘肌能固定脊柱，使上体挺直，不至于弓腰驼背；发达的腹肌能增强腹压，保护内脏，有利于缩小腰围，增强美感；发达的臀部肌肉和有力的下肢肌肉，能固定下肢，支持全身，给人以坚定有力之感。总之，发达而有弹性的肌肉是力量的源泉，也是健美的象征。

第二，体型匀称，线条鲜明。体型主要反映人体的外部形象，无疑是构成人体健美的重要因素之一。

第三，精神饱满，坚韧不拔。精神饱满其外在的表现是皮肤健美、姿态端正、动作潇洒，其内在的表现则是勇敢顽强、坚韧不拔。

（1）皮肤健美。这是人体美的重要表征。苏联著名诗人马雅科夫斯基称颂结实的肌肉和古铜色的皮肤是世界上最美丽的衣裳。

（2）姿态端正，动作潇洒。优美的坐姿应该是抬头、挺胸、直腰、收腹。切忌含胸弓背，因为这是造成脊柱弯曲、腰背疼痛的病因，而这样的坐姿也必然会使人显得萎靡不振。优美的站姿应该"三挺一睁"，即挺颈、挺胸、挺腿，两眼圆睁。目视前方时，头颈、躯干和脚在一条垂线上，两臂自然下垂。

切忌弓腰挺腹，过分偏移重心至一腿的站姿。长期这样会造成脊柱变形、一肩低垂等毛病。优美的走姿不是一摇三晃，也不是八字横行，而应该保持身体竖直、挺胸直腰、微收小腹的姿态，膝和足尖始终正对前方行进，两臂自然摆动，步伐稳健而均匀。总之，优美的姿态和潇洒的动作既符合人体解剖学和生理学的规律，又能给人以健美的印象。

（3）勇敢坚定，坚韧不拔。人是一个有机统一的整体，人体美是外部表现的形体美和内在体现出的精神气质美的和谐统一。总之，男性应该具有发达的肌肉、健壮的体魄、匀称的体型、魁梧的身材、端正的姿态、潇洒的风度，以及发自心灵深处的勇敢无畏、刚毅果断、坚忍顽强的精神气质等阳刚之美。

对于女性来说，从现代审美观点来看，要求其骨骼发育正常，身体各部分匀称；肌肤柔润、嫩滑而富有弹性，体态丰满而不肥胖臃肿；五官端正并与脸型协调配合；双肩对称，圆浑健壮，忌缩脖和驼肩；脊柱背视成直线，侧视具有丰满的体型曲线；乳房圆隆而丰满；腰细有力，与腹部搭配成近椭圆柱形；臀部圆实微呈上翘，与细腰形成性感的高腰臀比，释放出生殖旺盛的吸引力；下肢修长，线条纤细而均匀；肤色白皙中透出桃红色的青春红晕，充满朝气；重心平衡，比例协调。

对于女性美的姿态方面，自古就许多词语来形容，如绰约多姿、娉婷袅娜、娉婷婀娜、风姿绰约、婀娜多姿、袅袅婷婷、亭亭玉立、窈窕淑女、秀丽端庄等。总之，这些词句用来形容女子坐姿、站姿、动姿及其他行为姿态的美。

仪态美是一个人的形象美，形象指能引起人的思想或感情活动的具体形态或姿态。它是一个人使他人对自己产生审美愉悦的整体表现。从心理学的角度，人们普遍比较重视给他人的第一印象，并且外在形象的美往往能使人们对某一个体产生好感。在现代生活中，无论是求职、社交或谈恋爱，形象气质尤其重要。事实上，作为一个优秀的民族，其国民整体的形象素质也是反映其整体素质的一个重要指标。因此，笔者认为对于个体的形象气质和综合素质的培养，应该提前到幼儿期进行。

作为形体姿态美的楷模，在人们印象中比较突出的就是中国军人的军容军姿和中国练武术人士的仪表。中国军姿美目前在世界上当数第一，其次还有日本与德国的军姿，以及英国绅士风度与皇家礼仪。对小乖乖的形象姿态训练，笔者认为应该整合这三个国家的优秀经典来进行培养。具体是：中国军人威武挺拔、刚劲有力、风采夺目的俊美英姿，和中国练武术人士的外表形态；日本军人板直身躯、冷俊仪表和忠诚与英勇无畏精神；德国军人的日耳曼威武和权力意志形象；英国绅士的高贵与皇家礼仪的典雅风采。

在培训内容中融入这四个国家的上述优秀风貌,整合成一种适应中国本土的全新教育资源。培训项目包括:军训与武术仪态的结合训练、各种场合仪表仪容与形态的训练、中华雄狮精神的教育、皇家礼仪方面的训练等。具体培训请将上述四国优秀经典合成内容融入现代相关培训机构的培训方法,创建出一种新的培训模式。

最后,笔者认为中国应普遍推广这种民族性的综合形象素质的教育与培训,目的是为提升我们民族的综合国民素质。

第十一节　幼儿期超常个体的科学种子教育

这一期如果有超常表现的小乖乖,应当根据各自不同特征,为其定制专门的课程来满足其超前的成长与发展需求,或许按其认知进度,将中国现代科学种子教育教材内容的高一级内容提前,以适应超常小乖乖的认知发育与思维成长。同时还需注意发现小乖乖的某些超常天赋与能力,及时给予尽可能的科学教育和培养满足,避免其超常天赋被埋没。

第八章 童年期（6～12岁）中国现代科学种子教育

经过前期种种的提前科学教育与培养，到了这个阶段，小乖乖已经初步掌握了一定程度的科学观察、分析、逻辑推理、科学实验和科学认知的方法，具备了一定的原理思维、理性思维、逻辑思维和直觉思维等的综合运用能力。他们已形成积极独立的人格，对美好的未来充满许多期盼、好奇和积极的冲动。

根据标签理论，我们应给小乖乖取一个积极而独立的新称谓，目的是让小乖乖强烈地感到自己正在迅速成长，自己的各种技能与能力前所未有，自我效能感显著增强。心理学的研究表明：当幼儿获得社会权威的高度认可与赞扬时，他们的自尊与自信会得到有力的巩固，一旦社会权威给予他们一种较高荣誉的标签符号时，他们会产生自我认可感，会更迫切地修正自己的价值观、思维和行为方式，使之更接近这种标签符号的种种要求。为了激励我们的小乖乖，就让我们信任和期待地把我们的小乖乖称为令人尊重的"小科学家"吧，让小科学家们在未来的童年时光中进一步探究科学的种种神奇与奥秘吧。

第一节 童年期提前科学教育

一、童年期生理与心理特征

在这一阶段，女孩一般在6岁时比男孩低1.9厘米，在11岁时赶上并超过男孩，在12岁时，还稍高于男孩。

在体重上，一般来说，6岁女孩轻于男孩近1千克，但同样，在大约11岁，她们赶上了男孩。在11岁和12岁之间，她们在体重上迅猛增长，仅一年体重就超过男孩1.4千克。

贯穿整个儿童中期身体发育的另一个趋向是，脂肪组织（脂肪体）发育逐渐放慢，同时，随之而来的是骨骼和肌肉的发展（脱脂肪体）。脂肪组织组成的脂肪体，最易受到饮食和身体锻炼的影响。

在童年中期，脂肪体在男孩和女孩身上所占的比例几乎相等，均占大约

25%，但伴随着青春期的飞速发展，男孩的脂肪体会减少，而女孩身上的脂肪体稍稍有所增加。结果，一般的成年男性，其体重的85%为脱脂体，而成年女性，其脂肪体的比例稍低于20%。

在营养方面，如果儿童的营养跟得上，在6～12岁之间，儿童身高每年增加5.1～7.6厘米，体重每年增加2.3～3.2千克，比起体重来，身高的正常增加是儿童长期充足营养较好的指标；在体重上的增加常常反映的是短期营养的影响。

各种各样的食品与饮料能够为儿童提供营养物。饮食中最重要的是水，水占儿童体重的比例稍多于60%（成人也是如此）。碳水化合物、脂肪、蛋白质以及其他各种各样的矿物质和维生素也很关键。实际上，在儿童中期，被推荐的日常物质供应量，像钙以及大部分维生素、矿物质的供应几乎和成人一样多。①

童年期运动能力的发展主要表现在以下方面：

1. 在粗大运动技能方面

儿童的肌肉运动控制能力在整个童年中期继续发展，在该阶段的早期，对大肌肉运动的控制要好于对小肌肉运动的控制。到该阶段晚期，对于大肌肉运动的控制几乎完美，对小肌肉运动的控制能力有很大的提高。

男孩有更大的腿部力量以及在跳跃时胳膊和腿的协调性较好，女孩在运动技能的肌肉灵活性方面、平衡能力或运动节律方面，如在"跳房子"游戏，跳绳以及一些体操形式中表现出来的技能，以及单足平衡能力方面超过男孩（Morr et. al，1982）。男孩在踢、投、提、跑、跳远以及打球等测验方面均好于女孩（Malma & Bouohard，1997）。

2. 在精细运动技能方面

在计算机键盘上打字，用笔写字，画一些精细的图画，这些只取决于儿童早期和中期精细活动协调发展的成就中的一部分。6岁和7岁的儿童能够系鞋带和扣纽扣；到8岁时，他们可以独立使用每一只手；到11岁和12岁，他们操控物体的能力几乎达到了成人的水平。

3. 儿童期肥胖

肥胖指一个人的体重比他所处的年龄和身高范围的平均体重水平高出20%。身体质量指数的概念是用来判定个体是否肥胖、过瘦或者标准，它反映了身高和体重的关系。身体质量指数计算公式如下：体重质量指数（BMI）= 体重÷身高的平方。

---

① ［加］居伊·勒弗朗索瓦：《孩子们——儿童心理发展》，王全志译，北京大学出版社2004年版，第406－412页。

造成儿童肥胖的原因有：①摄入过多的脂肪和热量（卡路里）；②遗传和社会因素的共同作用；③父母饮食紊乱使得子女也饮食紊乱；④儿童活动量的缺乏。生活中长久坐着不动，花大量时间看电视都可能导致体重增加；⑤父母用物质做奖励或惩罚。用大吃一顿来奖赏孩子的好行为。

科学研究表明：沉积在腰间的脂肪组织（典型地表现在男性身上）容易包围在内部器官周围并损坏它们的功能，一旦它们进入血液循环，就会导致心血管疾病、糖尿病以及一些癌症。Smith 曾于 1999 年报道，甚至在儿童之间，也常常伴随着其他的健康和心理问题（如糖尿病或心情沮丧），其中一些儿童的身体活动受到了限制，并且进一步加重了原有的问题。严重肥胖儿童不仅常常发现参加孩子生活中的一些重要的游戏和活动比较困难，而且还容易遭人嘲笑和排斥。有研究发现，肥胖儿童有非常多的否定自我概念和自尊感，而且他们的父母与正常儿童的父母相比，认为自己的孩子有更多的行为和情感问题。①

事实上，儿童肥胖在目前中国社会也成了一个广泛的社会现象。

二、童年期身体运动技能提前科学教育

（一）粗大运动技能提前科学教育

笔者认为，对于童年阶段粗大运动技能的教育，在继续上一期多种狮性基本生存技能训练的基础上，更进一步升级训练与强化，以此增强小科学家们各项运动技能的熟练程度。需要教育者运用生理科学、力学和仿生学的知识原理和理论，剖析、讲解每种技能的要领和技术标准，使小科学家们把学到的原理和理论，及时运用到他们的各种动作训练之中。尤其在对抗性竞技比赛和训练中，还要运用历史经典例子、多种科学知识、原理和理论进行剖析、讲解，引导小科学家们对对抗性竞技比赛中的制胜法宝——攻防策略发生浓厚兴趣，启发他们在对抗中，理性评价彼此的团队或个人实力，从不同角度去发现对方所存在的缺点；制定合理的攻防策略，改进自己的不足，发挥其他优势而战胜对方。特别要在小科学家们取得胜利或失败时，帮助他们分析导致这些结果的真实性原因。

如，在乒乓球的对抗练习中，老师应运用力学与空气动力学等知识、原理

---

① ［加］居伊·勒弗朗索瓦：《孩子们——儿童心理发展》，王全志译，北京大学出版社 2004 年版，第 413－416 页。

及理论，分解发球杀伤力的科学原理，如何根据对方的习惯性动作所导致的各种漏洞，训练和提高自己的破解能力来有效克制对方，还需讲解在对抗中注意观察对方的防守死角和技能缺陷，以及运用突然变化的长短球进行防守与攻杀等。并针对这些技巧，进行对应实际技能的训练与掌握，使小科学家们能运用智慧计策和优秀技能来与对方进行对抗。

这一阶段，男性小科学家们最喜欢"假装战斗游戏"，即对抗双方进行模拟式的战场战斗。这种游戏所使用的"武器"不得具有伤害性，如带颜色的水枪。教师必须参与其中，作为军事总指挥角色，其他角色应按学生各自不同的能力进行轮换性安排。教师要运用基本的军事知识、历史知识给小科学家们讲解初步的战场与战斗要领，运用有利地形进行攻防，仔细分析对方的人力资源和武器配备情况，其阵地的攻防缺陷、个体的勇敢、精明等人格心理特点等，最终理性地分析和总结出敌我双方所存在的优缺点。然后，让大家讨论如何制定攻防策略，教师要听取小科学家们的建议和意见，等战斗结束后再总结其成败的经验。随着小科学家们年龄、理论知识、智力和诸多运动及特殊技能的增加，还需让他们根据实际的战场情况，模仿历史上的经典战例的经典计策来取胜。让他们在实际操作中理解和体验什么叫瞒天过海、调虎离山、指东打西等经典计策的实际运用。

在这个阶段后期，小科学家们的生理和心理发展倾向于挣脱对父母的依靠而向往独立。他们的想象思维、抽象思维处于萌芽状态，他们渴望自己能在空中自由飞翔来满足自己的种种美好向往。事实上，我们的传统教育较难满足他们这种浓烈的愿望。想象思维是抽象、逻辑思维的基础，而后者是创造性思维的基础思维，小科学家们想象思维的发展是由他们所获得的各种知识和经验而决定的，其所获知识必须与自己亲身的经验紧密结合，只有在丰富经验的基础上，他们的想象才会随之丰富，并趋近于科学的想象。科学想象思维是科学发明创造中不可少的伟大思维，当小科学家们在这种思维的萌发关键期，我们的科学教育就应及时到位，运用科学使他们一开始就进入科学想象的发育与成长轨道，具体方法如下：

选择一个较大的水库，在旁边建筑有5～30米高的三个等级的倾斜跑道，然后制造出与三种身高不等的儿童相适应的人体滑翔飞行器，配备水上救生浮漂保证安全，以及安排救生员，让小科学家们进行自由飞翔训练和体验。老师要运用力学、空气动力学、气候环境学等知识，对这一体育项目进行科学讲解和技术指导，同时还要运用仿生学讲解、剖析、模仿鹰类在天空翱翔的科学原理，启发他们利用这些科学原理改进和创新人体滑翔器。这一过程，小科学家们将形成在科学知识、原理、理论与自己亲身的体验相结合的同步发展的科学想象思维。在当中，也许他们会根据鹰类在天空中利用尾翼角度旋转的原理发明各自的滑翔转向控制器，也许他们会根据空气动力学的原理设计出流线型的滑翔器，也许有大胆者要把引擎动力装上滑翔器……

当小科学家们在运用科学知识、原理和理论，经过初级想象思维与操作技能，在老师的帮助下取得某一成就时，他们会被这种成功激励，引发更多的具有科学含量的科学想象与发明创造。只要经济和实际环境允许，我们就要无条件给予其支持，帮助他们将科学想象变成现实。如果理论上可行，但上述两个条件不允许，就让小科学家把自己的科学想象记下来，告诉他们需等待机会成熟后再进行试验和制造，并要求他们在这种漫长的等待过程中学会修改和改进，进一步创新自己的最初设计。

总之，在运动健身的过程中，同步进行培养小科学家的科学想象力时，要运用跨学科背景知识对各种运动的技巧、动作要领进行科学剖析、讲解。特别要运用科学原理和理论来指导小科学家们的实际操作，使之产生和形成初级的科学想象思维与能力，从而培养他们从小就把学习知识、原理和理论与实际操作的同步发展的思维与行为发展的科学习惯模式相结合，为小科学家们形成抽象思维、逻辑思维和创造性思维打下坚实基础。这种教育方法既让小科学家们锻炼了身体，又同步培养了其科学思维。

（二）童年期精细运动技能的提前科学教育

这一阶段，在继续上一阶段各种项目的技能熟练度训练的基础上，运用上述同步发展理论，泛化于每一项精细运动技能与实际操作的科学原理、理论的剖析、讲解。如，在绘画中，以著名绘画大师达·芬奇为例，讲解他的绘画融入数学比例、解剖学、透视学、光学阴影、色彩学和现实主义哲学思想等科学原理，让小科学家们重新回顾以前学过的解剖学、数学比例、现实主义哲学思想和新增的光学阴影、色彩学、透视学等知识原理和理论，将它们应用于自己的绘画思维与实际表现手法的操作中，同时还需讲解美学的基本原理、美学发展简史、著名绘画派的风格和艺术特征，尤其那些与科学结合的核心价值观，以此来激发和强化小科学家们对科学绘画的科学想象、联想及科学思维，并让他们这些精细运动技能的训练在科学思维指导下进行，使之学会科学技能的运用与科学思维同步发展。

（三）童年期预防和控制肥胖的提前科学教育

对于儿童肥胖问题的解决，需要从生理、心理健康与疾病的科学认知、原理、理论等方面，来树立或改变小科学家们的价值观，运用这一心理内驱力成功控制食物对小科学家的强大诱惑力。当然，前期提前的延迟满足训练是这一价值观建立的重要基础。因为这一基本的训练可以使小科学家们具备一定程度的自我控制能力，具有这种自控性，才能认可和接纳解决肥胖问题所需要树立的科学饮食价值观；而这个价值观的树立，反过来又是对其自控行为进一步自律性支配作用的强化。不过，科学饮食必须以保证他们足够的蛋白质、氨基酸、维生素、矿物质以及纤维素的合理搭配为前提，自觉形成不挑食、不多食、饮食时间规律性等良好习惯，并积极主动、爱好参加多种粗大运动的训练活动，就能完全预防儿童肥胖症。

针对已经肥胖的儿童，儿童监护人需要进行严格的他律来督促儿童遵守科学饮食的规则，根据其身体需要进行严格的食物量控制，同时做好科学饮食价值观的植入式教育，以及进行规律化的粗大运动训练活动。只要切实、准确、科学、合理地做到这些，就有可能矫治已经肥胖的小科学家，使之变成一个具有人际吸引力、健康身体和健康心理的小科学家。

第二节 童年期科学人格教育

一、童年期生理与心理特征

（一）发展中的自我

按照艾里克森的理论，儿童期的这一阶段是勤奋对自卑阶段，其特征是关注儿童为了应对由父母、同伴、学校以及复杂的现代社会提出的挑战而付出的努力。

这一阶段的儿童都应在学校接受教育，学校是训练儿童适应社会、掌握今后生活所必需的知识和技能的地方。如果他们能顺利地完成学习课程，他们就会获得勤奋感，这使他们在今后的独立生活和承担工作任务中充满信心，反之，就会产生自卑感。

当勤奋感大于自卑感时，他们就会获得有"能力"的品质。艾里克森说："能力是不受儿童自卑感削弱的，完成任务所需要的是自由操作的熟练技能和智慧。"

（二）自我价值

Cooley 的自我价值理论认为："自我价值直接反映的是我认为别人怎样来认识我；我的价值反映在他们对待我的行为上。"因此他提出了"镜中我"的概念。"如果人们回避我，那就证明了我的价值并不大；如果他们挑选我，这证明我有更积极的价值"。所以对学前儿童来说，父母和兄弟姐妹是重要的；对小学儿童来说，同伴和教师也是重要的——或许还有教练、指导者、辅导老师等。

儿童评价自我价值有五个领域：①学校学习能力，儿童对其胜任学校学习程度和聪明程度的感受；②体育运动能力，儿童对需要其身体技能、运动能力的游戏和运动胜任的感受；③社会性接纳，儿童对其受同伴欢迎程度或社会接受程度的感受；④行为表现，儿童对其按照被期望的方式行事的充分程度的感受；⑤身体外貌，儿童对自己长相好坏情况的感受，以及儿童对自己体重、面相及头发等方面的特点受喜欢程度的感受。

儿童对自身价值的积极感受，不仅有助于他们心理健康、幸福、自信，而且会促进他们取得更高的成就。儿童对自己的认识包括两个方面：儿童对自己在重要领域胜任情况的认识（James 的能力/期望理论）和儿童认为的其他重要人物对自己的认识（Cooley 的镜像理论）。

（三）儿童的人际关系

什么是朋友关系？Selman 认为，对 3～5 岁的儿童来说，朋友仅仅是碰巧能和自己一块玩耍的人；友谊仅仅意味着"一块儿玩"，在这个阶段儿童没有持久的友谊概念。

到了学前期，儿童把朋友描述为那些做他们想做的、和他们分享共同的喜欢或不喜欢事物的儿童，朋友有点像助手或帮忙者。再后来，朋友更被看作合作者而不是助手。最后（大约到 11 岁或 12 岁），儿童理解了友谊是经过时间的考验发展而来的，朋友之间可以互相分享思想和感情，以及有高水平的相互信任和亲密关系。

在这一时期，儿童对朋友的重要性更为敏感，建立和维持关系成为儿童社会生活中的重要部分，友谊以多种方式影响儿童的发展。如，友谊为儿童提供有关世界、他人和自己的信息。朋友能够为儿童提供情感支持从而使得他们更有效地应对压力，拥有朋友可以使儿童不大可能成为攻击对象，并教会儿童如何管理和控制情绪，以及帮助他们解释自身的情绪体验（Bermdt，2002）。儿童中期的友谊同样能为儿童提供与他人沟通和交互的训练平台，友谊还通过增长儿童的经验来培养他们的智力发展（Horris，1998；Nangle & Erdlay，2001；Gifferd-Smith & Brownell，2003）。

发展学家认为儿童在群体中的地位很重要。地位指群体中其他相关成员对该个体的评价。地位是影响儿童友谊的一个重要决定因素。高地位的儿童容易与其他高地位的儿童建立友谊，低地位的儿童更有可能与低地位的儿童成为朋友。高地位的儿童比低地位的儿童更易于有更多的朋友；高地位的儿童有更多的机会获得资源，如游戏、玩具、书籍和信息，低地位的儿童更可能跟随高地位儿童的领导；高地位的儿童更有可能被其他同伴当成朋友，更有可能形成排外的、令人向往的小团体，他们也倾向于和更多的儿童交往。相反，低地位儿童更可能和年幼或受欢迎程度更低的儿童在一起玩（Cadd，1983）。

高地位的儿童一般都具有很高的社会能力。它指个体在社会环境中成功表现出各种社会技能。但有一类具有消极行为，包括具有攻击、破坏和制造麻烦等行为的男孩也受欢迎。他们被同伴认为很酷，很顽强（Rodklm. et. al，2000；Farmer，Estall，& Bishop，2003）。

受欢迎的儿童往往具有较强的社会问题解决能力。受欢迎的儿童在理解别人并且明智地与同伴进行交往时，懂得别人有自己的思想、感情、愿望以及其他心理状态。即他们不得不象征性地用别人的心理来揣度他们自己，这叫"角色采择"，以及他们必须能够认识和分享别人的情感，这叫"移情"。研究指出，高移情与各种各样的侵犯，包括性侵犯呈负相关。而且，较高移情能力也是较高社会适应能力的一个特点；它是情感智力的组成部分。在儿童期，发展友谊与社会认知发展之间有着密切关系，这一点也是容易理解的。

（四）儿童的友谊与冲突行为

友谊对儿童社会技能的发展起着重要的作用。如，对他人观点的敏感性，对交往规则的学习，对适应性行为和适龄行为的学习，以及对如何发展和保持亲密关系的学习。而且，与朋友的相互作用也有助于自我观念和自我价值的发展。友谊对发展儿童的群体归属感也很重要，从而在发展儿童的文化认同感方面起着至关重要的作用。

Bullock 1994 年指出，令人悲哀的是，有 6%～10% 的小学年龄阶段的儿童没有朋友。没有朋友会导致孤独，导致自尊水平低一级的社会性机能发展能力的缺乏。研究者发现，这些儿童更可能承受着低落情绪的困扰（Hecht, Looderitzem, & Bukowski, 1998），更可能表现出包括更多的侵犯性，倾向用动作而不是用语言来表达情绪、不适应环境及受到伤害（遭受欺凌）（Hodges, & Perry, 1999）等行为问题。实际上，超过一半的没有朋友或同伴、交往困难的儿童被提及出现情感问题或行为问题（Bullock, 1994）。好朋友是儿童发展的一个影响源，同伴是另一个影响源。

"恃强凌弱者"不断给别人带来痛苦、恐惧以及威胁；他们侵犯性强，常常给弱者带来痛苦或伤害，并对弱者进行恐吓。恃强凌弱行为包括的范围很广，从非常微弱（如口头嘲弄）到极度强烈（导致身体伤害，甚至死亡的侵犯性行为），程度不一。

研究发现，恃强凌弱是一个非常常见的群体现象。儿童所属的群体越大，"恃强凌弱出现的频率"越高。欺凌行为常由群体的头目发起，其他人参加或做旁观者（Sutton & Senith, 1999）。而受害者则是那些遭受社会排斥的儿童，尤其是那些退缩型的受排斥者（不是那些侵犯型受排斥者）。由于儿童因社会适应能力缺乏而受伤害的一些问题，也可因受害行为本身所加剧。因此，在学校中受害已成为习惯的儿童被接纳的可能性更小，甚至被排斥，然后又可能受到伤害，这种恶性循环会使受害者所处的地位保持相当长的一段时间（Hodges & Perry 1999）。

（五）道德发展方面

以前曾讨论过柯尔伯格为儿童道德研究讲述的关于海因兹为患癌症妻子偷药的道德两难的故事，并让不同阶段的儿童判断其行为的对错。根据柯尔伯格及其同事的观点，儿童对于这个问题的回答反映了他们道德感和正义感的核心方面。他指出，儿童对这类道德两难问题的反应揭示了他们所处的道德发展阶段，也展现出他们有关认知发展大致水平的信息。

柯尔伯格主张，随着正义感的不断发展，儿童做出道德判断时使用的推理方式会经历一系列的阶段。主要由于其认知特点，年幼学龄儿童倾向于根据具体不变的规则（"偷东西就是错的"或"如果我偷东西就会遭受惩罚"）或者社会规则（"好人不会偷东西"或"如果每个人都偷东西那该怎么办？"）进行思考。

在学龄中期，儿童则处于习俗道德阶段（阶段 3 和阶段 4）。这时儿童把自己视为负责任的社会好公民,并以此方式来处理道德问题。这一水平的某些人会反对偷药,因为他们觉得自己将会因违反社会规范而感到内疚和不安。另一些人则会赞成偷药,因为在此种情形下如果什么都不做,他们会觉得难以面对他人。

在青春期到来之前,个体的推理能力已达到了较高的水平,通常接近皮亚杰的形式运算阶段。他们能够理解抽象的正式道德原则,当遇到类似上述问题时通常会根据更宽泛的道德问题和非问题进行考虑("如果你遵从自己的良心做出了正确的事,那么偷药是可以被接受的")。①

根据上述科学前辈的研究观点和理论,笔者进行分析、综合、研究和借鉴,提出自己的下列提前科学教育观点。

二、童年期人格的科学教育

(一) 童年期人格的提前科学教育

在优秀人格行为模式方面,受欢迎的小科学家有科学前辈们总结的如下人格行为特点:①能与同伴分享玩具;②有幽默感;③友善和友好;④乐于助人;⑤赞美别人;⑥邀请别人参与游戏;⑦避免不愉快的行为;⑧应允或给予控制权;⑨提供指导;⑩忠诚;⑪表现非常了不起;⑫促进成功;⑬具有理解他人和高移情的能力。

这些人格行为的培养方法,主要是在小科学家与同伴玩耍娱乐时,先从理论上向其灌输上述行为规范,帮助小科学家在其人格价值观念里,建立起这些人际交往中必须遵守和学习的行为规范。然后才是在其与同伴和朋友的交际相处中所出现的问题给予方方面面的指导,运用激励、鼓舞和帮助的方法,对正面行为进行温情的正强化,对负面行为少批评,持宽容与包容态度,允许其多次反复性的试误学习机会,耐心帮助他们在社会化过程中,逐渐改变其不良的行为认知和价值观倾向,最终建立起优秀的人格行为认知观、价值观和行为模式。

同时,还要把①言语攻击②表达愤怒③不诚实④批判、批评和指责⑤贪婪⑥专横⑦身体攻击⑧令人讨厌或烦恼⑨嘲笑他人⑩嫉妒成功⑪不忠实⑫违反规则⑬忽视他人等不受欢迎的负性人格行为,作为反面典型来让小科学家引以为戒,并深刻认识这些负性人格行为将给自己的现实和未来所带来的种种不利,

---

① [加]居伊·勒弗朗索瓦:《孩子们——儿童心理发展》,王全志译,北京大学出版社2004年版,第461-478页。

还会严重影响自己未来人生的成功,从而使小科学家对这些负性人格行为采取排斥和拒绝的强烈态度,并在自己的行为发展中加以讨厌和拒绝,最终建立起优秀的科学人格价值观体系。

在多种社会技能和能力的培养方面,儿童监护人首先要具有这样的科学认知,要想小科学家获得高自信、高自尊和高自我效能感的积极情感,就必须要先学会和掌握更多的超过同伴群体的社会技能和能力。具备这些优秀技能与能力的个体,才能在同伴群体面临问题时,表现出令人敬佩的迷人魅力,才能吸引更多同伴的喜欢、亲近与爱戴,才能具有榜样和人际吸引力,并在同伴群体中形成一种较高的社会威信、地位,甚至领导地位,最终获得同伴敬佩、敬仰、认可、接纳和欢迎。获得越来越多的同伴友谊,就等于获得更多的社会性支持,这对于小科学家的自我观点和自我价值的积极自我认同具有建设性的作用,并能避免小科学家受到欺凌。

第三节　童年期家庭科学文化氛围营造的科学建议和观点

我们已经知道,家庭氛围是否符合一种积极科学文化氛围,对于小科学家的社会化成长来说,具有十分关键的作用。因此,无论家庭结构处于什么样的变化之中,只要家庭成员都能按照科学权威型养育方式来对待和教育小科学家们,无论是父母离异、家庭重组、单亲家庭、混合家庭、父母双亡的家庭或父母忙于事业等,都能将小科学家们教育培养成成人所期望的创造型人才。

笔者认为,学校应积极指导和帮助小科学家们建构积极归因方式,避免消极归因方式的形成。实际上,避免小科学家形成消极归因方式的关键,除了改变小科学家的价值观认知外,重要的还在于培养他们的各种技能,使其拥有自信、自尊、自我效能感和控制感。另一方面,儿童监护人应还要避免小科学家们对失败形成习惯性无助心理。避免方法主要让他们在不断试误学习中,经过儿童监护人的帮助获得哪怕只是一点小小的进步或成功,来增强他们的自信、自尊和自我效能感,以积极的归因方式来解释自己的失败只是暂时的,只要通过努力,就一定能改变目前的不利处境而最终获得成功。当这种科学逻辑主义的人生观在小科学家的价值观中树立后,它就能避免小科学家运用习得性无助的心理来看待自己所面对的困难与失败,从而激发其对远大理想的美好憧憬,发展出积极的科学人格要素来。

在这一社会化的教育过程中,儿童监护人应对所有小科学家都抱有美好而积极的高预期,让无条件的积极情感关注与支持温暖辐射到每一位小科学家的心灵深处,使他们体验到充满阳光的社会温暖与关怀的家庭与学校氛围,让小科学家们在科学文化雨露的滋润下幸福愉快地茁壮成长。

第四节　童年期延迟满足能力的培养

这一期在继前两期的基础上,进一步培养小科学家对延迟满足的价值观认知,其方法是进一步加长时间和增加物品的诱惑力,此阶段主要是针对小科学家们对游戏、香烟、酒精、毒品及黄色诱惑等成瘾的提前免疫训练,用积极的正性人格要素对其心理与行为进行影响,其目的是让小科学家们把这些正性而健康的人格价值观内化成自己的科学人格,从而对于上述负性价值观和行为进行自律与免疫,让我们的小科学家们在青春期这个较为危险的关键期,避免滑向问题与犯罪的歧途,使其向着积极正性的健康方向昂首阔步。

第五节　童年期人际关系和领导能力的培养

这一期的教育应继续上一期的教育培训,在深度与广度上适当增加。比如在学校班级里可实行班长、组长、学习委员或其他领导岗位的轮换制,让每一位小科学家都去体验做"领导"的实际担当过程。同时,还需进行高年级对低年级学生间的交流活动。在交流活动中,高年级的学生要被"任命"为低年级学生的"领导",让其发挥自己的能力去担当如此重任,其目的是让小科学家们在这些活动中学习怎样展示各自的领导能力,得到实际的锻炼与提高。这些活动都要设置相关考核标准,对小科学家的能力表现进行评价、总结和奖励,并把这些成绩累积起来,作为今后毕业成绩评分的必要部分。

第六节　童年期中华雄狮精神的培养

这一期,主要是对小科学家进行个人利益和国家利益均等、爱国爱企爱家爱人和大胆抛弃守旧、落后的传统观念,接纳先锋思想,勇于改革和创新精神的培养。

(1) 在个人利益与国家利益的关系上,我们需要抛弃守旧、落后的传统观念。过去集体主义过分强调集体利益而忽视个人利益。从人性本质来说,人性具有自身的基本生理与心理需求,人必须先获取这些需求之后才会发展出亲社会性的利他行为。如果说一个人只为他人谋利益,一点也不为自己,那这就是虚假的人性,它违背了人性的规律。科学地看待人性的本质,把人性的自利性与利他性看成一种相互联系又依存的辩证关系才是正确的。因此,笔者认为,如果要让我们民族的人性真实地表达,就应该提倡正当获取个人利益,让个人利益拥有与国家利益平等的地位,因为个体是国家的基本组成单元,二者相互依存,共同枯荣,即呈现个体兴国家兴,个体衰国家衰的正比关系,把握好这一关系,人们的集体主义精神才可能表现出真实的互爱,民族性的诚信才可能真正释放。

(2) 当民族性的真实爱与情感释放出来后,才可能在这个民族团体里建立起万众一心的团队,这个团队因各种平等与自由而释放出民族性的创造创新能力,齐心协力去建设自己热爱的集体和国家。

第七节 童年期提前进行性教育的科学方法训练

一、童年期的生理发育体征

在这一阶段,小科学家进入儿童中期和后期,很快就会进入青春期。小科学家即将面临人生第二次重要发育时期,应当提前做好准备来应对。传统教育一直在忽视这一重要的问题,由于一直没有提前做好面对自己成熟的应对准备,孩子们往往在进入突如其来的青春期时,因方方面面的知识与技能的缺乏而出现这样或那样的,诸如不适应和烦恼,甚至出现偏离健康成长、走向违法犯罪道路的严重问题。

可以说,一直以来,一代又一代的孩子们,因为事前没有进行严格的应对青春期的科学教育而导致各种生理、心理与行为方面的混乱,这是教育本身的责任。为此,笔者认为,科学育人的前提就是让孩子们了解他们即将要面临的困难、不适应与烦恼等系列问题,用提前的科学教育来解决这一传统遗留的、持续困扰孩子们的严重问题。为使这一期的小科学家们健康、愉快,并有充分的应对能力迎接青春期的到来,笔者建议:

对于青春期提前教育应该在小科学家们7~8岁时进行。其科学原理在于它能满足这段时期孩子们积极趋向成熟的心理,便于其尽快掌握青春期应掌握的相关知识与技能,有利于其生理与心理方面的健康发展。同时,由于这一时期又是孩子们对异性产生回避心理的"消退期"。即是说,在他们对异性没有兴趣的生理与心理期,让小科学家们去了解异性的性生理与性心理特征与知识,不会从相反方面对小科学家们起到诱惑和鼓励的作用,恰恰是对小科学家们将要对异性产生性萌动心理的前期,让其接受科学健康的性价值观,是一种及时而准确的心理引导,符合小科学家们的生理与心理发展的事前需要。

青春期指以生殖器官发育成熟、第二性征发育为标志的初次有繁殖能力的时期。人类及高等灵长类以雌性第一次月经出现为标志,泛指青春期的年龄。青春期是指由儿童逐渐发育成为成年人的过渡时期,青春期是人体迅速生长发育的关键时期,也是继婴儿期后,人生第二个生长发育的高峰期。世界卫生组织(WHO)规定青春期为10~20岁。女孩的青春期开始年龄和结束年龄都比男孩早2年左右。青春期的进入和结束年龄存在较大的个体差异,约相差2~4岁。

(一)男性特征

大约12岁,男性睾丸和阴囊开始增大,阴囊变红,皮肤质地改变。12~13岁时,阴茎变长,但是周径增大的速度较小,睾丸和阴囊仍在继续生长,出现阴毛,前列腺开始活动。14~15岁,阴囊和阴茎开始继续增大,阴茎头根充分发育,阴囊颜色较深,睾丸发育成熟,出现梦遗。

(二)女性特征

由于卵巢比睾丸发育早,所以女孩的身体发育要比男孩早1~2年。女孩青春期起讫时间各为9~12岁及18~20岁。

这一时期身高、体重迅速增长,身体各脏器功能趋向成熟,神经系统的结构已接近成年人,思维活跃,对事物的反应能力提高,分析问题能力和记忆力增强;内分泌系统发育成熟,肾上腺开始分泌雌性激素刺激毛发生长,出现阴毛、腋毛。生殖系统下丘脑—垂体—卵巢轴系统发育成熟,卵巢开始分泌雌激素、孕激素及少量雄激素,阴道开始分泌液体,外生殖器官发育,出现第二性征,如乳房隆起、皮下脂肪丰满,且腿围普遍大于男生,骨盆变宽且普遍地比男生宽大10厘米,嗓音细高,等等。月经来潮是青春期最显著的标志。

第二性征是指身体形态上的性别特征,也称副性征。男性第二性征主要表现为出现胡须、喉结突出和嗓音低沉、体毛明显等。女性第二性征主要表现为乳房隆起、体毛出现、骨盆变宽和臀部变大等;第二性征的出现,使少年男女在体征上的差异凸显出来。①

二、童年期提前进行性教育内容

据国内外专业未成年人保护机构对儿童性教育的方法，笔者经过整理、总结，并加入自己的研究成果，对这一期小科学家的科学性教育和防止性侵害提出如下方法：

（一）让小科学家们提前知道和理解

（1）每个人天生就具有性的潜能，性是一个人生命中自然而健康的组成部分。性具有肉体的、心理的、伦理的、社会的和精神的各个层面，把这些层面完整地结合起来表达的性才是健康的。

（2）每个人在性取向和性表现方式上可能不相同，但人人均有自己的尊严和价值；任何性行为都是有后果的，因此每个人都有权利和义务在性行为上做出对自己和别人高度负责的选择。教育小科学家们认识到，一切形式的性歧视、性虐待、性暴力都是对人权的侵犯，任何性行为都不应当带有强制性和剥削性。

（3）提供性价值观与性态度的教育。要明确地向小科学家们传播科学的、社会倡导与支持的主流价值观，阐明这种价值观的由来及意义；帮助小科学家们科学地认知什么是两性之间健康而文明的关系，培养自尊感和自信心，学习对自己、对他人和对社会负责任。

（4）向小科学家们提供关于人性潜能生理与心理的科学信息，包括用图片和视频进行人体两性性器官与生殖系统、人的性发育、性取向与性别，生理卫生知识和健康习惯的养成，懂得避孕知识和学会使用避孕套，以及如何预防性病、艾滋病预防等。

（5）通过参与式教育和训练实践，使小科学家们学会两性之间的尊重、平等，获得两性交往的技能，包括沟通、选择、应对朋辈压力，评价媒体信息以及建立诚信的友情关系。帮助小科学家们科学、创造性地理解和接受现代社会的性别角色，以便日后正确地履行自己的社会角色使命。

（6）教育小科学家们在性的表达与行动中对自己和对他人高度负责，包括洁身自爱、拒绝不成熟的性关系、反对性的强迫，维护自己与他人的性

---

① ［美］罗伯特·费尔德曼：《发展心理学——人的毕生发展》，苏彦捷等译，世界图书出版公司 2007 年版，第 423-428 页。

健康。

（7）家庭应成为小科学家们学习性知识的重要场合，儿童监护人应成为孩子性教育和对其进行科学人格塑造的好老师。

（8）鼓励小科学家们与父母、老师或其他可信赖的成年人交流讨论性问题，并对许多现实实例进行评价、发表观点和是非总结，最终获得正确的价值观。

（9）要明确地警示小科学家们，尚未成熟就涉足性关系是冒险之举；少女怀孕堕胎会毁害自己的健康；感染艾滋病会毁及生命；并用新闻、图片和视频来进行多维的科学教育，让小科学家们写出心得体会，表达自己应该怎样做出正确的行为规范。

（10）小科学家们应当得到家庭、学校和法律的保护，让他们知道在何处可以得到性健康咨询和遇到紧急情况应该怎样求助。

（二）儿童监护人的责任

（1）儿童监护人应成为小科学家们的好朋友，与其时常在思想和心灵方面进行沟通，了解其性发育和性心理的变化，以科学知识和积极建设的人生价值观来引导孩子，尤其在其遇到不适、烦恼和麻烦时，给予热情的关怀与帮助。同时也保持和学校老师的联系，共同来解决青春期孩子所出现的性心理方面的不适与问题。

（2）对于小科学家已发生的性问题，学校应与家长共同协商后，采取一致的宽容和蔼态度和积极的办法处理，绝不可态度粗暴、侮辱、歧视和使用暴力，避免出现意外。

（3）要求小科学家日常积极参与健康的公共和户外活动，避免受到不良环境的影响。

（三）提前防止性侵害教育内容

1. 性侵害的形式

①暴力型性侵害；②胁迫型性侵害；③社交型性侵害；④诱惑型性侵害；⑤滋扰型性侵害。

2. 什么时间和哪些场所最容易遭受性侵害

①夏天是容易遭受性侵害的季节；②夜晚是容易遭受性侵害的时间；③私人场所和僻静处是容易遭受性侵害的地方。

3. 应如何防范性侵害

①提高识别色狼的能力，增强防范意识。②学会利用法律保护自己。③学

点防身术，提高自我防范能力。④拒绝看黄色视频和书刊等。⑤外出时，尽量在安全路线行走，避开荒僻和陌生的地方。⑥晚上外出时，应结伴而行。避免轻浮打扮。⑦不到歌舞厅、茶座、咖啡屋、网吧、通宵电影院等地方娱乐。⑧外出时，不要和陌生人搭腔，如有人盯梢或纠缠，应尽快向人多的地方靠近，必要时可呼救求救，外出后，随时与家长联系，不可轻易在别人家夜宿。⑨当遇到熟识异性向自己提出非分要求时，应保持镇静，坚决拒绝并尽快离开。⑩应该避免单独和异性相处，尤其是到异性的家里去。⑪在外面不可随便享用陌生人的饮料或食品，谨防内含麻醉药物。⑫独自在家，一定要反锁门，不论对方称自己与父母或监护人有什么亲密关系，或是需要进屋维修、检查或送物品等，必须一律拒绝，告之等家长回来再说，并严禁开门让其进入；如果发现有陌生人试图进入或已经进入室内，需要冷静、沉着面对，迅速向楼下大喊或传递求救纸条，或果断拨打电话报警。⑬不搭乘陌生异性的车辆。⑭不要单独和网友见面。⑮任何人都无权抚摸或伤害自己的身体。如果受到性骚扰、猥亵和性侵害，要尽快告诉家长或报警，切不可害羞、胆怯，延误时间会丧失证据，让罪犯逍遥法外。

4. 学校教育

（1）以班级为单位，经常开展以"防范性侵害，保护自我"为主题的班会活动，让小科学家们讨论怎样识别行为不端的色狼和坏人，大家一起交流讨论防范性侵害的好办法，各自发表意见，提出创造性的解决方案。老师做评价并给出更好的办法，让每个人都能增强防范意识与提高自我保护能力。

（2）向小科学家们提出问题，并要求如实回答。如我们的身体可以让人（包括家人、师长、邻居、陌生人）任意碰触吗？假如有人，可能是认识的邻居、亲人、老师或陌生人等，强迫你做不喜欢的事情，并且要你保守秘密，或者威胁你如果告诉他人就要杀你时，你该怎么办？等小科学家们回答后，老师做出最后的总结，给予正确的评价，指出不足与错误，并给出正确处理和解决问题的方法。

（3）需要鼓励男科学家们要具有男子汉的正义与勇敢精神，在发现女同学遭受性侵害时，要敢于站出来对其保护，可在现场大声呼喊同伴、同学、朋友，或呼救其他人来施救，或立刻报警或寻求附近亲人前来帮助。

（4）教育小科学家们在结交朋友前一定要取得父母、监护人和老师的许可，不能在社会上去随意结交有不良记录或社会口碑不好的人。

5. 一旦小科学家被性侵害了，立刻寻求以下救助方法

①不要害怕和害羞，应立即大胆告诉亲人；并找医生以便取证。②立即报案。③寻求家庭亲人和老师们的关怀，向心理医生救助，与志愿者交谈。

（四）提前预防被拐骗的教育内容

1. 如果发现自己已经被坏人拐骗或劫持了的做法

（1）若在公共场所或交通工具上发现自己受骗或被劫持，立即向人多的地方靠近，并大声呼救。

（2）如发现已被控制人身自由，保持镇静，设法了解买主或所处场所的真实地址（省、市、县、乡镇、村、组）及基本情况。

（3）向人贩子、买主及相关人员宣讲国家法律，告知其严重后果，伺机外出求援或逃走。

（4）通过采取写小纸条等方式向周围人暗示你的处境，请求外人帮助，设法与外界取得联系。

（5）不要放弃，想方设法，寻找机会向公安机关报案，拨打电话、发送短信或通过网络等一切可与外界联系的方式尽快报警，说明你所在的地方、买主（雇主）姓名或联系电话。

2. 要求小科学家们在上网交友、外出游玩时，必须牢记以下几点

（1）与陌生人打交道时，要保持警惕，不轻信其甜言蜜语，不贪图便宜，不接受小恩小惠。

（2）不要向陌生人介绍自己的家庭、亲属和个人爱好等个人信息。

（3）拒绝接受陌生人的一切食品、饮料和具有诱惑性的财物。

（4）不要轻信网络聊天认识的网友，不要擅自与网友会面。

（5）在外出途中，一旦遇到危险，及时向周围群众求助或报警求助。

（6）外出期间，应告诉父母或监护人并得到同意，需把自己要去的地址和联系方式及时告诉家人和朋友，让他们知道你的去向。

综上所述，此时期给小科学家们进行提前的青春期性教育、防止小科学家受到性侵害和被拐骗等的教育，需在上述各项具体方法训练的基础上，还应经常用现实中发生的被性侵害和被拐骗的悲剧例子，给小科学家们进行实例分析，让小科学家们找出被害者为什么会被害，如果这样的事情发生在自己的身上时，在没有保护者的情况下应该如何应对。让小科学家们尽量多地发挥创造性来解决这一问题，并且还需要给小科学家们提供成人模式的最佳解决方案，并设置一定的"实际情境"，让小科学家们进行自我应变和解决的训练。而且这一期这几方面的科学教育应从7～8岁持续到15岁，在不断的反复中，让小科学家们具备自我保护意识与能力，并具备对突发性事情的应变能力和在危境里安全逃生的能力。

第八节　童年期科学实验室的设置

这一期对小科学家们的科学实验室的设置，应该是在上一期的基础上，增添光学、力学、电学、化学、心理学初级，生物学、体育、音乐、绘画中级等方面的实验设备、多种工具、原料等，目的是要让小科学家们在老师的指导和帮助下，进行自助设计式的创新科学实验活动。具体实验项目则因各校的经济，环境和师资等条件不同而设置各异（从略）。

第九节　童年期智力发展和创造创新思维与能力的科学教育

一、童年期认知、记忆和智力发展的生理与心理特征

依据皮亚杰的理论，在学龄阶段（7～12岁左右），儿童具有了具体运算能力。在此阶段，儿童能够用运算思考、逻辑推理代替直觉思维，但是仅限于具体的情境；他们具有分类能力，但是难以解决抽象的问题。

具体运算是一种和真实的、具体的物体相关的可逆的心理活动。具体运算允许儿童结合物体多种特点，而不仅仅关注单个特性。在具体运算阶段，儿童可以在脑海里进行以前仅能用身体完成的事情，而且他们能够进行可逆的具体运算。

二、童年期记忆策略的提前科学教育方法

根据科学前辈们对各种记忆策略的研究，我们发现，人类的记忆大致由感觉记忆、外显记忆、内隐记忆、语义记忆、自传体记忆（情境记忆）、短时记忆（工作记忆）、闪光记忆、长时记忆等记忆形式组成。实际上，这些记忆之间并非孤立的，它们之间重叠并发生交互作用。即是说，个体要对记忆对象进行记忆时，可能会运用多种记忆策略组合来进行记忆，而不只运用单一的记忆方式来完成。由于个体存在生理差异和运用记忆策略的不同，少数个体在对某种类型进行记忆时，会表现出特别的记忆技能，而大多数人却只表现出平凡的

记忆技能。那么，有没有一种科学的记忆新策略来普遍性提高人们的记忆能力呢？

笔者曾提出跨学科背景知识体系终生学习的理论，对于如此众多的自然科学和社会科学学科知识，如果还是运用我们目前传统的记忆方式与策略，尤其是我国教育中普遍使用的以机械记忆为主的落后记忆方法，的确很难胜任。笔者本人原本也是一位受传统教育的机械记忆者，但经过自己的不断探索，最终总结出一套可以轻松的、在较短的时间内能深刻记忆跨学科背景知识内容的科学记忆方法。笔者现将自己的亲身体验，所获经验、技能、方法和策略等与读者阁下分享，并提出自己创立的理解式逻辑推理的联想记忆理论，希望将这一崭新的科学记忆方法用在对科学家们的实用性教育上。

由于个体在运用传统多种记忆方式上已经积累了一定程度的跨学科背景知识体系，即已建立起一定的知识库，同时也发现跨学科之间具有许多相同或相似的规律性，这时，个体可运用自己比较熟悉的概念、范畴、原理、定理、定律、规则、理论等，来寻找记忆对象内容中相同、类似外部特征、内在本质、属性和发展规律的替代性线索，这样来进行逻辑推理、联想、想象的多维度重叠联系的记忆。

但这种记忆需要一个大前提，那就是要先学习跨学科背景知识。因为学习它们，你才可以掌握许多自然科学的概念、观点、原理、定理、定律和理论等，用这些具体知识作为分析、判断、概括、总结新知识的种种因果关系、逻辑推理和联想的基础，还需要运用这些具体知识作为新知识记忆的替换参照物。由于笔者曾提出在幼儿时期就开始科学实验操作的持续教育，在这种强大的实验性操作训练的过程中，小科学家们不仅积累了许多操作记忆，而且在认知和逻辑思维的影响下，还会产生推理性的因果预测，这样把记忆变成逻辑推理的灵活记忆，减少了大量的机械记忆成分。

实际上，每一个直观实体或抽象的记忆对象，都包含表面形式特征、类别、序列与数的关系，及其本质、属性、内在规律，并与其他事物间存在着许多联系。我们在记忆时，往往只对上述内容片段的、孤立的单元有一点记忆痕迹或线索，一般很难将它们的逻辑关系迅速准确地联系起来。事实上，每一个记忆对象都有自己内外及结构规律的特点，并包含着一定的因果关系和逻辑规律。因此，我们应从这些维度去剖析、分解它们，找出它们与熟悉的事物中相同、相似的内外部特点和规律联系性，作为记忆痕迹与线索的社会参照，并运用知识结构的个性特点，在脑海中想象、联想、幻想出一种与之相联系的、具有因果关系和逻辑推理的抽象、虚幻的情境脚本，来再现和重复播放它而实现深刻的记忆。

这种科学记忆的特点是，只需某个特点线索的启发，就可以用逻辑推理联想，推理出未知的更多的内容。显然，这种记忆不需用大量时间来做机械复述，就能快捷、轻松、深刻地记忆更多内容。

这一记忆过程的关键是必须弄懂各种概念、观点、原理、定理、定律和理论的核心内容，尤其需要用自己的语言特点来准确理解、解释和描述它们。它的关键就是避开机械记忆，用个性方式去理解和解释它们，这样可自然、轻松地把它们扎实地列入我们所掌握的知识结构体系之中。其实，在这一过程中，我们并没有去有意识地记忆它们，而是在思考和理解的基础上，将记忆内容想象、联想和杜撰成个人逻辑思维特点的情境脚本影像，在头脑中再现和重复描述的结果，很自然、很迅速、很轻松、很愉快地获得了我们要记忆的知识。

例如，我们怎样来记忆地球表体水循环现象的原理。首先，我们要知道有关地球表体构造的基本知识，即由占全球面积70%的海洋和占30%的陆地构成，海洋储水量占地表水总量的97%以上，陆地上的江河湖库和冰川雪帽的储水量不到3%。由于太阳辐射在地球上，大部分热量被海洋中的海水吸收，这样便使海洋以水蒸气的形式进行蒸发，海洋水蒸气从海面向高空运动，随着地球表面至西向东的大气环流运动，这些水蒸气被夹杂在大气环流中被运往陆地，受到高山阻隔和更多复杂地形的影响，就形成云雨，然后以降水的形式向陆地供水。又由于地表岩层与土质等诸多原因，不可能将这些巨大体积的降水完全吸收渗透入地表土壤内，因此会形成众多的地表径流、地下径流，以地上和地下河流的形式，又将这些水带回海洋。

这一过程主要由四个主要环节组成，即蒸发（海洋向大气供水），参加大气环流（水蒸气夹杂在大气环流中参加大气环流运动，使水分从海洋上空被运送到陆地上空），降水（大气向陆地供水），径流（降水随河流从陆地返回海洋）。我们在记忆这一循环现象时，要根据上述水循环的始发、运送、降水、径流、返回过程中的因果关系，逻辑推理来解释，每一环节怎样形成，怎样运动，有怎样的结果等。同时，还要运用抽象的想象思维，把自己置身于卫星的宇宙高度来俯瞰地球，并根据电影、电视上卫星对地球的俯瞰图像，在大脑中联想、杜撰一个虚构的连续影像脚本，想象巨大海洋因受热蒸发出大量的水蒸气，连续不断地在海面上升腾，然后进入十分宏观的大气环流层。加入这一环流层后，然后被这庞大的气流运送到陆地上空，当气流受到高山阻隔后，气流被迫转向、分向和迂回，再与近地面的太阳对地面辐射所形成的反辐射能量相互作用等多种原因，于是使近地上空的大气环流形成相应的冷暖峰的碰撞而产生降雨，降雨落入山间沟谷，无数涓涓细流在地表上汇聚成大江大河，向海洋低处汹涌直泻，这样就完成了地球表面的水循环过程。显然，这一记忆过程是运用对所学知识与原理的理解，找到其因果关系和逻辑规律，经过想象情境脚本影像的信息加工辅助，最后把逻辑发展规律进行推导、推理的想象式推测，这种科学记忆方法很容易形成迅速、深刻、轻松、长久的记忆。

如果用这一事例让 10～12 岁的小科学家来记忆。可以设计一个简单的物理实验，形象地让小科学家对地球表体水循环原理，做直观、形象的辅助性理解。我们用厨房的铁锅烧一锅水，待水开后把锅盖打开，并在锅的斜上方 1.5 米处铺开一张塑料薄膜。当水蒸气上升过程中被塑料薄膜阻隔时，水蒸气就会逐渐积累在塑料薄膜底面并形成水珠，随着水珠越来越大，最后在重力的作用下，水珠就会像雨点一样降落到地面。这一过程比较直观而明显地将水升温变成蒸气上升，在遇到塑料薄膜后开始降温，逐渐形成水珠，受重力作用从高空降落到地面的一个随温度变化而使水发生不同形态的物理运动、迁移、变化的微观过程，而地球表体水循环的宏观过程与这一微观过程有些相似，但地球表体水循环过程实际上要复杂得多。

由此，笔者提出名为理解式逻辑推理和联想记忆的理论。其理论描述为：个体在理解记忆对象内容的基础上，将记忆内容转换成记忆者熟悉的某种逻辑规律的情境，然后根据记忆内容的类别、序列与数的关系、外部特征、内在本质、属性和规律等的种种因果关系，找出整个内容的逻辑推理、联想的伸展图式，组成连续的脚本影像，在大脑中再现和播放，并以此获得迅速、深刻和长时记忆的方法与策略。

总之，理解式逻辑推理、联想记忆理论的实践核心在于，首先要具备一些跨学科背景知识，然后通过想象产生一个宏观的情境脚本影像，在脑海中再现，重复演示、描述记忆对象内容中因果关系和逻辑推理、联想的记忆推测。实际上，当记忆者理解记忆内容中的因果关系和逻辑规律后，就很容易用自己的个性语言来描述它，只要找到其中一个环节的记忆痕迹与线索，就可以迅速联想、推导、推理出前后的环节情境脚本，实现完整的推理性记忆。

三、童年期的创造性智力

个体要具有创造和创新意识，必须在多种认知方面具有各种优秀的能力作为基础。由于小科学家这一时期正处于具体运算的时期，也正是培养这些创造性智力的最佳时期，让我们先了解这几种智力的定义与内容。

（一）流体智力

流体智力反映了信息加工能力、推理能力和记忆力。如，当要求一个学生按照某种标准将一系列字母进行分组，或记住一系列数字，他可能会使用流体智力。

（二）晶体智力

晶体智力反映了人们所积累的从经验中学到的和能应用于问题解决情境的信息、技能和策略。当需要依据过去经验来解决一个难题或推论出解决一件神秘事情的方法时，人们可能要依赖于其晶体智力。

（三）心理学家 Haword Gardner 提出的八种智力

①音乐智力，在音乐任务中的能力；②身体运动智力，在解决问题或构造产品和表演的过程中，运用整个身体或身体各部分的技能，如像舞蹈演员、运动员、演员和外科医生那样；③数学逻辑智力，进行问题解决和科学思考时的技能；④语言智力，生成和使用语言的能力；⑤空间视觉智力，涉及空间构型的技能，如艺术家和建筑学家所使用的技能；⑥人际交往智力，与他人互动的技能，如对他人的心情、气质、动机和意图的敏感性；⑦自我认知智力，关于自己内部状态的知识，对自己的感受和情绪的理解；⑧自然观察智力，从本质上识别和归类模式的能力。

（四）情感智力

情感智力指人际沟通和自知、自省的智力。它反映在个体解释别人的情绪和情感上，也反映在用社会适宜的方式控制和表达自己情感的能力上。

（五）Stermbery 提出的成功智力三元理论

①分析能力，即对事物的分析、评价和对比的能力；分析能力对于做出选择的决定和评价，成功和失败的调控，策略的组织和选择来说都非常重要；②创造能力，这是一种在创造、发现等活动中体现出来的智力，它使得个体能够聪明地做出决定、尝试用新的方法选择和改变环境，并适应环境；③操作能力，就是当人们把决定运用到行为当中体现出来的一种技能，在选择、改变和适应环境的过程中表现出来的行为落实方面所体现出来的技能。

（六）智力测量

智力测量主要是运用斯坦福-比奈智力量表对小科学家进行智力测量。具体的请参照斯坦福-比奈智力量表和韦克斯勒儿童智力量表。

韦克斯勒儿童智力量表的修订版（WISC－Ⅱ）

言语量表	操作量表
1. 常识。问题是关于多数儿童有机会获得的部分。（M） 2. 理解。设计的问题是用来判定儿童对为什么特定事物要按它们应有方式去做。（M） 3. 心算。口算问题。（M） 4. 两物相似。儿童指出特定的事物在哪些方面相像。（M） 5. 词汇。要求儿童给出不断增加难度的词语的含义。（M） 6. 背数。让儿童说出呈现的按顺序排列的数字，正数和倒数。（S）	1. 填图。要求儿童指出图中获得的信息。（M） 2. 图片排序。把图片按次序排列，并说出一个故事。（M） 3. 搭积木拼图。在看一个图案之后，用小木块弄成相同的样子。 4. 图像组合。将拼图小板拼成一个物体。（M） 5. 译码。学会将每个数字与不同的符号连在一起，然后在某个数字的空格内填上正确的符号。（M） 6. 迷津。用铅笔寻找路线走出迷津。（S） 7. 符号移导。让儿童完成符号定位任务，该任务能够测量儿童的心理加工速度以及视觉传导技能。（S）

（摘自【加】居伊·勒弗朗索瓦：《孩子们——儿童心理发展》，王全志译，北京大学出版社2004年版，第430－441页）。

在对于个体怎样才能拥有创造创新能力问题上，科学前辈们总结出来上述多种智力是其基础的一种规律。我们惊奇地发现，上述多种智力的获得，其实我们在前面的科学种子教育的综合性培养中已经都涉及了。显然，中国现代科学种子教育，能科学地培养出个体的上述多种智力，这些智力的获得就能使个体最终拥有科学创造创新的思维与能力，即创造性。但是，在实际操作性教育中，我们还需进一步给予功能性教育的细化。

四、童年期对小科学家创造性智力培养的提前科学教育方法

这一阶段，除继续跨学科背景知识教育和科学实验操作外，我们进行以下几个方面的科学教育。

（一）对小科学家在具体运算阶段进一步守恒的科学教育方法

当小科学家进入具体运算阶段后，虽然他们获得了一定的"守恒"概念，但他们对于守恒概念中的三条逻辑规则：同一性、可逆性以及补偿性的运用还不太熟悉。

有关"守恒"概念的三条逻辑规则的意识建立期,是小科学家形成科学逻辑思维的因果关系任职的关键期。但这一关键期的小科学家,他们的守恒认知还不稳定和成熟,仍出于有些模糊的状态。因此,在这一关键期,就应该在前一期守恒教育的基础上,对其进行进一步的科学教育,使其尽早掌握更多和下一步守恒概念的因果关系和逻辑规则,为下一步的科学逻辑思维的形成打下扎实的基础。

具体教育方法,我们可借鉴科学前辈的研究成果,按照儿童认知规律提前进行教育,其研究成果如图所示。

1. 物质守恒（6～7岁）

（1）实验者呈现出同样的两个泥做的模型球,被试承认它们有相同量的泥土。

图1：两个同样的圆球

（2）其中一个球变形了,问被试它们是否仍含有同等量的泥土。

图2：一圆球,一椭圆形球

2. 面积守恒（6～7岁）

（1）被试和实验者每人都有一张同样大小的纸板,木板被放在同样的位置上,被试承认每一个纸板占用面积是一样。

图3：同样由15个小方格组成的长方形面积图

（2）实验者把其中一个纸板上的木块散开,问被试,每一个纸板占用的面积是否仍相同。

图4：一个长方形的纸板上排列着整齐的小方格,另一个则是散乱的

在科学应用中,尽量用橡皮泥,有色无毒液体,多种几何形状的平面、拓

朴图形、立体积木实物、天平、直尺、多种形状的量杯作为教学用具，将各种形状及变化呈现给小科学家，让其回答有关守恒的问题，主要帮助他们对每种图形、形状变化后的认知，用定量分析的操作方法来分析、解释，让其清楚明白这些图形、形状发生变化后，其质量、体积却未发生变化的因果关系和逻辑规则，并让小科学家自己操作。同时，还需让他们进行发散性创造性思维，让他们自己去找相应的替代物来模仿上述各种守恒实验，鼓励他们进行改革、创新和发明新的守恒实验。目的是巩固小科学家对于各种守恒概念以及因果关系、逻辑规则的认知、了解、理解和掌握，从而运用因果关系、逻辑规则进行发散性思维，最终形成、掌握和运用科学逻辑思维。

（二）类别、序列与数的区别、排列及相互关系的提前科学教育方法

同样可运用多种图形、形状的上述实物、玩具替代食物，要求小科学家自己进行操作练习和寻找答案。然后，运用定性分析法让他们学会哪些物品可归为一类，哪些物体不是同一类；依据什么特征进行序列排列，指出它们之间数的相互关系，以及为什么的分析与因果关系、逻辑规则的解答。这种对于事物的类别、序列与数的关系、排列及相互关系的内在本质和外部联系，相互关系的认知和逻辑规则等技能的掌握，有助于小科学家们科学逻辑思维的形成、巩固和发展。同时，在小科学家们自己进行科学实验操作的同时，又学会了用定量分析和定性分析的科学方法，这对于他们从小就接触、认知和掌握科学方法，形成科学思维模式，有举足轻重的作用。

（三）童年期八种智力提前科学教育的方法

我们知道，智力是学习、记忆、思维、认知客观事物和解决实际问题的能力。尤其是思维能力。创造力确实对已累计的知识和经验进行科学加工和创造，产生新概念、新知识、新思想的能力，大体上由感知力、记忆力、思考力、想象力四种能力所构成。显然，智力是组成创造力的重要部分。根据科学前辈的认知观点和发现，他们把人类智力分为流体智力、晶体智力、音乐智力、身体运动智力、自然观察智力、情感智力、分析智力、操作智力、创造智力等。对于上述多种智力的科学训练，其目的是从个体的多维度认知角度来训练其多种感知、分析、认知、加工、记忆、思维、想象和操作能力。这些能力的逐一形成和交互作用，又推动上述多种智力纵横向的交错发展，最终促使个体把所学到的多种知识，建构成具有个性特色的知识结构体系，这个性化的知识结构体系将形成一个具有逻辑、联想、想象、发散和创造创新的独立思维体

系的动力引擎，为下一步个体即将要产生和爆发的科学创造创新思维与能力提供强劲的动力源。

实际上，我们在前面的许多能力培养中，已经对上述多种智力有一定程度的培养与训练，现在笔者将进一步详述这些智力的科学训练方法。

我们所讨论的科学教育就是要把正常智力的儿童个体培养成为"天才儿童"。对于天才儿童的科学教育，我们还必须从这些智力基础开始进行科学的培养与训练。

1. 语言表达智力

①给小科学家读故事，也让他们把故事内容读出来；②和小科学家讨论书籍作者和内容；③带小科学家一起上图书馆，逛书店；④让小科学家将重要的时间记录下来；⑤让小科学家总结并复述读过的故事；⑥让小科学家用自己的语言描述故事中的一些概念，并询问在该故事中受到什么启发或有什么新的发现。

2. 数学逻辑智力

①和小科学家一起玩逻辑推理的游戏；②带小科学家参观计算机实验室、科学博物馆、电子产品展览会；③和小科学家进行数学活动，如数物体和用数字做实验。

3. 空间视觉智力

①准备各种供小科学家使用的创造性材料；②让小科学家穿行迷宫，制作图标；③带小科学家参观艺术博物馆，让其亲身体验儿童博物馆；④和小科学家一起散步或登山，返回途中，让他们回忆去过的地方，然后绘制游历图；⑤选一座不算大的山，让小科学家从多角度去实地观察，并绘出多种观察角度的山形。

4. 音乐智力

①为小科学家提供多种音响设备和多种乐器；②让小科学家接受声乐和器乐的培训；③带小科学家去听音乐会；④鼓励小科学家自己创作歌曲，并表演。

5. 自我认知智力

①鼓励小科学家兴趣、爱好广泛；②倾听小科学家的感受，并对其产生共情、移情的敏锐反馈；③鼓励小科学家运用想象力；④让小科学家用日记或杂记的形式记录自己的想法和经历；⑤鼓励小科学家理性看待、评价自己，并能同时接受表扬和批评；⑥让小科学家尽量掌握更多的社会技能。

6. 人际交往能力

①鼓励小科学家参加团体活动；②帮助小科学家培养沟通技巧；③帮助小

科学家建立正确的待人接物交际观；④培养其共情、移情、同情、体贴、帮助他人、利他、亲社会、尊重他人自尊、人格和权利等能力；⑤培养小科学家正确解决同伴间的冲突，缓和与化解矛盾的能力；⑥培养小科学家的领导能力，并在群体中树立领导形象。

7. 自然观察智力

①带小科学家观察多种自然现象和多种动植物，以及自然科学博物馆；②在家庭和学校均建立自然生物实验室；③让小科学家使用多种仪器研究自然现象与动植物，并收集动植物、矿石、岩石等标本，并将其分类。

8. 绘画智力

对于培养小科学家的绘画智力，目前我国的教育还没有真正提升到科学绘画的境界。事实上，无论何种绘画对象，其实都是自然界真实事物的反映，而这些事物包含着其表面的多种物理特征和内部的根本属性与本质规律，需要用多种学科知识来解释和描述。如果我们对一个物体进行写生，首先要对其进行科学观察，科学观察意味着需要观察者具备对数学比例、透视学（远近深浅度的立体比例关系）、解剖学、光学阴影、色彩学、运动力学以及现实主义哲学思想等的准确观察认知和审美能力，我们称之为社会观察智力，这样才能使自己对这一物体的一切外部与内部的图像特征有准确认知并精确记忆，同时还需对视觉印象具有心理描述的模仿能力和实际线条绘画的操作能力，只有同时具备了这些能力，才可能准确绘画出与这一物体相像的美术作品出来。因此，培养和训练小科学家的绘画智力极为关键和重要。具体方法如下：

①培养小科学家坐在固定位置观察物体的各部位大小比例。要求其拍照后用尺子测量其各部分比例与比较自己估计的差距；②培养小科学家在固定位置观察物体与自己距离时，其各部分的比例大小，以及两个以上物体所在位置不同的远近比例大小，然后拍照，用尺子测量，并比较自己估计的差距；③想象物体内部的结构，然后对物体进行解剖，观察里面的结构特征，并让小科学家思考其结构特征为什么会使其外部轮廓呈现出现在这个样子的原因；④观察物体受光面与背光面的面积大小与光源角度的变化规律；可用灯照射物体来进行实验性的观察，然后拍照，用尺子测量，并比较自己估计的差距；⑤观察物体自然光下的真实颜色；拍照后与色谱一一比较，看它与哪些色谱较接近；⑥观察物体运动时的力学状态，一般以观察运动奔跑时的运动力学状态为佳；拍照后对其四脚的位置和物体的比例，用尺子进行测量，然后再与自己的估计做比较；⑦对于现实主义哲学思想，主要是要求小科学家懂得如何将自然物用接近的数学比例、远近深浅的立体透视比例、光学阴影、色彩准确明暗、运动力学姿态的相似度，以及真实存在的整体与背景共存自然图像，在纸上逼真地描述

和呈现出来。

  显然，要培养和训练小科学家的绘画智力，就必须用现实主义的哲学思想，将艺术与科学紧密地结合起来，把许多实际科学的因素融入绘画之中，由此支撑起这幅画的审美艺术价值，从而逼真地把绘画对象现实般地在纸上投映出来，让欣赏者体验审美愉悦。

  对于培养和训练小科学家的上述各种智力，在教学与学生学习的过程中，还需让学生代替老师讲课，以及给低年级的学生讲课，并按学科分科、交替进行以教师为中心和以学生为中心的教育方法。这种交互作用和互帮作用，有助于小科学家的认知和实践智力的增长。

第九章 青春期（12～18岁）中国现代科学种子教育

第一节 青春期成长发育的生理与心理特征

当小科学家经过儿童中期的提前科学教育后，已经获得许多知识，并将其整合成一定程度的知识体系，尤其他们已经获得多种智力能力，已初步形成了独立思维和创造性思维，他们的创造性能力有待进一步提高。如果在青春期，小科学家们掌握主动独立自学的能力，其独立思维能力会得到进一步发展。那么，他们将拥有空前而较成熟的创造性思维与创造能力。为了使小科学家们继续努力，顺利达到这一宏伟的目标，我们应进一步给予他们全方位的鼓励、支持和帮助。首先在称谓上给他们一个令人向往和崇高的名称——准科学家，让他们接纳这个伟大的标签，融入自己人格的高级需要之中，转换成巨大的成长动力。让我们先来讨论准科学家们的身体发育情况。

一、青春期成长发展的生理特征

青春期是处于儿童期与成年期之间的一个发展阶段，一般开始于12岁左右，结束于18岁。

在短短的几个月中，一名青少年就能长高好几厘米，并且需要不断更换衣服来适应他们的变化。变化的一个方面在于青少年身高和体重的快速增长。平均而言，男孩一年能长高10.33厘米，体重一年能增加10千克。女孩一年能长高9.84厘米，体重一年增加10千克，有些青少年甚至在一年中长高12.70厘米（Tanner，1972）。

男孩和女孩的青春期快速生长期开始的时间各不相同。女孩的快速生长期开始于10岁左右，而男孩则开始于12岁左右。从11岁开始的两年里，女孩总体上比男孩要高；但到了13岁后，平均而言，男孩会高于女孩——这种状态以后会一直持续下去。

发育期是性器官开始成熟的时期,开始于脑垂体释放信号刺激体内的其他腺体分泌成人水平的性激素:雄性激素(男性荷尔蒙)或者雌性激素(女性荷尔蒙)。垂体也会刺激身体增加生长激素的分泌,与性激素共同作用来促进青春期的快速发育。

与快速生长期类似,女孩的发育期开始的时间也早于男孩。女孩大约在11岁或12岁时开始进入发育期,而男孩则在13或14岁时才开始。但这也有很大的差异,如,有些女孩在7~8岁时就开始发育,有些则晚到16岁才开始。

女孩初级性征的发展是指阴道与子宫的变化,次级性征包括乳房和阴毛的变化。乳房从10岁左右开始发育,阴毛从11岁左右开始出现,腋毛则在13岁左右出现。

男孩的性成熟经历与女孩有不同的过程。在12岁左右,男孩的阴茎和阴囊开始快速发育,3~4年后达到成人大小。在阴茎发育的同时,其他的初级性征也随着前列腺和精囊的发育而发展着,精囊是产生精液的地方。男孩的初次遗精大约发生在13岁,即在男孩开始产生精子一年以后。起初,精液中只含有较少的精子,但随着年龄的增长,精子的数量也显著增加。此时,次级性征也开始发展。在12岁左右,阴毛开始出现,接着出现腋毛和胡须。最终,由于声带变长,喉结变大,男孩的声音开始变得深沉(Buchanam, Eccles, & Becker, 1992)。

在青春期,内部器官也在迅速发育。实际上,心脏的体积成倍增加(Kagan & Gall, 1998),与此相伴随的是肺活量的急速增加,并导致肌肉力量、吸氧量以及运动能力显著提高——这种情况在男孩身上表现得尤其明显,而更少表现在女孩身上。尽管一些男生偶尔会表现出动作的笨拙,但他们的跑、跳、投掷以及身体力量等方面在青春期都有显著的提高。因此,成熟较早的男孩往往更强壮,发育更快,在体育运动中表现得更好。相反,女孩的动作能力看起来与成熟早晚并无紧密关系,成熟度较低的女孩在动作方面,常常比那些更成熟的女孩表现得更好(Malia & Bouchord, 1991)。有一种说法认为,随着成熟度的提高,与脱脂肪体相比,脂肪体所占身体的比例更高,结果,在一些动作表现方面,性别差异越来越有利于男生,在竞赛性的体育运动中,这方面的表现尤其明显,男孩的各项纪录几乎都超过了女孩。

相关研究相当一致地指出,早熟对男孩有一定的好处。早熟男孩一般有更好的适应能力,更受欢迎,更自信,更有进取心,更有可能居于群体中的领导地位,而且在赢得异性爱慕方面也更为成功。他们也可能更早地开始约会以及更早就发生性行为（Kim & Smith 1999），也显示出更积极的自我概念。相反，晚熟的男孩，作为一个群体，他们更容易躁动不安，更寻求关注，更少自信以及有更消极的自我概念（Crocket & Petersen，1987）。

研究发现，早熟对女孩的影响非常不同于男孩。与那些早熟男孩相比，早熟女孩最初处于不利的境地。主要的发现结果是，早熟女孩更可能有着更差的自我概念，她们感到心情沮丧，更早开始约会，参加更多不受赞赏的活动，如喝酒、吸毒、转学以及毫不掩饰地关注她们的体重（Slovak. Academy of Sciences，1998；Latimen‑Krispijn et. al，1999）。

青春期身体快速发育是由于摄取食物提供了大量能量。尤其是在快速生长期，青少年摄入大量的食物，逐渐而不是猛然增加自己的热量摄取。在十几岁时，女孩平均每天需要大约2200卡路里的热量，男孩则需要2800卡路里。①

二、青春期成长发展的心理特征

青少年的自我中心主义是一种自我热衷的状态，他们认为全世界都在注意自己。自我中心主义的青少年对权威，如父母、教师充满了批判精神，不愿接受批评，并且很容易指出其行为中的错误（Elkimd，1985；Rycek et. al，1998；Greene Kremar & Rubim 2002）。

青少年的自我中心主义具有不能把他人关心的物体和时间，与他们自己关心的那些客体和时间区分开来的特点。这种自我中心主义，容易使青少年发展出想象观众和个人神话。

1. 想象的观众

青少年想象中的观众是一个集体，这个集体由所有可能关心青少年自我和行为的人们组成，青少年常用"他们"来表达他们想象的观众，并认为这些观众对自己不断发挥作用，比如非常关心自己的头发、衣服以及其他方面的外表特征。

2. 个人神话

青少年觉得自己的经历是独一无二的，别人都不会经历。其特点是，个体感到自己是特殊的和独一无二的，以及感到自己威力巨大，刀枪不入。这使得他们明知道后果的可怕，但还是要草率冒险的现象。

个人神话还可能使青少年对威胁他人的风险毫无畏惧（Klacynski，1997）。

---

① ［加］居伊·勒弗朗索瓦：《孩子们——儿童心理发展》，王全志译，北京大学出版社2004年版，第518－531页。

很多青少年的危险行为可能就是由个人神话所造成的（Lightfoot，1997；Ponton，1999；Greene et. al，2000）。青少年个人的刀枪不入神话可能是他们冒险的原因之一，甚至当认识到特定行为的危险性之后，他们也会低估对自己带来的危险性并疏于防范。

青少年低估高风险行为会使他们"寻找刺激感觉"。"寻找刺激感觉"用来指为自己喜欢的感觉冒险的渴望，驾驶摩托车、划水以及使用毒品都与"寻找刺激感觉"量表的较高得分相关（Zuckerman，Eysenck，& Eysenck，1978）。观看暴力性的电视节目也与"寻找刺激感觉"量表的较高得分紧密相关。①

第二节 青春期多种狮性基本生存技能的科学训练

前一阶段小科学家已经有过多种民族性狮性生存技能的训练，有了一定程度的经验、技巧、技能的基础，这一阶段还需再进一步升级和扩展，让准科学家达到世界强国民族生存技能的标准。

这一阶段，准科学家的身体开始发育，荷尔蒙激素剧增，其心脏能量、肺活量、肌肉力量、吸氧量和运动能力都显著提高，无论在粗大运动动作，还是精细运动动作方面都有一个质的飞越，而且还出现青春期的躁动不安和自我中心的个人神话，这使得准科学家在此阶段具有鲁莽、冲动和善于不计后果的冒险倾向，再加上青春期因营养需求猛增，饮食习惯不科学或缺乏锻炼而导致肥胖问题。同时，也由于青春期大脑发育进入最后的冲刺阶段。这时的神经元数量仍不断增长，这给准科学家们的大脑神经通路运动方面的未知联结提供了挖掘潜力的广阔空间。因此，对于这一阶段的运动技能的科学教育主要培养以下几个方面的技能：

男性要进行肌肉力量、技巧、健美以及带有智力的体育运动训练。如拳击、武术、足球、篮球、驾车、田径运动、滑冰、滑雪、滑翔、帆船航海、攀岩、爬山、蹦极、游泳、跳水、体操、舞蹈、举哑铃、扛铃、恶劣天气下的军训、野外生存训练，多种危机情况下的避险、自救、逃生训练，喜剧、电影的表情模仿与表演等。

---

① ［加］居伊·勒弗朗索瓦：《孩子们——儿童心理发展》，王全志译，北京大学出版社2004年出版，第539－544页。

女性主要进行体型健美、技巧、带有智力的体育运动训练。如，田径运动、球类运动、武术、体操、游泳、跳水、滑水、滑雪、驾车、滑翔、帆船航海、攀岩、爬山、蹦极、舞蹈、举哑铃、恶劣天气下的军训、野外生存训练，多种危机情况下的避险、自救、逃生训练，喜剧、电影的表情模仿和表演等。这些多维度的身体运动技能的训练，有助于大脑青春期发育的进一步神经通路的联结。

对于女孩来讲，在青春期应注意其乳房的充分发育。这可为今后生育时母乳的充足做好提前的辅助准备，同时也是提高其体形美的必要手段，具体方法需从营养、健美锻炼、情绪和生理发育科学等几方面来进行。

准科学家们还要进行多种挑战、冒险的认知和技能训练。由于青春期准科学家们受荷尔蒙的影响，产生个人神话的自我夸大和种种不切实际的幻想，比较冲动、富有冒险精神，但又不计后果，这些特性使得他们在日常生活中很容易因自我评价太高、能力不足而造成身体伤害甚至不幸遇难。因此，我们要培养他们在科学探究方面的挑战、冒险、探险和征服的勇敢无畏的献身精神，又要让他们在这一冒险过程中做到理性评估自己的能力，有限度地冒险，并能战胜困难，同时又能安全地保护自己不受伤害和避免发生不幸事故。

首先要让准科学家们运用自己所获得的跨学科背景知识，了解人体常规运动技能和其他体能的极限，然后从自己具备的各种运动技能和体能水平以及自身生理特点等多方面来正确评估自己的实际能力。在教学中，要在实行某项新的体育运动训练或要挑战某一假设危险环境之前，先让准科学家们理性地从上述自身多方面的综合实力来预测自己的表现能力和成绩。通过试验后，再来总结他们为什么会过高评价自己的能力与成绩，找出其认知错误的原因，帮助他们科学理性地做到事前正确评估自己的能力，做到以自己的真实能力去应对各种危险的挑战，并不断提高自己的不足，以适应挑战，并征服更多的危险挑战。

这些认知与实际训练相结合的目的是，让准科学家们在不断的认知和实践中，发现高估自己的各种能力是错误的，这样会使自己受到伤害，甚至有失去生命的危险；让其产生一定的恐惧和警惕感，降低其个人神话的自信，以此来引导他们在行事之前，能比较理性地评估自己多方面的不足，然后采取更多的安全措施，确保自己在安全、稳妥的前提下进行挑战、冒险，并获得成功。

与此同时，还需让准科学家们懂得自己在训练中出现受伤或伤情严重的医疗急救知识，如包扎消毒、止血处理、急救用药、人工呼吸、骨折的临时护理、就地采摘中草药作临时急救用，以及各种施救和等待救援的方法，遭遇紧急情况下的冷静心理素质，等等，让他们具备更多保护自己的生存能力。

第三节 青春期科学人格教育

一、人格认知方面的生理与心理特征

（1）自我概念。高自尊水平的青少年，更倾向于向积极建设性的方向发展。而低自尊水平的青少年，则表现在消极的发展结果方面，更容易出现吸烟、赌博、打架、逃学、早恋等问题。

（2）自立性。这一时期的青少年显示出十分强烈的自立性特征。他们往往因为受父母约束而与父母发生各种冲突，显得比较叛逆。

（3）与同伴交往。这一时期的青少年强烈需要与同伴建立十分亲密的朋友关系，也容易受到同伴的影响与压力（Keating & Clark 1980；Sugarman, 1988）。

（4）地位确立。青春期男女为什么会获得更高地位？下表可作为榜样性参考。

什么使得中学女生的地位更高？		什么使得中学男生的地位更高？	
根据大学男生的看法	根据大学女生的看法	根据大学男生的看法	根据大学女生的看法
1. 身体吸引力	1. 年级/智力	1. 运动的参与	1. 运动的参与
2. 年级/智力	2. 运动的参与	2. 年级/智力	2. 年级/智力
3. 运动的参与	3. 总体社交性	3. 在女孩中的受欢迎程度	3. 总体社交性
4. 总体社交性	4. 身体吸引力	4. 总体社交性	4. 身体吸引力
5. 在男孩中的受欢迎程度	5. 着装	5. 开汽车	5. 学校俱乐部管理

（5）同伴压力。同伴的影响使青少年的行为和态度和他们保持一致。如，当考虑穿什么衣服，以至特定品牌的衣服，有时可以成为加入某一受欢迎群体

的门票。①

二、青春期科学人格教育

青春期的科学人格教育是在前两期民族性科学人格系统教育基础上的继续，对于青春期的准科学家，还要把握他们躁动、冲动、不计后果和善于追求新异体验的不成熟生理和心理特点，应对他们在生理与心理方面给予多角度的尊重，降低他们比较强烈的逆反心理。这对于其建设性人格的形成与塑造是有利的。

具体方法：①特别尊重他们青春发育期的自我、自尊、同一性、独立自主的显著倾向，鼓励他们自由地向建设性的方向发展，但仍然需遵循建设性的人生观和行为指向，这一原则绝不能被推翻；②设计一些亲社会性的行为让他们去践行，仍需运用表扬、奖励与鼓励的情感支持来巩固其行为的重复性；③注重培养他们的良好兴趣与爱好，鼓励他们花多一些时间和精力积极投入这些爱好中。这样做的目的是，针对他们这一时期因生理荷尔蒙分泌旺盛可能出现对不良兴趣与爱好产生亲近的精力投入。

在人格、道德的教育方面，仍然要继续笔者提出的中华民族性科学人格系统的教育，这是对上一期这一教育的继续。同时，还需运用更多的道德两难故事与社会活动实践、人际关系实践等理论与实践相结合的科学教育方式，来一一巩固和发展他们的科学人格系统，使之具有强大的对多种负性人格与道德因素的免疫能力，并在不断巩固和发展中趋于稳固和完善。

第四节 青春期延迟满足能力的培养

这一时期，主要是进一步巩固这一价值观在准科学家的价值观里的稳固程度，因为这一时期，存在游戏、香烟、酒精、色情、赌博、毒品药物等对青少年的各种巨大诱惑。培养方法进一步加入情境和诱惑设计，加长时间，以他律与自律并举来进行。其目的是使青少年牢固树立积极建设性的价值观念，加强免疫力来抵抗一切负面的诱惑，从而将一切科学人格全部内化在自己的科学人格系统里，最终获得一个推动自己向自我实现提升的高速人格动力引擎。

---

① [加] 居伊·勒弗朗索瓦：《孩子们——儿童心理发展》，王全志译，北京大学出版社 2004 年版，第 545-554 页。

第五节 青春期人际关系和领导能力的培养

这一期在前两期的基础上,对准科学家人际关系的培养主要是针对如何选择益友,怎样妥善处理与他人的亲密关系以及矛盾和冲突,同时也要具有公平合理地调解和化解他人之间的上述矛盾与冲突的能力等。在领导能力上,应该进一步培养青少年具备如下能力:

1. 个人英雄主义的冒险精神

当群体面临困难或危险时,如果准科学家能将平时努力获得的多种狼性基本生存技能加以应用,及时解决困难或化解危险,准科学家就很容易提升自己在群体中的威望与达尔文高级生态地位,从而获得众人的尊敬与崇拜。当然,一切冒险都需要在理性评估自己能力的基础之上,切不可贸然行事,以免发生意外。

2. 具备独特敏锐的洞察能力

这种能力也是经过长时期的科学教育培养而成的。具备它,就能迅速发现和找到解决困难或问题的关键,从而获得成功。当准科学家的这一能力处于鹤立鸡群的地位时,其他人不得不佩服和服从。

3. 具有较高的受挫毅力

受挫能力是成功者具备的一种坚强意志能力,大多平凡者遇到困难或失败都会丧失再继续走下去的勇气。如果准科学家能够在长期的科学人格培养中,训练出这种坚忍不拔、敢于面对困难与挫折的坚强毅力时,那么,对于多数平凡者来说,这一举动是可望而不可即的,这将使之对你产生敬佩之感,从而甘心愿意受你支配而处于从属地位。

4. 统帅能力

这一能力也是经过长期的多种技能和智力等综合训练中发展出来的,是一种组织和管理能力。具备这一能力,将会使准科学家带领团队走向成功。

上述几种能力实际上都是在笔者所提出的各阶段的科学人格培养、中华雄狮精神培养和科学种子教育的综合培养中逐渐积累实现的。因此,扎实做好各阶段的科学教育,就能把个体培养出更多的综合能力。

第六节　青春期中华雄狮精神的培养

前几期各种严格的基本教育，使青少年具有了中华雄狮精神的价值观、各种狮性基本生存技能、狮性团队精神等的坚实基础。到了青春期，则应该向青少年注入德国民族的超人征服精神、日本的武士道精神、美国主宰世界而在方方面面都追求世界第一的卓越精神、英国的社会达尔文主义精神、俄罗斯既欧既亚的霸道北极熊精神之精华，最终塑造成一种推动中华民族进入世界强国队列的中华狮性民族精神，让我们为了民族复兴和成为世界强国而勇于去克服一切困难与挑战，并具有英勇的牺牲精神。

第七节　青春期性教育的科学训练方法

这一阶段，准科学家的性生理体征逐渐发育成熟，并伴随着性心理的同步发育，但这时他们的性心理仍未成熟，其相关的认知则显得幼稚，行为也不具强劲的自律性，再加上其自我中心主义的神话心理和各种诱惑使然，他们很容易激情冲动而发生不良性行为或被性侵害。

为了更好地保护我们的准科学家在这一阶段健康快乐地成长，科学的性教育、防止性侵害和被拐卖的教育显得更为紧迫。

据国内外专业未成年人保护机构对儿童性教育的方法，笔者经过整理、总结，并加入自己的研究成果，对此期准科学家的科学性教育和防止性侵害提出如下方法：

（1）在科学性教育方面，在前两期学习的基础上，进一步加深性生理解剖，使其意识到不良性行为引发疾病和怀孕等所造成的对自己身体、学习及前途的伤害、对家人和对社会的伤害等，主要采取集体参观、科学实验结果见证、现实受害实例等多维形式的教育。从对准科学家的认知、价值观塑造、行为规范和自律巩固等方面来实现。

（2）在防止性侵害方面，在前两期学习的基础上，进一步扩大各种受害事例的教训和悲惨结果来对准科学家进行警示教育，使其在生活中对自己的活动区域进行严格的规划，避免把任何空子留给坏人，并设计更多的"现实情境"来检测自己的行为是否安全，同时还需学习更多的对抗技能以防暴力侵害，由此确保自己顺利成长。

(3) 在防止被拐卖方面，在前两期学习和上述防止性侵害的基础上，设计更多的"现实情境"和应对更多的花言巧语来提升自己，不跟陌生人走，避免上当受骗，由此确保自己安全成长。

第八节 青春期多种负性行为的科学预防与矫治

笔者提出在儿童早期对儿童进行多种负性行为的提前预防性认知教育的目的，就是为了在儿童的道德发展关键期进行有效的科学教育，避免因传统教育在这一重大问题上的严重滞后，以及社会文化大环境中许多反社会文化对其产生严重的认知影响，使其认知被多种负面的文化价值观所替代，让成长中的儿童道德认知系统被负面的主流价值观占据，导致儿童表现出各式各样的负性行为。事实上，婴儿在出生后，并非天生就是好人或是坏人，而在于教育与环境的交互影响。

由于我国一直受传统落后教育的影响，至今正规教育还没有普及提前的科学道德认知教育。同时，又由于社会文化环境还有许多反文化因素影响着社会正文化，以及少数儿童监护人自身存在这样那样的行为、认知和教养问题，使得近年来我国未成年犯罪有快速上升的趋势。针对这一比较严重的社会问题，笔者将提出自己独特而科学的矫治理论。

人类个体并不是过了道德认知关键期就无法扭转其负面行为。大量的研究表明，人的大脑具有相当大的可塑性，个体的经历会影响其大脑价值观的改变。即是说，个体一生都具有可塑性，只是其所具有的可塑性程度随年龄的增长而逐渐减弱。对于未成年的个体来说，其可塑性是相当大的，但存在着某些生理上的个体差异。为此，笔者在这一节将对已经具有问题行为和犯罪行为的青少年，结合科学前辈的理论与方法提出自己的科学矫治手段，希望能对他们有所帮助。

一、反社会型人格障碍及特征

具有反社会型人格障碍的人对他人持惊奇性态度——非常漠视并会侵犯他人的权利，是一种常见现象。其特征如下：

（1）在15岁之前开始并且在成年期继续违法或有社会不支持行为的历史。通常反社会行为漠视在青春期比较明显。其形式有逃学、偷窃、恣意破坏公物、吸毒、离家出走或在学校存在严重不良行为。在成年期，其形式还包括卖淫、拉皮条、贩毒和其他犯罪行为。

（2）在工作、性关系、亲子关系或财务职责中没有表现出忠诚和责任感。有反社会型人格的人常常会抛弃工作、配偶、孩子和债权人。

（3）易愤怒和攻击性。有反社会型人格的人容易被激怒，他们愤怒的表达不仅仅是街头的怒骂，常常还会对配偶和孩子进行虐待。

（4）鲁莽和冲动。和"一般的犯罪"不一样，有反社会型人格的人很少进行计划。相反，他们常常采取的是没有目标的、寻求刺激的方式。他们会没有任何目标地从一个地方走到另一个地方，可以和任何一个人同床共枕，去偷一包烟或是一辆汽车，具体做什么，取决于在当时哪个最容易让他感到满足。

（5）漠视真理。有反社会型人格的人常常撒谎。

二、青春期反社会人格障碍的治疗理论与治疗方法

（一）反社会人格障碍的治疗理论

行为主义理论家认为反社会人格障碍是习得的行为类型，因此是可以改变的。

1. 技能习得、模仿和强化

除了技能习得，强化和模仿在反社会人格障碍形成过程中也发挥着作用。

2. 新的学习

行为主义学家在处理反社会人格障碍时采取这样一个假设：因为此障碍被视作不恰当的社会行为，所以患者需要接受社交技巧训练。

3. 认知观点

（1）错误的图式和信息加工。人头脑中使信息结构化的图式发生歪曲，因为错误的图式是"结构化的"或者被编进一个人正常的认知过程（Beck, Fretman, Pretzer et. al, 1990），所以这个人不会认为这些图式是错误的，相反，对被歪曲的信息产生了知觉，甚至产生了情境。他们证实了这些图式也会帮助一个人保住一份工作或维持其婚姻。这反过来会促使他或她对图式的投入，由此便会产生人格障碍。

（2）改变图式。因为认知理论认为图式是问题产生的根源，所以认知疗法的目标就是引导患者改变图式。如果人格障碍中的习惯已经存在很久且根深蒂固的话，认知治疗者一般不会完全推翻其图式，他们会选择更现实的目标让患者对图式进行修正、重新理解或者通过伪装加工来遮掩（Berk, Fretman,

Bretzer et. al，1990；Frecman，1989；Frecman & Leaf，1989）。

（3）社会文化观点。社会文化理论家强调作为反社会人格障碍背景的大规模社会过程——使不同群体处于优势和劣势的过程，心理学家应当改变社会，而不是努力改变它的受害者。

（4）神经科学观点。此观点集中关注那些可能促使反社会人格障碍形成的遗传和生理因素。①

（二）反社会人格障碍的治疗方法

对于上述多种人格障碍的治疗，笔者认为，对其治疗还必须在借鉴上述科学前辈的各种理论和疗法的基础上，加上自己的治疗观点。

根据上述反社会人格障碍者的特征，笔者对这些人格特征总结出以下一些共同特点：

（1）他们无法正确、理性地评估他人和社会的认知、行为是否正确。总有自我中心主义的认知特点，其思维和认知方法都趋于非理性，其认知狭隘、极端化，从而影响其社交。

（2）他们都趋向回避、躲避、反感、不信任、怀疑和拒绝与他人和社会的接触。

（3）他们在儿童时期几乎都受到不同程度的情感虐待。

根据这些特点，应从如下几个方面来治疗反社会人格障碍患者。

（1）首先从人格、尊严、自尊上给予他们必需的尊重，让其体验到来自社会的对他们优点、价值的真实认可，对他们采用无条件的积极情感关注，让其体验社会、人间的关怀、关心、关爱和支持的亲社会情感，让他们感觉他们所处的环境和社会是友好的、可信的，且对他们的身体安全和自尊都没有任何方面的危害。让他们多参加公益活动、道德模范的颁奖活动和各种爱心活动，同时还要设置许多真实的社会情境，让他们在获得多角度的社会认同、称赞和奖励的体验中，改变以前回避、躲避、反感、排斥、不信任、怀疑和拒绝社会的错误认知和思维模式。

（2）对他们进行西方自然哲学的认知教育和多门自然科学的知识教育，让其理解和懂得哲学方法论和理性主义的基本原理，批判非科学的形而上学和自我中心主义的错误世界观、人生观和社会价值观，从而改变其错误的世界观。

---

① ［美］皮特里：《动机心理学》，郭本禹等译，陕西师范大学出版社 2005 年版，第 198 – 203 页。

(3) 让他们学习多种体育运动、文艺表演、创作和各种社会实用技能，让他们在这些实际操作中对这些事物产生兴趣与爱好，从而获得成就感、满足感和幸福感，以增强他们的自信、自尊和自我效能感。

(4) 让他们参加科学实验活动、野外科学考察活动，并参观多种科学成果展览和学术交流等活动。让他们在自己的操作、实验、观察和体验中，学会用理性和科学思维来观察分析、思考和解决实际问题的能力。以此来改变以前的种种非理性的认知与思维模式。

(5) 对他们进行人际关系的技能训练。让他们懂得怎样去正确理解和评估他人认知和行为对自己并非不友好或敌意，并在和谐、友好的朋友氛围和情感联系中体验到愉悦、快乐、开心、信任、支持和幸福的亲社会情感力量。

三、青春期药物使用和成瘾的生理与心理特征

世界卫生组织将药物成瘾界定为"重复使用药物而产生周期性或长期的极度兴奋状态"。

药物滥用指过量使用一种药物的倾向：超出医生指定的剂量或者超出对身体和心理产生不利影响的最大负载量。它也指不顾及作为社会成员所需要的行为而不加鉴别地使用药物的倾向。

精神药物影响情绪、意识或者两者兼有，它可能是处方药，如安定；也可能是非处方药，如大麻。由于这些药物可以改变心理机能，因此人们往往使用并滥用它。

大多数药物会在体内引起许多生理变化和化学变化，导致正常的身体技能被改变，因此需要更大的剂量才能维持正常的健康状态。一般认为这种药物依赖状态是生理上的。如，一种药物可能产生非常明显的欣快感或普遍的幸福感。一旦任药物剂量自然发展，使用者可能会体验到强烈的抑郁或焦虑情绪，因此需要更多的药物才能恢复到正常的心理状态。这样，使用者会对药物产生依赖，尽管其主要指标是心理的（Nutt，1996）。

要达到同样的心理效果，人们常常需要逐渐增加对特定药物的使用量，这一过程叫耐药性。有证据表明，许多药物的耐药性是由它们产生的生理变化引起的，容易使人们产生依赖（Nutt，1996）。

戒断症状指停止使用或吸食药物之后所产生的生理和心理症状（Nutt，1996）。阶段症状通常表现出颤抖、头痛、痛苦、抑郁或焦虑等；海洛因能让人产生松弛甚至昏睡的状态，一些人发现它干扰了他们充分享受产生唤醒行为的能力，如爬山、骑车、跳舞等行为。可卡因能让人产生烦乱、焦虑甚至偏执

的症状，有些人发现这与他们安全、安心和放松的需要背道而驰。研究表明：持续用药的动机部分在于避免停药后所出现的负面症状或状态（Nutt，1996）。

痴迷指摄取一种或多种药物的强烈欲望以及对获得和摄取一种或多种药物的专注，即只注意和考虑如何获得药物以及摄取药物所带来的快感。这种专注可以导致药物使用者对其他重要事情的忽视，如忽视工作、家庭和朋友等。

药物使用与药物成瘾是两个不同但又相关的问题，许多人用药若干年但未成瘾，但有些人短期用药就会成瘾。这是为什么呢？

趋近动机。使用药物来避免有害或负面情绪状态（如焦虑和抑郁）的人看来是使用药物加强已有正面情绪状态，即他们比寻求刺激的人更易成瘾。科尔布1962年的研究为这个普遍原则提供了基础。他指出，两类人吸食药物：享乐主义用药来获得愉悦，神经症者用药来缓解焦虑。

回避动机比趋近动机更强烈，更有力。研究指出，这是因为回避动机常常传达对生存有威胁的信号。结果，我们对那些可以逃避受威胁状态的反应就学得很快，止痛药和抗焦虑药易于成瘾就是用这个普遍原则进行解释的。

从生物成分方面来讲。大多数药物都能激活多巴胺系统。边缘系统之内存在一个通路（阴性强化刺激通路）。它从背盖腹侧区开始，通过横核到达前额皮层。所有被滥用的药物，包括海洛因、可卡因、大麻、酒精和尼古丁等都会使得横核或前额皮层或者两者都释放多巴胺，这样，多巴胺在实际上的聚集会使其增加到远高于正常的水平。其主要后果是使得阳性强化刺激长时间保持激活，从而使用药物者长时间体验到欣快。[1]

四、青春期药物成瘾的科学戒断方法

这是一直困惑整个社会的问题，目前仍然没有比较有效的帮助成瘾者彻底戒断的方法。在此，笔者借鉴多位科学前辈的研究成果，提出从多角度来对成瘾者进行认知、行为等方面的尝试性矫治方法，希望能够对成瘾者戒断药物有所帮助。首先，让我们来看看科学前辈们的解决方案：

（一）愿意改变

人们通常要戒除成瘾，是因为此类事情会带来离婚、失业或者诉讼的威胁。研究已经表明，大多数人都在将改变的需要内化时才会改变，这称作"愿

---

[1] ［美］皮特里：《动机心理学》，郭本禹等译，陕西师范大学出版社2005年版，第217-222页。

意改变"。愿意改变不仅仅是改变的意向，由于放弃药物很困难，它还涉及别人的帮助（Diclemente，1999）。

（二）能够戒除的信念

认为自己可以戒除是最重要的因素之一。如果认为自己能通过正规方案来戒除，那么你将责任交给了外部的动因。如果失败了，这是方案的错，而与你无关（Bandcna，1999；Diclemente，1999）。

（三）发展自我效能感

当人们自己承担设计方案的责任并获得成功时，他们的自我效能感就会提高，即使是小小的成功也可以提高自我效能感。当自我效能感提高时，人们就会强化自己最初"我能戒除"的信念。感觉到的自我效能感对药物成瘾的所有阶段都施加影响——做出改变的决定，设计改变的途径以及克服复发问题（Bandura，1999）。

（四）学会对失败进行解释

由于复发很平常，因此可以预料失败后的自我效能感会被削弱。自我效能感是否削弱取决于如何对失败进行解释，如果将失败解释为设计方案的不足，而不是他们自身或他们戒除的能力，他们就学会如何集中于此设计并对其加以改进，指出这一点是很重要的（Cohen et. al，1989）。

（五）改变已有的自我观

若干不同的方法已经被提出来以帮助人们产生更积极的自我观，从而使人们能更好地应对放弃药物使用的问题，这些技术的范围从写下自己要成为什么样子直到从逻辑上面对消极的自我观（Linchen，1997）。

（六）珍视健康

如果人们珍视自己的健康，就更不可能使用诸如酒精和尼古丁之类的药物，因为它们对健康不利。有些人在年轻时代大量饮酒或使用药物，后来突然减少摄入或完全戒掉了，这样的事例屡见不鲜（Peele，1989，1998）。

（七）发展新的活动兴趣或重视活动

如果人们重视自己的工作、家庭以及所从事的各种活动，他们通常会节制饮酒或吸食药物，以更好地享受这些事情。如果生活中充满自己所珍爱的活动，就没有什么理由再去吸食药物了（Cox，Klinger，1988；Peele，1998）。

（八）随着成熟而减退

一般情况下，随着年龄的增长，人们往往会减少用药量或者完全停止用药。[①]

笔者认为，除上述科学前辈的方法外，还应该同步配合下列方法：

1. 无条件积极关注

成瘾者往往在情感上受到家庭以及社会的虐待、排斥甚至暴力，他们比较需要家庭和社会的关爱。因此，家庭和社会的共同关注，对处在戒断痛苦中的成瘾者是很有必要的。它有助于成瘾者自尊、自信、人格和自我概念等的重塑，同时也是消除其习惯性消极对抗心理的好方法。

2. 给予成瘾者的社会性人格、尊严、自尊、自我的尊重

成瘾者长期以来在这些方面几乎没有得到家庭与社会方面的真诚尊重，这是造成成瘾者反社会消极人格形成的重要原因之一。如果家庭和社会对成瘾者给予真诚的尊重，并对成瘾者的合法权利与利益存在表示认可，这会使成瘾者重塑自我价值的信念得到提升。当一个人感觉自己对于家庭和社会有一定的价值时，他就会产生积极的存在感，并愿意听从家人或亲朋的劝导，也会对自己的不良习惯产生悔恨的负罪感，由此引发改正的动力。

3. 社会技能的培训

成瘾者大都不具备较好的社会技能。由于不具备这些技能，他们在社会上不被人们尊重，处处受到鄙视，以至于自信不足，形成破罐子破摔的心理。如果他拥有一种较好的社会技能，通过展示技能，他就会重新获得社会的尊重。当成瘾者真正获得社会的尊重后，他就会感觉自己被社会认可，并有存在的价值，有了这种价值感，其自尊、自信、人格、尊严、自我概念等就会得到提升，这将激活其大脑内部自我激励系统而使其变得积极，如果这一行为得到进一步的正强化巩固，他就会产生其他建设性的行为来获取更多的社会赞扬和奖赏。因此，培养成瘾者的某种社会技能是一个非常重要和关键的一环。

4. 厌恶疗法

厌恶疗法是采用条件反射的方法，把需要戒除的目标行为与不愉快的或者惩罚性的刺激结合起来。厌恶性条件反射通过消退目标行为对患者的吸引力来达到使症状消退的目标。根据这一原理，结合经典条件反射，在治疗成瘾者对

[①] ［美］皮特里：《动机心理学》，郭本禹等译，陕西师范大学出版社2005年版，第267–276页。

药物依赖时，可利用成瘾者比较恶心、反感的气味、味道或使之恶心的视觉想象物或引其呕吐的敏感性物品来作为惩罚性刺激。这需要设置一种"正常情境"，即让成瘾者在戒断期间，偶然性地获得他渴望的依赖性药物，让其吸食，然后，让治疗者立即进入房间，但装作并不知道其在吸食依赖药物，只是按治疗程序给予其每天服用的药品而已。实际上，就是给予成瘾者最为讨厌或恶心的气味、味道或恶心的视觉想象物或引起呕吐的药物，让成瘾者马上恶心而呕吐。当成瘾者呕吐后到第二次进行这样的厌恶治疗前，不准成瘾者偷食他藏匿的依赖药物。等到成瘾者下一次偷食后，又继续这样的厌恶疗法。多次后，这种恶心就会使成瘾者形成一种经典的条件反射，即当他吸食依赖药物时，就会自动产生恶心与呕吐的现象，由此可迫使其对吸食依赖药物产生厌恶的心理，从而成功戒断对药物的成瘾性依赖。

五、青少年问题和犯罪生理与心理特征

（一）青少年生理导致的问题

1. 注意障碍性多动

其特征是不能集中注意力、冲动、难以忍受挫折，通常表现出不合适的行为。最常见的症状包括：在完成任务、遵照指令和组织工作方面一直有困难，不能观看一个完整的电视节目，频繁地打断别人或说话过多，往往在听完所有指令之前就开始某项任务，很难等待或保持就座，坐立不安，扭曲身体。被诊断为注意障碍多动症的儿童，身体活跃，容易分心，很难关注某项任务或朝着既定目标努力，自我控制力非常有限，他们就是一阵活动旋风，耗尽父母、教师甚至同伴的精力和耐心（Nigg, 2001; Whalen et. al, 2002）。

2. 学习障碍

很多就学儿童并没有明显的情感和身体上的困扰，也不存在智力落后，然而，却在一个或多个领域经受着严重的学习困难。这些儿童通常被描述为具有"学习障碍"的个体。其症状是：①注意力不集中（注意范围窄）；②躁动不安；③活动过度；④情绪不稳定；⑤视觉性记忆损伤（在回忆字词形状上表现出困难）；⑥动作问题（在跑、打球、砍削、书写等动作上表现困难）；⑦发音或听力混乱；⑧具体学习上的困难（读、写、运算）。但最常见的是与阅读有关的"发展性阅读障碍（也称"朗读困难"），其主要特征是在识字和对所读内容的理解方面存在困难（ApA, 1987）；另一个具体的学习障碍是"发展性数字障碍"，其基本特征是在数字运算技能上出现明显损伤，通常在计算问

题上得到最明显的体现（在加、减、乘、除方面表现困难）（ApA, 1984）；还有一种就是"加工障碍"，这与基本心理过程的缺乏有关，如知觉（一些学生搞不清音似字词或形似字词的区别）、记忆（有时明显表现在对所学问题进行概括有关的问题上）以及注意（这种情况被称为"注意不足性失常"，有时与躁动不安、活动过度、低挫折承受力以及注意力分散等联系在一起）。①

（二）青少年品行障碍

一些孩子似乎无视他人的权利。他们和别人争吵，威胁欺骗他人，偷窃他人的物品，也可能做不顾后果的行为。品行障碍有的侵犯他人或动物（恃强欺弱、打架、行凶抢劫、强奸），损毁财物（破坏他人的或公共财产、放火），欺骗或偷窃（撒谎、冒充顾客进商店行窃、破门而入）和其他违反规章的行为（逃学、离家出走）等类型。研究认为，青少年品行障碍一般由下列因素引起：

1. 生物成分。根据伯科威茨的观点，挫折和其他消极情绪易产生攻击行为。当基本需要受挫时，攻击行为的发展就有了舞台。另一方面，受虐待的儿童往往更富有攻击性。

2. 习得性成分。（1）对威胁的反应。在不同的情况下，动物对威胁源有时进行身体攻击，有时则采取工具性攻击行为。人类也表现出相似的模式（Pinel. 1993）。（2）共情缺乏以及普遍较差的情绪发展引发了暴力的循环。

3. 认知成分。如果个体有精心养育自己的父母，有良好的指导和角色榜样，那么他们更可能形成以自我控制为特征的积极的自我概念；遭受父母暴力和接触到异常角色榜样的影响的个体会将自己看作牺牲品。

4. 攻击与犯罪。

（1）犯罪的整合理论。其人格特征包括：①及时满足愿望的需要；②避免付出大量的时间或精力（挣钱而不工作，性交而不求婚）的愿望；③对令人兴奋的、刺激性或冒险性活动的偏爱；④对人际或经济上事物（如投资）缺乏长期的投入；⑤缺乏计划性；⑥对他人的痛苦或不愉快反应迟钝（Gottfredson. & Hirschi, 1990）。

（2）攻击与自尊。大量的证据表明：攻击和暴力与高自尊的形成有关。研究者提出，攻击和暴力与以自我为中心有关。以自我为中心指肯定的自我评价以及对这种肯定评价的偏爱，不管它们是合理的还是言过其实的（Baumeis-

---

① ［美］皮特里：《动机心理学》，郭本禹等译，陕西师范大学出版社2005年版，第387－399页。

ter Smart, & Boden, 1996. p. b)。

（3）酒精与攻击。酒精会使人产生良好的自我评价。因此，醉酒的个体有较强的攻击倾向。

（4）袭击。因为袭击而坐牢的个体通常有良好的自我评价。研究表明，他们之所以袭击是因为他们非常容易将他人的评论看作侮辱或贬低（Berkouitz，1978）。

（5）欺侮。爱欺侮他人的个体对自己的自我评价似乎很高。欺侮行为看起来是一些个体确保他们高人一等的一种方式（Dlweus，1994）。

（6）强奸。有证据表明，强奸者有男性优越的信念，而且，有研究发现，对强奸者自身的威胁会突然引发某种形式的强奸（Groth，1979）。

（7）家庭暴力。大量证据表明，虐待妻子的丈夫通常赞成传统的家庭观——尤其是男性的特权与对家庭的责任（Gondolf，1985）。

（8）长幼虐待。虐待者的攻击与其强烈而受到威胁的自尊模式相一致（Baumeister. et. al，1996）。

（9）暴力帮派与青少年犯罪。研究者认为，"暴力的年轻人看起来确实相信他们比其他人要好，但他们经常发现自己所处的情境对这些信念提出威胁和挑战，在那些情境中，他们往往会攻击他人"。①

六、青少年问题和犯罪行为的科学矫治

对于暴力犯罪个体矫治的观点，托克1993年指出，暴力罪犯通常缺乏对环境中的人和事件进行控制所必需的社会技能，他们往往会使用暴力作为弥补这一缺陷的方式。另有理论认为犯罪人自我控制力低（Gottfredson & Hirschi，1990）。托克认为，教会身体上富有攻击性的罪犯对环境中的事件进行控制的恰当社会技巧，会减少他们对他人实施身体攻击的倾向。②

事实上，犯罪心理的形成是由于犯罪个体在社会化成长过程中，不断积累对现实种种自我感觉不公以及威胁的消极反抗。

针对上述青春期青少年出现的各种问题和攻击行为，笔者提出以下几个方面的科学矫治方法：

---

① ［美］皮特里：《动机心理学》，郭本禹等译，陕西师范大学出版社2005年版，第312－323页片段。

② ［美］皮特里：《动机心理学》，郭本禹等译，陕西师范大学出版社2005年版，第387－399页。

(一) 培养青少年正确的社会竞争人生观

根据上述科学前辈的研究理论，引起攻击和伤害行为主要由8个方面的攻击源驱动。我们发现，猎食性攻击、雄性间攻击、领地攻击、母性攻击、与性有关的攻击，属于本能性的攻击行为，生物基因成分较大，具有生理本能性的特点；恐惧引起的攻击和受激惹的攻击属于利益受损的保护性攻击，生存竞争性成分较大，具有情绪诱发性的特点；工具性攻击属于经验获得有赏性的攻击，精神快乐享受追求成分较大，具有认知习得性的特点。

(二) 对于人类生理本能性和生存竞争性的攻击行为化解：建立起遵守社会公平规则的认知

遵守社会公平规则的认知，是人类个体人生观、道德观、爱情观和社会公平竞争法则的立体多维价值观的建立，并能与社会真实的公平环境相匹配的心理认同感。因为个体的价值观如果受到社会现实非公平的挑战时，他将产生愤怒而导致攻击行为。显然，个体各种人生价值观的建立与社会竞争环境的打造应当是匹配的，这样可使个体获得公平感。当然个体感到环境是公平时，他就丧失攻击的理由和行为动机，并愿意遵守和服从其认为是公平的规则。因此，在化解青少年的生理本能和生存竞争性的问题或攻击行为时，应重塑其人生多种价值观，尤其要改变他所遭遇到的对他的生存竞争有威胁或伤害的现实环境，尽量降低社会环境和社会竞争中的种种不公平所导致的危机，这样才可能使其感觉到现实不会对其产生任何威胁，并能避免其因受任何威胁而产生攻击行为。

(三) 对于人类习得性精神快乐享受追求的问题和攻击行为的科学矫治

1. 避免效仿榜样角色

当今中国的社会艺术文化中，充满着大量的影视暴力、游戏暴力、色情暴力内容。比如：在武侠小说中，游侠们自由闯荡江湖，用令人羡慕的高强武功报"仇"雪"恨"，伸张"正义"，还有一批美女死心踏地地爱着他们；他们或是风流倜傥、潇洒英俊、出手大方、杀人如麻、手段残忍，并且是具有绝对的支配、控制权力的黑社会老大；还有穿插的露骨的色情描述等，这些银屏"现实"，形成强大的诱惑力，使青少年个体迅速产生崇敬、崇拜、羡慕的渴求心理，激励了一代又一代的青少年追求和模仿。近年来的某些儿童动画片，从头到尾的剧情都精心设计了各式各样的暴力场面。据媒体报道，2016年2

月15日，大年初八，一位10岁的姐姐模仿动画片中的人物用电锯锯伤了妹妹的脸；一个10岁的小男孩用电锯将自己的脖子据伤，差点就碰到了静脉；一个2岁的小男孩模仿动画片中的人物用斧头砍伤了自己的手指；7岁的小男孩模仿动画片中的人物改造电扇，左手搅进了高速风扇；还有两男童模仿烤羊，全身被烧伤；等等。可以预见，这样的暴力榜样将会对这一代孩子造成极为严重的影响。悲哀的是，目前有关部门还未重视。事实上，这些暴力文化已经成为中国目前青少年犯罪的重要诱因之一。心理学研究认为，儿童成长过程是一个学习模仿社会榜样的过程。儿童时期正是其人生多种价值观形成和塑造的时期，他们很容易受到某个或多个社会榜样的影响，可儿童还不具备对社会榜样做出正确道德判断的认知能力，当影视出版物的暴力榜样成为儿童正常公开的信息源时，儿童会误认为这些榜样行为是被社会认可的，于是，他们的一些并不稳固的社会道德价值观，就会被影视出版物中榜样的暴力行为所代替。实际上，在我国，由于上述各种暴力性社会艺术文化，以铺天盖地、多渠道和多形式的出现，青少年、儿童被这些负面价值观持续进行着强化，当这种强化发生质变时，家庭、学校和社会的反对已经是正不压邪了。

2. 避免成人虐待孩子而造成的循环暴力

暴力循环理论认为，被父母虐待的孩子，也会用暴力去对待其他人甚至自己的孩子，由此形成一种暴力循环。前面我们讨论过，对孩子的情感虐待，无论是打骂或是侮辱嘲讽，都会对孩子造成很大的伤害。持续性的结果就会使孩子形成许多负面的人格因素，最终导致其形成某类负面的人格模式。为了给孩子塑造正面的科学人格，父母、照看者和教育者切忌打骂和侮辱、嘲讽孩子，应当对其无条件积极关注，施予热情与更多的情感帮助。

3. 培养孩子解决社会冲突的能力

孩子与同伴之间在生活中往往会因为多种因素而发生冲突，这是比较正常的事，但关键是如何利用一些技巧来建设性和有效地解决这类冲突。笔者认为，应培养孩子以下几个方面的技能：

①培养孩子的沟通和说服能力。包括和悦的说服态度、尊重他人、公平价值观、互惠互利原则、因果关系分析、权威榜样的说教等。具有这一能力后，孩子在与他人发生冲突时，可以以理服人来解决冲突；②培养孩子的应变能力，包括遇突发事情时沉着冷静的能力、具有控制冲突进一步升级的能力与技巧、求助成人来帮助自己的能力。具有这一能力，孩子可以灵活地对突发事情进行掌控和化解；③培养孩子的社会交际能力，包括遵守公平、平等和正义的准则，具有建设性和利他性的人格因素，从而获得人际吸引力，兴趣广泛并能与他人分享，等等。具有这一能力后，孩子本身就会形成自己较大的朋友圈，

有朋友就会随时都能获得同伴支持而避免受到伤害。

利用上述三个方面对问题的预防和犯罪个体的培养，使犯罪个体的人生观、道德观等认知与行为同步发生改变，加上对实际社会公平环境的改善，再培养其多种社会技能来提升其自尊、自信和自我价值，从而培养和重塑其人格系统，最终就有可能成功拯救犯罪个体，促使其变成一个积极向上的建设性行为个体。

第九节 青春期科学实验室设置

这一期应在前几期的基础上，增加高中物理中光学、力学、电学高级，化学、生物学、心理学、体育、音乐、绘画中高级等方面的实验设备，多种工具、原料等。目的是要让准科学家们在老师的指导和帮助下，继续进行高一级自助设计式的创新科学实验活动。同时，也由于准科学家们经过幼儿期、儿童期和青春期的多种狮性基本生存技能的训练，已经具备了在大自然中克服多种困难、解决实际问题、战胜多种自然灾害和多种险境的基本能力。更由于经过上述多个时期的民族性科学人格和中华雄狮精神的培养，已具备了高素质的科学人格要素和勇敢探险探索的民族雄狮精神以及自我保护能力，因此，准科学家们就可以到野外去挑战自然的各种逆境、险境和凶境，去探索大自然的神奇现象，并进行多种多样的科学考察活动，由此去发现大自然的多种本质规律，为准科学家们未来在科学上的创造创新打下坚实基础。

第十节 青春期智力发展与创造创新思维与能力的科学教育

一、青春期智力发展的生理与心理特征

青春期使青少年有更强的独立性，他们越来越倾向于坚持自己的权利。这种独立性，从一定程度上来说，是大脑变化的结果，其变化为青春期认知功能的显著进步铺平了道路。随着神经元数量的不断增长，它们之间的联结变得越来越丰富和复杂，青少年的思维也变得越来越复杂（Thompson & Nelson，2001；Toga & Thompson，2003）。

大脑在青春期阶段产生了过量的灰质，这些灰质随后会以每年1%～2%的速度被修剪，髓鞘的形成（神经元细胞被脂肪细胞所包围的过程）使得信息传递更有效率。灰质的修剪过程以及髓鞘的形成对青少年的认知能力发展都有重要作用（Sowell et. al, 2001; Sawell et. al, 2003）。

在青春期有着显著发展的一个特定脑区是前额叶。前额叶要到21～22岁时才能完全发育成熟，前额叶是人们进行思考、评价和做出复杂决策的脑区。前额叶也是负责冲动控制的脑区。前额叶发育完全的个体可以很好地控制自己的情绪，而不是简单地表现出愤怒或狂暴等情绪。由于前额叶在青春期发育还不完全，冲动控制能力还不是很好——导致了一些具有青春期特点的危险行为和冲动行为的出现（Weim Boger, 2001）。

通过逻辑的形式，青少年能够抽象地思考问题，而不再局限于对具体的术语的理解，他们可以通过进行简单的实验和观察实验的结果系统化地检验自己对问题的理解。

青少年可以进行形式推理，可以从一般的理论出发，演绎出在特殊情境下对特殊结果的解释。他们先提出假设，接着检验这些假设，这种思维与早期认知发展阶段的区别在于：这种能力开始于抽象的可能性，然后应用到具体的情境中；而在此之前，儿童只能解决具体情境中的问题。

青少年在形式运算阶段还能使用命题思维，命题思维是一种在缺失具体例子的情况下使用抽象逻辑的推理形式。如，命题思维使青少年明白，如果某个前提是正确的，那么得出的结论也一定正确。如：

所有的男人都是凡人。	【前提】
苏格拉底是男人。	【前提】
因此，苏格拉底是凡人。	【总结】

青少年不但能够理解两个正确的前提能够得出正确的结论，还能够对更加抽象的前提和结论进行相似的推理。如下所示：

所有的A都是B。	【前提】
C是A。	【前提】
因此，C是B。	【结论】

"信息加工理论"为理解智力发展提供了新的指向和重点，信息加工理论主要关心认知的三个重要方面：知识库的获得、信息加工策略发展和元认知技能的发展。

知识库由概念、思想、信息等构成。刚出生的婴儿有很少的知识，一个人的知识库的建构是通过其成长发育过程中获得经验知识来进行的。最后，我们习得的一切构成了我们的知识库——我们记忆的全部内容。学校做了大量的工作来扩展和组织我们的知识库。

信息加工策略是在学习和记忆过程中所使用的方法,它是建构知识库的工具,它包括学习的策略,如组织、复述使得经验经过编码而进入长时记忆中得以储存,它也包括记忆的策略。

元认知是指认知者对认知、记忆的感受,以及意识到自我是一个信息加工者。随着元认知技能的发展,儿童的分析能力、对成功可能性进行预测的能力、改变策略的能力以及评价和监控能力也随之提高。①

总之,信息加工理论从以下三个方面对认知发展进行了描述:①认知内容(知识库的增加表现在具体的认知以及信息条目之间的关系和联结的增加);②加工能力(记忆力和注意力的提高以及更多高级策略可用性的提高);③元认知技能的变化(对自我作为一个信息加工者的意识水平的提高,以及对正在进行的认知活动进行检查、批评和控制能力的提高),这些变化使得青少年更可能成为专家,但它们并未减少青少年的自我中心主义。

二、青春期智力发展和创造创新思维与能力的科学教育

这一阶段,随着青春期的到来,准科学家的大脑又开始新一轮的迅猛发育,随着神经元数量的不断增长,它为大脑中更多未知的神经联结提供了条件,加上过量灰质的产生和髓鞘的形成,使得脑细胞的信息传递更为有效,这对准科学家认知能力的发展具有重要作用。同时,在青春期大脑有着显著发展的是前额叶这一特定脑区,前额叶既是负责情绪冲动控制的脑区,又是个体进行思考、评价和做出复杂决策的脑区,由于前额叶要到 21~22 岁才能完全发育成熟,显然这一脑区发育中的多种神经联结还存在着更为广阔的开发空间。实际上,根据神经心理学以及皮亚杰和其他发展心理学家的理论,这些未开发的神经联结正是准科学家正在发育的创造性思维大脑神经联结。可见,这一阶段的进一步认知教育是非常关键和重要的。

这一阶段准科学家由于经过前几个阶段的跨学科背景知识、科学实验、智力、逻辑思维的认知教育和训练,他们已经具备了跨学科背景知识体系的知识库,其思维方式已经从童年早期的直觉思维,进步和转变成童年中期的逻辑思维,再到现在已经开始一定程度的理性思维,这使得准科学家开始拥有创造性思维和能力的基础能力。

---

① [加] 居伊·勒弗朗索瓦:《孩子们——儿童心理发展》,王全志译,北京大学出版社 2004 年版,第 533-537 页。

为了进一步培养准科学家拥有新的创造性思维和能力，为其将来攻读学位、打下坚实的基础，还需对他们进行以下几种能力的培养：

（一）培养准科学家的深度自学能力

经过从出生到现在的系列跨学科背景知识、各种身体技能、科学人格、民族精神、多种智力、科学理论和科学实验操作能力等多维能力的科学教育和训练，这些准科学家已经具备了上述多方面扎实的理论与实践的技能。我们知道，人类个体要探索如此广阔和深度的跨学科背景知识海洋，不能总是靠教师资源和教学资源作为学习的脚手架。其实，无论任何人才，在学习过程中，都必须要使用自学这一技能与之匹配学习，从而使学习达到一个较完美的过程。

对于宇宙般广阔和深邃空间的探索与研究，特需要个性化特点的独立发展人才来自由进行和完成。自学过程实际上就是一种自我探索性的学习，它需要自学者在学习探索中去理解、融会贯通、记忆和逻辑推理，获得成就并总结出自学的种种规律。自学成才者往往都是靠这一技能获得更多的知识结构的。其实，在科学发展史上，几乎所有的科学家都是在以各种教学阶段为基础教育后的自由探索学习而成功的，甚至较多的自学成才者，都是发挥独立自学能力进行个性探究才获得辉煌的科学创造和发现成果的。在自学成才方面，达·芬奇、爱迪生、道尔顿、比尔·盖茨、苏秦、齐白石、聂耳、华罗庚等就是最为杰出的代表。再则，青春期的准科学家都有强烈摆脱父母控制而实现自我独立的生理和心理趋势，当他们在掌握这一积极主动的深度自学能力后，就像给已经具备的生物性科学人格动力引擎中添加助燃催化剂一样，他们被驱使着独立地去攀登人类大自然中那些无人涉猎的科学高峰。然而，传统教育却忽视了对这一重要技能的培养，因此，笔者在这里对青春期的准科学家提出深度自学能力的科学培养。

在传统教育中，除了标准或公认的解释或描述，其他仿佛都是不太重要的。这一点是我国传统教育一直不能开发学生积极主动理解，逻辑记忆一切知识的机械记忆教育的盲点。它限制了学生积极、主动、深度自学探究知识奥秘的积极性，反而把学生固定在生搬硬套的机械而落后的教育模式之中，使学生学习起来十分枯燥无味，记忆时既劳累又记不住，记住后又无法进行举一反三地逻辑推理和灵活运用。

科学教育的方法告诉我们，一切概念、观点、原理、定理、定律、理论和学说，都不是只有唯一解释，任何人都可以在原有基础上进行发展、扩大和创新。因此，在学习掌握这些知识时，主要是弄懂其中的科学原理和逻辑规律，并用自己的个性表达方式进行描述和表达，而不必去死记硬背。

那么，怎样培养准科学家的这一能力呢？

首先，准科学家在自学前需要确定一个渴望追求的目标。如，你想要了解哪些方面的知识；想弄懂哪一种内在规律或科学规律；想弄清哪种理论或解决什么难题等。有了这样一个渴望追求的目标，你就会形成强烈的动机去钻研知识，在这一探究知识的过程中，你的情感被深度地卷进去。这样，它就调动了你的热情、情感关注、钻研欲望、注意力、兴趣、意志、毅力、恒心等，这样就加强了你的理解智能、记忆取向和记忆深度。

在自学的过程中，当遇到不理解的新词汇、新概念时，应及时借助辞海、词典弄懂。这些新词汇、新概念很容易忘记，这没有关系，不需刻意去机械记忆，只要在阅读过程中，尽量用自己的语言、逻辑推理或想象去描述它们；如果无法用自己的语言描述时，再去查辞海、词典加深记忆。这其中主要是理解、分析其中的逻辑规律和因果联系，这样就能从本质与规律的深度弄懂它们。另外，在与他人的交谈、争论中，尽量使用你刚学到的新词汇和新概念，用它们解释、论述你的某种想法、立场或观点，进行实践性的复述记忆，这样就会把这些知识自然地融入你的习惯思维中，它将能巩固你对这一知识的长时记忆。

在看电视、报纸时，遇有不理解的新词汇和新概念，要及时查辞海、词典，因为往往在最想知道和理解的时候，最容易产生较深刻的记忆效果。还要把各种学科相似的概念、定律、定则、观点、学说、理论等进行分类、类比、区分，找出它们的某种逻辑关系与联系，并用自己的个性语言风格来描述它们。尤其是运用它们来描述、证明你的某种观点或理论，这样的过程你就能对它们产生深度的理解和记忆。

在自学过程中，一般要求准科学家对所学的学科书籍多阅读几遍。具体方法是：进行多学科的交替性学习。即先规划出这一学期应该自学几门学科知识，对某一学科进行第一遍阅读学习后，继续阅读学习其他学科的书籍，隔2～3月后，对先前学习过的知识再进行第二遍阅读学习。再隔2～3月后，再进行第三遍、第四遍阅读学习……直到自我感觉已经理解。

在自学过程中，还要不断地提出疑问和问题，希望在未来学习的章节中找到答案。也可以事先对那些书上所提出的某些问题，不管其对与不对，依据自己的知识结构水平给出种种答案。当在阅读过程中发现自己给出的答案有错误或不完整时，这时你对正确的论述会有较深和进一步的理解和记忆。如果你阅读完突然发现你的事先答案与书上的答案完全巧合，你会获得无比的惊喜和成就感，因为你居然与作者所想的一样。这种成就感会激励你在未来遇到更深的学术问题时，做出更多的判断与答案设想，激发你以更浓厚的兴趣动力和追求欲望,去深度探究、思考、分析、判断和攻克更多的知识难关。

这样的一个让人惊心动魄的成就感的获取过程,让准科学家可以在无比幸福愉悦的成就体验中,轻松地运用自己的知识结构和个性风格去解释和描述新概念、定律、定则、观点、学说、理论等,使自己对这些知识的本质、属性与规律有更深的理解,并用逻辑推理、联想记忆方式,去深刻理解和长时记忆这些超大内容的知识体系,由此掌握这种学而不厌的、积极主动的深度自学方法。

拥有这一能力后,准科学家就可以更加自由地在科学的海洋中遨游,去独立学习更多的跨学科背景知识,丰富自己的知识体系和知识库,并能独自探索奥秘、理论、规律,做科学实验加以验证,为进行未来科学发明的创造和发现,奠定十分扎实的基础。

(二)让准科学家们到野外去科学探险与考察

由于准科学家已具有许多理论知识和科学实验操作经验,在大脑发育上又处于形式运算阶段,同时已具备了多种高难度、复杂的运动技能、肌肉力量和安全意识,这些强大的基础已经可以支撑他们到充满危险变数的野外去进行挑战、冒险、探险和征服等科学实地考察了。这一实际科学考察活动属于科学实践活动,它把所获的理论知识、科学实验操作技能、身体的各种运动技能与大自然实际蕴藏的自然规律及特点,有机地结合、统一起来,为我们的最终教育目的——科学发明、创造和发现,形成非常关键和重要的创造性思维与多种能力的整合。

考察的内容包括对多种动植物的自然生态习性、生活规律的观察;数据标本搜集、分析和科学实验;对多种地形、地貌、岩石、土壤、地质结构、矿石、海洋、河流、沼泽、湿地、高山、气候、气象和生态群落等的科学考察,数据标本收集、分析以及科学实验;对天文的科学观察、认知、数据搜集、分析和科学实验……

这一阶段,还要让准科学家尽量多地参观国内外的科技展览会、科技企业、大型科学实验室等。与有成就的国内外科学家、专家、著名大学的学者们进行正式的学术思想交流、讨论,发表各自创造、创新的演讲,将自己的观点、创新、创造思维、科学研究、发明、创造、发现、理论和学说等与他们分享,并虚心聆听他们的意见、批评以及建议。还需要与他们保持经常的学术联系,以此促进自己的创造性思维与能力的同步和飞速发展。

此外,我国应设立一年一度重量级的科学大奖,这些活动应该邀请我们的青少年代表参加。还要专门开展多个年龄段的跨学科背景知识竞赛,以及关于科学人格系统、体育运动、艺术表演、科学科技发明、创造和发现的各类活动，营造浓厚的科学氛围来激励我们的青少年的社会化成长。

（三）培养准科学家广泛阅读与思考的能力

笔者提出的学习跨学科背景知识的观点，是作为科学种子教育体系的一个重要组成部分来提出的。古往今来，一切能为人类做出里程碑式学术贡献的学者，无一不是博学者。据世界各国公民年平均读书量的有关统计：2014年，韩国15本，法国24本，日本44本，以色列68本，俄罗斯55本，美国50本。而中国却只有4.77本。

美国开国迄今的43任总统中，有22位是爱书人，其爱书的程度，恰好与其治国的出色程度相符。就藏书量而言，老罗斯福达15000册，杰斐逊7000册，菲尔莫干4000册，华盛顿1000册……从美国历史的发展来看，爱书总统远较其他总统杰出，极不爱读书的两三位总统，其成就则排在最末尾。

据一位留学美国学生对中美两国在读书方面印象的观察描述：在美国，到处都是读书的人，飞机、地铁、公园、餐厅、广场，你所到之处一定有人正在阅读，不问男女老少。在中国，常常一整节地铁车厢都不见一个正在读书的人，大把的时间"贡献"给了手机里的连续剧、游戏或者微信朋友圈。

在美国读大学，高校课程要求每学科每周阅读量学习必须超过500页教材和期刊文献的阅读量，其任务数量庞大、内容精深，而且话题非常广泛，生词也会很多，阅读材料的文化背景会给你的理解带来挑战。不论你在出国语言、学术考试中拿到怎样的成绩，压力都是相当大的。敬业的美国教授们会不辞辛苦地把阅读任务里的所有细节一点点编织到你的期末考试里去，这不仅要求你阅读，而且还需在阅读中进行分析、思考和总结的综合运用。

怪不得在世界大学学术排名榜上，美国占据压倒性的优势，而且在前十名中，除了英国的剑桥大学与牛津大学外，其他全是美国的大学。关键是美国的这些大学所培养出来的学生，可以说是代表了世界各领域顶尖创造创新实力。

事实上，广泛阅读与思考是个体构建其跨学科背景知识体系最为重要的基础，在这一探索与发现学习的问题上，没有任何捷径可走。因此，笔者提出的科学种子教育体系的建构中，跨学科背景知识体系的建构是学习者必须掌握的一种基本技能。

其学习方法正是笔者提出的在深度自学能力的基础上独自进一步拓展知识内容。

当准科学家在各种智力、能力的基础上，具备广泛阅读与思考这两种能力后，我们接下来就可以对他们进行科学种子教育——创造性思维和能力的培养。

（四）准科学家的创造创新思维与能力的科学教育

科学思维的主要目的是确认因果关系，专家们主要从事特定的思考和行为。例如，他们有规律地进行仔细观察，收集、整理并分析数据；对空间关系进行测量、绘图和理解；注意并调整自己的思维；知道何时以及如何运用他们的知识来解决问题。

创造性思维与能力是一种伟大、神秘而令人惊奇的能力，它是人类在生物界中所具有的独具一格的能力，但这种思维与能力的产生是一个比较复杂的过程。

从哲学的角度，创造性指植根于人的存在结构之上的精神活动。"创造"是指个体一出生就具有的潜在能力，是人与动物相区别的根本标志。动物的一切活动都体现种内遗传所蕴含的特定化，而自然赋予人类的是未完成、未定形的，因此出现在文化世界面前的人必然是肉体的、未特定化和精神的创造性。人通过创造性确定自己的存在方式，实现"自我创造和自我完善"，产生丰富的个体样式和不同的精神文化。创造性包含两层意义：人的创造能力及结构，即创造之源、人的创造力运用其过程、创造对象的活动。

皮亚杰提出建构的概念，它指人的认知过程中图式或结构的形成与演变的机制。皮亚杰在研究儿童智力的形成时，认为智力既不是先天赋予的能力，也不是后天形成的联想或记忆，而是思维结构道德的形成和组织的过程，即思维能力、创造能力由低级到高级的发展过程。这一过程即建构的过程，表现外界到刺激引入原图式。顺应是在外界刺激后，主体改造旧图式以适应外物，形成新图式。

研究表明，人类个体学习和掌握的知识大多是由内在动机驱动的，来源于个体的好奇心和探究行为，最初激发个体的好奇心和探究行为是客观事物的新颖性和复杂性。登伯和厄尔1957年的探究行为理论是建立在有机体具有体验最具复杂性的动机这一假设之上，这样的表述被用来表征刺激包含了可以被加工信息的观念。该理论的一个主要特征是分距范围概念，他们认为，个体逐渐习惯或适应某种特定的复杂性水平（所谓的一种适应水平），并被推动去探究稍复杂于这种适应水平的刺激。

登伯和厄尔的理论以及许多其他的探究理论都隐含一种观念，即与环境刺激的相互作用能够提高能力，也就是说，个体的能力在探究环境的过程中得到了发展。

1. 如何培养创造创新能力

这些观点也证明了笔者提出的对准科学家进行深度自学能力以及在野外进

行挑战、冒险、探险和征服困难的科学考察教育观点的正确性。笔者的这一观点能培养准科学家在探究环境过程中获得较好的综合能力。

（1）对于探究动机。登伯和厄尔 1957 年认为，探究动机产生于好奇驱力。他们认为，好奇是由新奇性唤起，而新奇性是相对于旁观者而言，我们可能已经多次看到某一事物。但是当具有新的技能和能力时，我们会发现该对象的不同方面，这对于理解为什么人们常会转向探究以前曾经探究过或者做过的事情是非常有帮助的。更重要的是，随着技能的提高，人们会发现更多值得探究的新领域。

动机理论家逐渐将探究理解为个人—环境的相互作用，在此过程中，环境对个体提出了挑战，作为对挑战的回应，个体形成了各种能力。大量的研究表明，儿童在游戏中，很多社会技能会或多或少地自动出现。

探究行为的一个重要发现是，当个体感到焦虑时，探究也会同时减少或停止。对个体生物成分的研究发现，外倾性气质的个体与选择多样性、新奇性和复杂性的倾向相关联，而内向性气质的个体的上述倾向大大减弱或停止。

理论家们认为，人类有三种先天的需要：能力、关联性和自立性，其中能力和自立性构成了理解内在动机的基础。德西和瑞安提出，能力对于探究动机和应对挑战是至关重要的。自我决定理论的前提是，人类生来就倾向于对新颖性和挑战做出系统的反应，并在此过程中发展能力。当人们体验到自主感时，他们倾向于参与受内在动机驱动的活动，也就是说，去寻找新奇性和挑战，去拓展和锻炼能力，以及去学习和探索。当外部奖赏之类的事情破坏了自主感时，内在动机也倾向于降低或停止。为了增加内在动机，人们应该给予超出他们努力的更多控制，并被鼓励去内化群体的价值观。法利指出，睾丸激素在激发感觉寻求中也具有主要作用。

（2）在感觉寻求方面。研究者指出，感觉寻求和冲动都与单胺氧化酶水平呈负相关（Euckerman，1979，1993，2000）。单胺氧化酶水平在高感觉寻求者身上含量低，在低感觉寻求者身上则含量高。感觉寻求者的特征是：具有强烈的好奇驱力，并且为满足这种好奇驱力而甘愿冒风险。高感觉寻求者的吸引人之处就在于他们具有与众不同的人格。高感觉寻求者常比低感觉寻求者更易于反传统和反叛，高感觉寻求者很喜欢参加运动，特别是那些冒险的运动，他们会攀越高山、徒手攀岩、潜水或者高山速划，并很快地厌烦一项运动而开始尝试新的运动，他们总是以不同方式满足他们新体验的需要，对所有新形式的艺术活动持开放态度，他们的独立似乎产生于对新奇性和多样性体验的持久需要中。

富于创造性的人能够以新的方式和形式从不同的角度看待事物，并产生新的可能性和新的选择,以新方式看待事物的能力与思维的基本品性(如流畅性、灵活性和新异性,这些因素主要反映在个体解决实际问题时所具有的各种智力、能力以及产生新奇思想的过程,新奇思想特别需要超强的想象思维、发散性思维和多角度思维来共同支撑),对模糊和不可预见性的容忍,以及从新奇性获得的快乐有关,感觉寻求者具有上述所有品质(Farley,1986;Franken,1987)。

(3)创造性不仅与好奇和探究行为,也与感觉寻求——愿意做全新的和不同的事情等相联系。人们为什么会被驱动去从事创造性活动?原因至少有三个:①对于新奇性、多样性和复杂刺激的需要。满足这种需要的一种方式是,创造或发现刺激我们的感官(如新烹饪法、新艺术、新汽车)或者挑战我们的智力(如书籍、计算机或电影)的新事物。②交流观念和价值的需要。看到儿童因饥饿而奄奄一息的照片,我们会激发起对这一景象的同情心;为制造分歧,政治家撰写挑战我们信仰的著作,以促使我们去采取行动。③解决问题的需要。当遇到新的疾病或者事业出现危机时,我们寻找能给予我们希望的答案。

(4)创造性。创造性可以被定义为"产生或识别有助于解决问题、与他人交流以及使我们和他人感到愉快的观点、选择或者可能性的倾向"。

①创造性的生物成分。研究表明,创造性与右前额叶皮层的激活有关,右前额叶皮层能使我们不但将事物作为一个整体来看待,而且作为整体来加工处理。这种形象加工能力使得我们根据事件的排列和对象的形式去欣赏事物,并以全新的不同方式对其进行重组,即使年幼的儿童也会感到,将一种动物的头放在另一种动物的身上,或者将一种动物的脚放在另一种动物的身上是一件愉快的事情。当以新的不同方式重组事物而不是表征现实时,儿童可能会接近事物并探究发生了什么。

②创造性也与积极情感相关。研究发现,积极情感是由多巴胺水平的提高引起的,而且提高的多巴胺水平能增加认知灵活性,并使人们选择不同的认知观点,这就使人们以不同的方式理解事物。①

笔者曾提出在婴儿期培养"小宝贝"的积极情感很符合培养其创造性的发展。

综合起来,创造性的一个主要因素是动机。因此,创造性对每个人都是开放的,只要他愿意发展这种对于创造性的出现起重要作用的资源。创造性被认

---

① [美]罗伯特·费尔德曼:《发展心理学——人的毕生发展》,苏彦捷等译,世界图书出版公司2007年版,第374-377页。

为是一种经验流,是一种带来愉快和幸福的体验。同样,创造性似乎有其行为激活系统的基础,当人们感到焦虑和受到威胁时,是行为激活系统阻碍创造性的发挥。当生存受到威胁时,人们进行创造(对新的和新奇的事物感兴趣)往往就变得困难了。

③智力与创造性。研究表明,个体需要拥有多元智力以表现创造性。加纳1993年认为,人们在音乐、身体运动直觉、人际关系和个人智力等方面是有差异的。他还认为每一种智力都是与创造性活动的特定表现相联系的,如绘画、舞蹈或者心理学。

笔者提出跨学科背景知识体系的教育和多种体育运动、绘画、舞蹈、艺术表演等的培养,都符合对个体的创造性思维与能力的培养。

④体格与创造性。有研究表明:具有创造性的个体更倾向于独立、不墨守成规、反习俗,甚至放荡不羁。他们的特征是:兴趣广泛,对新体验保持高度开放性,有明显的行为和认知灵活性,以及更倾向于冒风险(Simonton,2000)。创造性个体更加神经质(Gelade,1997)。朱克曼1979年发现,感觉寻求者动机高者比动机低者更倾向于具有创造性。这表明,创造性有助于感觉寻求者满足他们对于多种性和变化的需要,对感觉寻求和创造性之间的交叉部分析发现,两者显然具有某些相同的深层机制。

笔者曾提出对个体进行科学人格系统的培养,也是符合个体发展创造性思维和能力的。

⑤心理氛围与创造性。有研究表明,当组织氛围为创造性努力提供心理支持并鼓励独立性活动时,科学创造也会增加,即是说,当一个团队致力于创造和革新,应奖励有创造性的个体,并努力提供任何保证人们进行创造的条件(Andrews,1975;Taylor,1972)。

有证据表明,在积极情感下,人们更容易具有创造性,积极情感似乎提供了认知组织,特别是增进了我们以新的方式重组事物以及理解分散刺激间的联系的倾向(Isen,Danbman & Nowicki,1987)。

笔者提出的培养个体的积极情感和成人对儿童的无条件积极情感关注相互结合,符合支持个体的创造性思维与能力的发展。

⑥逆向心理氛围与创造性。有研究发现,当面对逆境或需要面对陌生人时,个体会激发出高度的创造性(Simonton,2000)。这一研究表明:第一,当人们被迫去应对新的情境,即那些被视为多样性体验的事物时,他们不得不打破旧的思维和行动方式,他们会以新的方式思考,不再被过去的社会化所约束。第二,人们经常认识到坚持的重要性,特别是当面对逆境时(Simonton,2000)。

笔者在科学人格系统中曾提出培养个体的受挫能力和敢于挑战、冒险、探险和征服困难的人格因素，它能使个体适应逆境，并以坚强的毅力表现出创造性。

⑦自我意象与创造性。巴伦和哈林顿1981年将创造性与包括创造性自我意象的内在多种人格特质联系起来。他们认为，如果个体认可创造性，那么，他就会对生活中的不肯定因素更有忍耐力，或者他可能更容易保持开放的头脑，因为他已经认识到它们都是创造性过程中的关键因素。类似地，为了更具有创造性，他应将自己看作是反复的、独立的和有创造力的。为缓解批评带来的动力或降低对其敏感性，他可能采纳更为反习俗的态度甚至开始质疑传统。因为创造性要求潜心于自己的资料，他可能培养一种成就定向。根据这种解释，创造个体的特质就会随着时间逐渐显现，因为个体的期望放大了他们的创造性。

笔者在培养个体的科学人格系统中曾提出培养其积极的自我意象以及接纳他人批评和主动自我批评的人格因素，这也符合个体形成创造性的要求。

⑧早期经验与创造性。关于早期经验的研究表明，学习在形成人们的创造性人格中起着重要作用。首先，有研究指出，创造性的个体的智力水平似乎来自他们的家庭。重视智力发展的家庭易于产生更具创造性的个体（Mumford & Gustafson, 1988），其次，作为制造创造性个体特征的自主性和独立性也来自他们的早期抚养。如有研究发现，更具创造性的科学家很少服从组织和规则（Steim 1968），他们的父母也很少管束他们，而是尽可能地鼓励他们对于经验的开放性（Getzels & Jackson, 1962）。而且，家庭环境还培养他们作为创造性整体强烈的自我感（Froblinger, 1979），这一研究也认为创造性在很大程度上与习得的观点是一致的。

笔者提出的跨学科背景知识的提前科学教育，父母的权威性养育风格，积极的自我感、自主性、独立性的人格培养等，均符合个体创造性发展的需要。

（5）创造过程。让我们来看看构成创造性的一些重要成分：表述问题、知识、建构形象和类属的能力、综合的能力以及抑制判断的意愿。

①知识。为产生一种新的和替代的观念，我们需要有良好的信息或知识基础。观念并不是自发产生的，而是对信息进行综合的结果（Langley, Simon, Bradshaw & Zyekaw, 1986）。新观念通常是对已有观念的精心加工、拓展或新的应用。

知识基础为创造全新和不同的事物提供了很好的催化剂。为发明一只低成本的灯泡，爱迪生召集一群工程师系统地验证各种观念和原理。世界上最伟大的观念通常都来自那些接受过良好教育的人，这绝非偶然，美国具有众多的世界一流大学，其诺贝尔奖得主的比例远远超过其他国家。为了与美国竞争，日本采取了追求无止境的小革新的原则，这一原则也被众多国家所采纳。

②建构形象和类属。信息的碎片可被看作含有模式和成分的组群。如，当看天空时，对天空的思考会激活一系列与感官体验相关的细胞，能使大脑同时激活几种记忆和模式，并据此创建新的形象。如，我们能添加一些云，也许还能添加一架飞机，甚至在天空的表象中插入一条烟状的龙卷风。天空表象的每一步都会有很多大的变化，我们也能通过模式结合设想一种从未见过的形象。如果愿意，我们还能在天空中加入一只飞翔的大象。研究者认为，梦仅仅是大脑中几个同时激活的神经元的模式而已（Hobson，1988）。

诸如狗或银器这样的语言类属，可被看作一种模式，即使我们不能得到一种视觉形象，想到"狗"一词就能激活与界定相应类属的属性不同的动物。如狗、猫、熊和狼，很可能会激活动物或者哺乳动物的上位类属。

③综合。综合指将各成分组合在一起以形成一个整体。这个过程是如何发生的？有可能同时发生，通过我们所称的洞察力或者创造力，以一种逻辑的方式实现。我们注意到，早期的研究者将创造性描述为一种顿悟经验，这种现象可能是在人们突然认识到两种迥异的事物具有某些共同特征而存在相关的时候发生的。

在解决问题时，我们能使用侧向思维去产生各种选择方案。我们通常还利用过去的经验，积极地考虑多种可能性，而不是耐心等待一种观念出现。如果我们想从屋檐上取下皮球，可能会考虑各种可行性，其中最直接的方式是架设梯子。在没有梯子时，我们可能变得更有创造性并会积极考虑各种可能性，如扔石头砸中皮球使其滚下来，或通过从花园的水龙头引水把它冲下来，或爬到靠近屋子的树上并跳到屋檐上拿到它，甚至雇一架直升机，等等。显然，这些观念中的前几种比后几种更可行，我们可以从这些选择中选取一种。另一个侧向思维的例子是，随意翻开一本词典并开始读词语，希望这些词会刺激我们找到答案，这些词语用来激活大脑中的各种模式。

一是暂停判断。做判断会终止创造过程，也就是说，终止综合加工（Strickland，1989）。强烈坚持某观点的人通常很难具有创造性，因为他们倾向于做出仓促的判断，而这会缩短创造过程。

二是远距离联想。有研究表明，给予人们中等而不是远距离的词语联想会使人们产生巨大的创造性成就（Gough，1976；Mackinnon，1962）。在中等距离的联想中，词语之间具有某些交叉联系，而近距离联想中很少存在词语的交叉联系，会表征一种中等距离的联系。反之，水果的名称，如梨，则会表征较远距离的联想。想象一座金字塔与设计一座建筑之间的关联性并不困难，而与梨子的关联则不是很清晰。

根据德博诺1987年的观点，个体去进行远距离联想的训练能引发他们的创造性。如果解决这些练习的技能成为习惯，那么人们就能学会创造。

三是头脑风暴群体创造性。头脑风暴指的是观念的碰撞。通常，头脑风暴的一条原则是，任何观念都不能被看作是愚蠢的、荒谬的或者错误的。当鼓励人们在一种非判断的氛围中自由联想时，他们易于产生更多的观念。进一步讲，最初看起来愚蠢甚至荒谬的观念常会刺激更多实用性观念的产生，头脑风暴最初用于小组讨论以提高小组解决问题的能力，现在已成为企业和组织机构中一种非常流行的技术（Farr，1990）。

根据德博诺的观点，学会创造性的方式有：①通过学习并列信息或观念；②要学会控制拒绝将经由过去经验证明是不相关的两种事物并列的自然倾向；③留给自己充足的时间。

2. 培养创造创新能力的总结

综合上述科学前辈的科学理论，笔者关于科学种子教育理论体系的论述与科学前辈的观点、方法与理论相似，并且还发展了超出前辈们更大的创造创新空间。在宏观方面提出改革中国社会多种传统价值观来实现本土的科学种子教育体系，比如自然哲学思想、科学理性主义、逻辑主义、民族性科学人格系统、民族性新中华精神、狮性团队进攻文化、教育军事化及武术化、本土科学种子教育体系等；在微观方面，包括培养婴、幼、儿童监护人的科学教养方式，完人教育体系等；在多种智力方面，提出跨学科背景知识体系教育、逻辑推理记忆、探索发现和创造性学习、深度自学能力的科学教育、多种智力培养，以及把这些教育与科学实验操作和实际应用进行同步的科学教育。

显然，这一科学种子教育体系从宏观与微观的理论、观点与方法形成一个时空纵横的教育过程，使科学、理性和实践等维度有机地结合与统一，从而能培养出世界级顶尖创造创新的人才。

上述整体性的科学种子教育体系全方位的精心培养，使胚胎从着床开始，经历婴儿期、幼儿期、儿童期，一直到青春期，经过科学人格系统、中华雄狮精神、军事化武术化的各种狮性基本生存技能的训练、科学观察、科学认知、科学思维、科学方法、科学实验、科学理论，与实际运用相结合而形成多种科学智力、科学理性与逻辑思维，以及多种科学能力后，在他们的大脑中形成多种新的神经环路联结。

这些新神经环路联结丰富了准科学家的大脑前额叶脑区，使其展现出各自敏锐的逻辑思维推理发散、寻求联结的态势，笔者称之为逻辑思维的神经元。一旦有一个细微而科学规律启迪的信息火花出现，就会被传入这些大脑中的逻辑思维神经元区域，它将迅速激起逻辑思维神经元的启动，触发许多未联结的逻辑思维神经元瞬间地联结成一片，其因果触碰就会产生爆发性的灵感，从而引发创造创新的冲动和思维，由此引起科学发明、科学创造和科学发现。这一过程就像铀-235原子核反应一样，核吸收一个中子后发生裂变，同时能自发产生另一个中子引发另一个铀-235核裂变，反应就能持续下去，笔者把这种大脑的创造性思维过程称为"创造性链式反应"。

当我们拥有这一"创造性链式反应"的思维能力后，就可能在高中阶段提前进入科学发明、科学创造和科学发现的初级贡献期。这将激励我们的"准人才"在未来的科研中，成为各领域的专家，并爆发式地产生更多、更深层次的"创造性链式反应"，实现更多的科学发明、科学创造和科学发现，为人类做出更大的贡献。

结 束 语

笔者提出的上述科学种子教育系列理论、观点与方法，是以我国中小学教材体系为基础，在此基础上进行提高，并与之有机结合，共同构成中国现代科学种子教育体系。同时需要全国大中小学及幼儿园教育管理者、教师、家长、教育科研工作者、共青团、妇联、关心下一代委员会等，共同参与构筑中国现代科学种子教育体系，以完成强国教育的历史使命。

由于本人学识、理论水平有限，其观点和理论仍存在许许多多的缺陷、问题和错误，所提出的中国本土科学种子教育理论还只是一个比较粗略的轮廓，并且高等教育阶段的科学种子教育理论还是一个空缺。但笔者认为，本人提出的中国本土科学种子教育理论，对于中国在短期内迅速发展成为世界强国是一种探索，希望"抛砖"可以"引玉"，欢迎各位读者提出理性的批评、建议甚至批判，本人将十分感激，虚心接纳。同时，本人希望大家对此进行评价、讨论、争论，并提出自己有创造性的独特观点与理论来加以论证和补充；尤其希望越来越多的有识之士积极投入到这场教育改革的洪流中，发挥各自的潜能、智慧与创造力，尽早打造和完善中国本土大学阶段的科学种子教育理论，共同完成这一浩大的科学种子教育体系工程（笔者联系方式：QQ：3036650848 微信：601970122 邮箱：13828448611@163.com）。

强国必须具有世界级先进的强国教育。在当今这个竞争激烈的国际社会中，我国只有尽快地发展出能够超越哈佛教育的坚实基础教育思想和教育操作能力相结合的实用教育体系，才能够迅速赶超世界先进国家，真正成为世界强国。

后 记

在本书撰写的过程中，由于时间长达十年时间，在此过程中，曾经在多方面得到多位人生的贵人相助，在此，笔者将对他们给予的帮助表示真诚的谢意！

首先感谢我的父亲徐广理、母亲张桂华，家人徐敏、杨海芳、徐玲、洪昌敏、徐清易、徐肖依、洪嘉俊、张竞寒！感谢亲友张庭珍、刘国林、张小宇、张庭俊、江祖琼、刘小峰、刘小航、景明凯、周克丽、费关伐、张平、黎建华、徐广碧、袁庆礼、徐广珍、景平、徐影、周灿、徐露、陈敏、徐弘、吴小秀、徐广荣、徐广明、冉英、徐祥、徐锋、戒毅生、杨才龙、张小海、袁仁峰、曹玉章、张跃中、赵粤敏、杨飞、欧新黔、李甫斗、杨国云、韦少忠、李玉黔、李岳坤、吴大斌、刘国军、袁汝秋、张兴刚、高崇辉、杨忠武、黎金平、陈洁、蒋合明、王江辉、余晓滨、左达勇、郑海志、樊静、李明哲、李成英、天时、刘德、李相应、张国满、崔龙奎、朴明曾、朴振势、金德明、朴成海、张承浩、李蓉、谢彦、黄丽、罗晓霞、谢锐、张翅、徐德怀、徐超群、徐英、徐琴、袁仁敏、洪昌莉、严国琴、周林、张碧霞、张彩霞、吴娴、罗小萍、张敏、彭苏祥、曾德民、曾德华、胡桂芳、胡贵凯、胡桂兰、胡贵安、江家华、夏小红、江西军、张丽娟、张乐雅、冯婷、黄惠茹、徐超然、吕朝辉、沈欣洪、王振贤、冯杰、梁静文、王嘉蔚、杨倩倩、周凯、陈娜、张达伟、周绍兴、盛林、吴学斌、何喜贵、余学强、胡真理、白岗、徐鹏举、王松、犹永芬、张偲、纪少游、王康、王悦、陈峻、邢明、史鹏、於黔根、崔黎民、王恒兵、李颖、唐忠、杨再高、吴坚、柯森、徐劲、吕肖剑、王延红等亲友和专家学者的热情帮助！谢谢！

徐波　于广州淘金宾馆

参考文献

1. 王士舫,董自励. 科学技术发展史[M]. 北京:北京大学出版社,2010.
2. 李雪明. 实用育儿百科宝典[M]. 天津:天津科学技术出版社,2007.
3. 蒋廷黻. 中国近代史[M]. 北京:团结出版社,2009.
4. 齐世荣. 世界史[M]. 北京:高等教育出版社,2004.
5. 赵毅,赵轶峰. 中国古代史[M]. 北京:高等教育出版社,2004.
6. 魏宏运. 中国现代史[M]. 北京:高等教育出版社,2004.
7. 许海山. 欧洲历史[M]. 北京:线装书局,2006.
8. 陈恭禄. 中国近代史[M]. 北京:中国工人出版社,2102.
9. 车文博. 人本主义心理学[M]. 杭州:浙江教育出版社,2004.
10. 张厚粲. 行为主义心理学[M]. 杭州:浙江教育出版社,2004.
11. 易法建. 心理医生[M]. 重庆:重庆大学出版社,2005.
12. 刘金花. 儿童发展心理学[M]. 上海:华东师范大学出版,2006.
13. 寿天德. 神经生物学[M]. 北京:高等教育出版社,2001.
14. 刘晓菲. 世界重大发现与发明[M]. 北京:中国华侨出版社,2010.
15. 黄昌勇. 土壤学[M]. 北京:中国农业出版社,2011.
16. 钱维宏. 全球气候系统[M]. 北京:北京大学出版社,2009.
17. 周淑贞. 气象学与气候学[M]. 北京:高等教育出版社,2007.
18. 高振维. 航空航天学通论[M]. 武汉:湖北科学技术出版社,2007.
19. 徐杰舜. 人类学教程[M]. 上海:上海文艺出版社,2005.
20. 宋春青,张振春. 地质学基础[M]. 北京:高等教育出版社,2003.
21. 席泽宗. 科学史十论[M]. 上海:复旦大学出版社,2003.
22. 庄孔韶. 人类学通论[M]. 太原:山西教育出版社,2003.
23. 王慧,崔淑贞. 动物学[M]. 北京:中国农业大学出版社,2006.
24. 陈良. 气象气候与人类社会发展[M]. 北京:人民出版社,2008.
25. 易益典. 社会学教程[M]. 上海:上海人民出版社,2007.
26. 李博. 生态学[M]. 北京:高等教育出版社,2000.
27. 陈慧琳. 人文地理学[M]. 北京:科学出版社,2001.
28. 殷秀琴. 生物地理学[M]. 北京:高等教育出版社,2004.
29. 刘学富. 天文学基础[M]. 北京:高等教育出版社,2004.

30. 蒋承勇. 世界文学史纲［M］. 上海：复旦大学出版社，2008.
31. 吴国盛. 科学的历程［M］. 北京：北京大学出版社，2002.
32. 杨水旸. 简明科学技术史［M］. 北京：国防工业出版社，2008.
33. 陈宏芳. 原子物理学［M］. 北京：科学出版社，2006.
34. 北京大学哲学系外国哲学史教材研室，编. 西方哲学原著选读［M］. 北京：商务印书馆，2005.
35. 高觉敏. 西方近代心理学史［M］. 北京：人民教育出版社，2001.
36. 【加】居伊·勒弗朗索瓦. 孩子们——儿童心理发展［M］. 王全志，译. 北京：北京大学出版社，2005.
37. 【美】约翰·W. 桑切克. 教育心理学［M］. 周冠英，王学成，译. 北京：世界图书出版公司，2007.
38. 【美】罗伯特·费尔德曼. 发展心理学［M］——人的毕生发展. 苏彦捷，等，译. 北京：世界图书出版公司，2004.
39. 【美】皮特里. 动机心理学［M］. 郭本禹，等，译. 西安：陕西师范大学出版社，2005.
40. 【美】弗兰肯. 人类动机［M］. 郭本禹，等，译. 西安：陕西师范大学出版社，2005.
41. 【美】戴维·迈尔斯. 社会心理学［M］. 张智勇，乐国安，侯玉波，等，译. 北京：人民邮电出版社，2006.
42. 【美】卡尔森. 生理心理学［M］. 苏彦捷，等，译. 北京：中国轻工业出版社，2007.
43. 【英】亚当·斯密. 国富论［M］. 谢祖钧，译. 北京：新世界出版社，2010.
44. 【英】艾森克. 【爱尔兰】基恩. 认知心理学（第四版）. 高定国，肖晓云，译. 上海：华东师范大学出版社，2004.
45. 【美】艾伦·卡尔. 积极心理学［M］. 郑雪，等，译. 北京：中国轻工业出版社，2008.
46. 【美】科尔伯格. 道德发展心理学［M］. 郭本禹，何谨，黄小丹，谢冬华，李伯泰，等，译. 上海：华东师范大学出版社，2004.
47. 【美】L. A. 珀文. 人格科学［M］. 周榕，杨炳钧，梁秀清，译. 上海：华东师范大学出版社，2001.
48. 【美】D. M. 巴斯. 进化心理学［M］. 熊哲宏，张勇，晏倩，译. 上海：华东师范大学出版社，2007.
49. 【美】J. 瓦西纳. 文化和人类发展［M］. 孙晓玲，罗萌，等，译. 上海：

华东师范大学出版社，2007.

50. 【美】S. E. Taylor, L. A. Peplau, D. O. Sears. 社会心理学［M］. 谢晓菲，谢冬梅，张怡玲，郭铁元，等，译. 北京：北京大学出版社，2004.

51. 【美】埃托奥，布里奇斯. 女性心理学［M］. 苏彦捷，等，译. 北京：北京大学出版社，2003.

52. 【美】劳伦·B. 阿洛伊，约翰·H. 雷斯金德，玛格丽特·J. 玛诺斯. 变态心理学［M］. 汤震宇，邱鹤飞，杨茜，译. 上海：上海社会科学院出版社，2005.

53. 【美】James W. Kalat, Michelle N. Shiota. 情绪［M］. 周仁来，等，译. 北京：中国轻工业出版社，2009.

54. 【美】理查德·格里格，菲利普·津巴多. 心理学与生活［M］. 王垒，王甦，等，译. 北京：人民邮电出版社，2003.

55. 【美】贝蒂·艾德华. 用右脑绘画［M］. 元静，译. 哈尔滨：北方文艺出版社，2008.

56. 【德】W. 普勒塞，D. 鲁克斯. 世界著名生物学家传记［M］. 燕宏远，周厚基，顾俊礼，译. 北京：科学出版社，1985.

57. 【保】卡·马诺洛夫. 世界著名化学家的故事［M］. 丘琴，潘吉星，马约，蒋工强，等，译. 北京：科学普及出版社，1987.

58. 【英】鲍桑葵. 美学史［M］. 张今，译. 桂林：广西师范大学出版社，2001.

59. 【英】罗素. 西方哲学史［M］. 何兆武，李约琴，译. 北京：商务印书馆，2007.